長期学外学修の デザインと実践

学生をアクティブにする

澤邉 潤・木村裕斗・松井克浩 編著

東信堂

はじめに

新潟大学人文社会科学系　松井 克浩

社会の変化と大学教育への期待

　グローバル化や情報化の進展、少子高齢化や地方の衰退、雇用環境の変化や格差の広がりなど日本社会は急激な構造的変化の渦中にある。経済や社会が相対的に安定していた時代は終焉し、流動化と不安定化の速度が増している。先の見通せない、将来の予測が困難な時代をわれわれは生きている。

　こうした変化の中で、社会の側から大学教育への期待や要求が増している。それなりに安定し、余裕のあった時代には、大学の教育内容に対する関心はさほど大きくなかった。入学試験等による一定の能力保証さえあれば、就職後の職業訓練によって十分対応できると考えられていたのである。しかし現在は、大学で何を教え、どのような人材を輩出するかについての関心が非常に高まっている。

　大学で教える側からみても、学生にどのような力をつけて送り出すかという問題は、より重要性を増している。自らの道を切り開いていくために必要な能力を身につけないまま、激しい荒波の中に学生を放り出すわけにはいかないからである。

　それでは学生には、どのような能力を、どのような方法で修得してもらえばよいのか。近年の議論で重視されているのは、たとえば、想定外の困難に際して的確に判断を下すための力、正解の見いだしがたい問題に挑戦し、多様な人びとと協力しながらそれを乗り越えていく能力である。あるいは、主体的に生涯にわたって学び続け、変化に柔軟に対応しながら自らを作りかえていく力、その基盤となるような教養・知識・経験も必要とされている。一言でいうと、大学教育には「主体的な学修」を促す授業への転換が求められている。

長期学外学修プログラムという仕掛け

　2015年度から始まった文部科学省による補助事業「大学教育再生加速プ

ログラム（AP）テーマⅣ 長期学外学修プログラム（ギャップイヤー）」は、学生の課題発見・探求能力、実行力などを育成することを目的として、長期の「学外学修プログラム」を開発・実施するというものである。学事暦の工夫などにより、入学直後等の時期に一定期間学生を学外に出して、彼らの主体的な学びを育もうとしている。とりわけ、学外学修によって「何のために学ぶのか」という学びの動機づけを学生にもたせることが、このプログラムの大きな狙いである。

こうした目的のために、たとえば、長期のインターンシップやボランティア活動、地域でのフィールドワーク、災害被災地の支援、小中学校での教員の補助などが活動例としてあげられている。1ヶ月程度の海外留学も、上記の目的に適うものといえる。学生の自主性を重んじると同時に、事前・事後指導などを充実させて大学のカリキュラムとして整備することも求められている。

学外の「現場」は、さまざまな答えのない問題に満ちている。こうした現場に一定の期間身を置くことにより、学生たちは自ら問いを立てることの難しさと魅力を知ることになる。同時に、現場を構成する多様な人びととの協働を経験することで、学生という同質的な人間関係を超えた様々な立場や考えを知る機会を得る。また、現場で要求されるアウトプットに苦労し、試行錯誤を繰り返すことによって、新たな知識や能力を身につける必要性も痛感するだろう。学生には、こうしたすべてを自らの課題として学内に持ち帰ってもらう。それは、その後の「主体的学修」の扉を開く契機ともなる。

本書の課題と構成

こうした特徴をもつAP事業・長期学外学修プログラムには、全国の国公私立大学・短期大学・高等専門学校12校が採択されている。所在地も規模も異なる高等教育機関が、それぞれ工夫を凝らしながら、プログラムの開発や体制整備などの教育改革に取り組んできた。本書は、各校の教育実践の成果を、広く社会に向けて発信することを目的としている。

各大学の長期学外学修プログラムは、「社会とともに学生を育てる」試みと

もいえる。こうした大学と社会が連携した教育プログラムの開発に関して、単発的な事例報告はなされてきたが、多様な所在地・学校種による取組を一書にまとめたものはあまり例がない。さらに本書は、各大学の教育実践の成果を、理論的なフィルターを通して発信することを課題としている。すなわち、単なる事例報告集でも理論的考察に終始する学術書でもなく、その中間（「ほどよい理論的解説」プラス「分かりやすい実践事例紹介」）を目指すものである。

　本書の第1部は、近年の高等教育改革の動向の中に長期学外学修プログラムを位置づけるパートである。高等教育の政策立案者、専門研究者、大学当事者それぞれの立場と観点から、長期学外学修プログラムの政策的・理論的な流れの中での意義と必要性、改革の現場における可能性と課題について論じる。第1部は、後段の実践事例を理解するための枠組みや視点の提供を主な目的としている。

　第2部は、各大学の長期学外学修プログラムへの取組実践事例を紹介し、考察するパートである。その内容は、各大学の基本情報と取組事業の概要、実践事例の紹介・考察などである。読者の理解や活用に資するために、教材やワークシート、ルーブリックなどの資料についても本文中で適宜紹介している。学内外での体制整備やプログラムの質の担保、学修成果の把握、社会への広報など各校が抱える課題についても、具体的な検討がなされている。

学外学修を契機とした教育改革へのチャレンジ

　長期学外学修プログラムの開発は、補助事業としては継続中のため、本書は取組の途中経過の報告となっている。各大学は、多様な条件のもとで様々な取組を展開してきた。その中で見いだされた手応えと課題が、生の形で提示されている。それぞれの大学による、課題への現在進行形のチャレンジと成果は、関係者の関心に応えるような多くのヒントを含んでいるだろう。

　大学には一方で、高い教養と専門的能力を培うための体系的な学びの展開が期待されている。入学後の早い段階で学外学修を経験した学生が、そこで得た課題や刺激、動機づけをもって大学に戻り、それらを引き続く学内での体系的・専門的な学修にどう活かしていくか。この点も本質的な課題であろ

う。学生の意欲を持続させながら、主体的で深い学修に誘うための仕組みづくりが必要となる。また、さまざまな段階で、多様な現場と大学を柔軟に往復する制度設計も望ましいだろう。

　学生が早期に学外学修を経験するプログラムは、高等教育を見直していく出発点になりうる。この改革を効果的に機能させて、未来を切り開く力をもった学生を育てるためには、学外の多様な関係者との協働が不可欠である。こうした試みに関心をもつ高等教育機関の関係者はもとより、初等・中等教育や行政、民間企業の関係者と情報を共有し、連携しながら、ともに学生を育んでいきたい。本書がそのきっかけとなることを願っている。

目　次／長期学外学修のデザインと実践
――学生をアクティブにする――

はじめに　松井 克浩　（i）

第1部　高等教育改革の動向とAPテーマⅣ……………………………… 3

第1章　大学教育の質的転換とギャップイヤー………………………河本 達毅　4
　　　　――世界的課題に対する大学の挑戦――
　1　はじめに　（4）
　2　グローバリゼーションと大学　（5）
　3　社会が求める人材と大学教育の質的転換　（8）
　4　ギャップイヤーの登場　（9）
　5　おわりに　（12）

第2章　大学改革は成功したのか？………………………………川嶋 太津夫　14
　1　第3の大学改革　（14）
　2　体質改善への努力と新たな「診断」　（18）
　3　大学教育の体質改善はどこまで進んだか　（20）
　4　大学教育の質は向上したが、成果は・・・　（23）
　5　ホリスティックな改革を　（27）

第3章　「長期学外学修」で大学教育の何が変わるのか？……………澤邉 潤　30
　　　　――大学教育改革に取り組む現場の視点から――
　1　はじめに：「長期学外学修」を捉える3つの理解軸　（30）
　2　大学教育改革における「長期学外学修」の複雑性　（30）
　3　AP事業テーマⅣ採択校の中間年度の取組み成果と課題　（35）
　4　社会との対話から大学教育を問う　（39）
　5　おわりに：第2部取組み事例一覧と概要、キーワード　（40）

第2部　各大学の取組み実践事例の考察……………………………………45

事例1　小樽商科大学におけるグローカル教育プログラム……小樽商科大学　46
1. 日本版ギャップイヤープログラム　(49)
2. 短期留学と英語教育について　(57)
3. 地域連携PBL型正課科目「本気プロ」について　(62)
4. 小樽商科大学における長期学外学修プログラムの教育効果　(66)

事例2　新潟大学における長期学外学修と初年次教育改革の取り組み
………………………………………………………………新潟大学　71
1. 創生学部「フィールドスタディーズ（学外学修）」　(74)
2. キャリアデザイン・インターンシップI　(78)
3. 長期・企業実践型プログラムI・II　(81)
4. 学校フィールドワークA及びB　(85)
5. ダブルホーム活動演習　(88)
6. 地元学入門　(92)
7. 新潟大学としての今後の展開　(95)

事例3　神戸グローバルチャレンジプログラムと学びの動機付け
――Feel the Globe! Change Your World!――……………神戸大学　98
1. 教育改革と神戸グローバルチャレンジプログラム　(103)
2. 具体的な取組　(105)
3. 学生はどう成長したのか　(108)
4. 神戸GCPフェア　(116)
5. 海外同窓会ネットワークの活用　(117)

事例4　地域貢献に資する人材づくりとインターンシップ……福岡女子大学　122
――Expanding Your Horizonsプログラム――
1. Expanding Your Horizonsプログラム　(126)
2. 派遣実績　(133)

         3　EYH プログラムにおける実践例　(133)
         4　プログラムの継続に向けた今後の展望　(139)

事例 5　ハイブリッド留学の挑戦 ……………………………………工学院大学　141
         1　ハイブリッド留学とは何か　(142)
         2　ハイブリッド留学の深化　(149)
         3　春期特別ハイブリッド留学での試み　(150)
         4　ハイブリッド留学からの発展　(157)

事例 6　ギャップタームと女性のエンパワーメント ………………津田塾大学　160
         ──津田塾大学における学外学修の取り組み──
         1　ギャップタームと教育の質的転換　(162)
         2　女性のエンパワーメントと津田塾　(164)
         3　津田塾大学の学外学修制度　(167)
         4　これまでの成果と課題　(172)

事例 7　グローバル創造力の養成を目指して　<梅春学期>の新設とその展開
         ……………………………………………………………………… 文化学園大学　178
         1　「グローバル創造力」とは何か？　(180)
         2　1・2 年次プログラム「梅春」について　(181)
         3　プログラム全体の成果と課題、事業終了後の方向性について　(196)

事例 8　武蔵野フィールド・スタディーズ(長期学外学修プログラム)の取り組み
         ……………………………………………………………………………武蔵野大学　202
         1　武蔵野 FS 受講者の成長性検証　(204)
         2　実践事例の報告①〜⑥　(217)
         3　中規模中堅総合大学における学外学修の課題
             ──「主体的な学びのスイッチ」を巡って──　(228)
         4　未来への懸け橋──本学学外学修のこれから──　(230)

事例9 東京工科大学におけるコーオプ教育プログラムの実施
.... 東京工科大学 233
 1 コーオプ教育導入の経緯 （234）
 2 東京工科大学型コーオプ教育プログラム （235）
 3 事前教育 （235）
 4 コーオプ実習 （236）
 5 実施体制と運営等 （238）
 6 実習受け入れ企業 （241）
 7 事後教育 （242）
 8 成果と課題 （243）
 9 今後に向けて （246）

事例10 リーダシッププログラムとしての AP 長期学外学修プログラム
  （ギャップイヤー）... 浜松学院大学 248
 1 目的 （248）
 2 プログラムの構成 （249）
 3 浜松学院大学のアクティブ・ラーニング （250）
 4 基礎プログラム：協働学習 （252）
 5 発展プログラム：協調学習 （262）
 6 学修成果と課題 リーダー育成へのエンパワーメント （263）

事例11 長崎短期大学における長期学外実習 .... 長崎短期大学 266
 1 授業科目の概要 （271）
 2 各科目やギャップイヤー活動での目標の達成状況・課題等について
  （280）
 3 3 年目を終えた段階の進捗状況と今後の展開 （284）

事例12 宇部工業高等専門学校における長期学外学修への取り組みと 4 学
  期制を活かした教育改革 .... 宇部工業高等専門学校 288
 1 高専におけるクォーター制の設計 （290）

2 国際交流の展開 (292)
3 長期インターンシップの実践とその効果 (296)
4 地域課題解決型地域教育の展開 (299)
5 ルーブリック評価とジェネリックスキル測定 (303)
6 取組事業から教育改革へ (305)

おわりに　木村 裕斗 (312)
索引 (316)

長期学外学修のデザインと実践

―― 学生をアクティブにする ――

第 1 部

高等教育改革の動向と AP テーマⅣ

第 1 章　大学教育の質的転換とギャップイヤー
　　　──世界的課題に対する大学の挑戦──

　　　　　　　　　　　　文部科学省高等教育局大学振興課　河本 達毅

1　はじめに

　政府では、2014（平成 26）年度より大学教育改革を支援する事業「大学教育再生加速プログラム（Acceleration Program for University Education Rebuilding：AP）」（以下、「AP」）を実施している。社会が求める人材が高度化・多様化しているという現状認識から、大学の人材養成機能を抜本的に強化することを目的に掲げる事業である。行間を読めば、従来型教育の限界を指摘し、「高度」で「多様」な社会の要請に対応し得る大学教育とは何か、という問を投げかける事業であるとも言える。大学教育の「再生」という少々過激な事業名称は、このような問題意識を示している。

　APは、事業目的の達成のための複数のアプローチ（テーマ）が設定されている（**表1**）。いずれも中央教育審議会等で議論されてきた、社会の新たな要請に対応するために必要な、大学教育における課題とされているものである。2014年度の事業開始以降、2016年度まで3か年に渡って公募が行われ、全テーマ合計77件の大学・短期大学・高等専門学校における取組が採択されている（**表2**）。いずれも意欲的で特色ある取組であり、また積極的な情報発信がされているので、詳しくは各採択校のWebサイトやAPのポータルサイト（APアーカイブ：https://www.ap-archive.jp/）を是非参照していただきたい。

　テーマには、「アクティブ・ラーニング」や「学修成果」、「高大接続」、「質保証」といった、近年の高等教育政策における主要なキーワードが並ぶ。APが「大学教育の質的転換」、「質保証」、「高大接続改革」など、多面的だが大学教育改革推進の中心となる事業と位置付けられる所以である。しかし、1つだけ耳

表1　大学教育再生加速プログラム（AP）各テーマの内容

テーマ	内容
アクティブ・ラーニング	学修者の能動的な学修への参加を取り入れた教授・学習法を行うことにより、認知的、倫理的、社会的能力、教養、知識、経験を含めた汎用的能力の育成を図るもの。
学修成果の可視化	全学的教学マネジメントの改善又はそれを視野に入れた学部における教学マネジメントの改善を図るため、各種指標を用いて学修成果の可視化を行い、その結果を基に教育内容・方法等の改善を行うもの。
入試改革・高大接続	（入試改革） 　大学入学者選抜を、意欲・能力・適性を多面的・総合的に評価・判定するものに転換するもの。 （高大接続） 　高等学校関係者と大学関係者との間で互いの教育目標や教育内容、方法について相互理解を図ること等により、高等学校教育と大学教育の連携を強力に進めるもの。
長期学外学修プログラム（ギャップイヤー）	課題発見・探求能力、実行力等の「社会人基礎力」や「基礎的・汎用的能力」などの社会人として必要な能力を有する人材を育成するため、ギャップイヤー等を活用し、「何のために学ぶのか」という学びの動機付けに資するよう、入学直後等に1か月以上の長期の「学外学修プログラム」を開発・実施し、学生が主体的に学ぶことができる体制整備を推進するもの。
卒業時における質保証の取組の強化	3つのポリシーに基づき、卒業段階でどれだけの力を身に付けたのかを客観的に評価する仕組みやその成果をより目に見える形で社会に提示するための効果的な手法等を開発するとともに、大学教育の質保証に資するため、学外の多様な人材との協働による助言・評価の仕組みを構築するもの。

出典）各テーマの公募要領による。

に慣れないテーマがある。「長期学外学修プログラム（ギャップイヤー）」である。

　本稿では、この「長期学外学修プログラム（ギャップイヤー）」というテーマがAPに設定された意図について、政策的背景を踏まえながら解説するものである。またこれが、本書が収録する12の挑戦的な事例紹介のプロローグとなれば幸いである。

2　グローバリゼーションと大学

(1)　グローバリゼーションのインパクト

　一般的に1990年代以降とされるこのたびのグローバリゼーションは、各

表 2　大学教育再生加速プログラム（AP）採択校一覧

採択年	採択校
2014	【テーマⅠ：アクティブ・ラーニング】 徳島大学、県立広島大学、立正大学、京都光華女子大学、徳山大学、福岡工業大学、崇城大学、仙台高等専門学校、明石工業高等専門学校 （9 件） 【テーマⅡ：学修成果の可視化】 横浜国立大学、北九州市立大学、八戸工業大学、東京女子大学、新潟工科大学、福岡歯科大学、富山短期大学、阿南工業高等専門学校 （8 件） 【テーマⅠ・Ⅱ複合型】 宇都宮大学、金沢大学、山口大学、長崎大学、大阪府立大学、共愛学園前橋国際大学、芝浦工業大学、玉川大学、東京電機大学、東京理科大学、創価大学、産業能率大学、金沢工業大学、京都外国語大学、関西大学、関西国際大学、比治山大学・比治山大学短期大学部、宮崎国際大学、京都光華女子大学短期大学部、福岡医療短期大学、岐阜工業高等専門学校 （21 件） 【テーマⅢ：入試改革・高大接続】 お茶の水女子大学、岡山大学、追手門学院大学、千葉大学、東京農工大学、愛媛大学、三重県立看護大学、杏林大学 （8 件）
2015	【テーマⅣ：長期学外学修プログラム（ギャップイヤー）】 小樽商科大学、新潟大学、神戸大学、福岡女子大学、工学院大学、津田塾大学、文化学園大学、武蔵野大学、東京工科大学、浜松学院大学、長崎短期大学、宇部工業高等専門学校 （12 件）
2016	【テーマⅤ：卒業時における質保証の取組の強化】 山形大学、茨城大学、東京外国語大学、高知大学、鹿屋体育大学、大阪市立大学、兵庫県立大学、千歳科学技術大学、東北公益文科大学、東日本国際大学、東京薬科大学、東京都市大学、日本福祉大学、大阪工業大学、日本赤十字九州国際看護大学、東海大学短期大学部、山梨学院短期大学、松本大学松商短期大学部、徳山工業高等専門学校 （19 件）

国の政治・経済のみならず教育も含めた社会の至るところに多大な影響を与えている。高等教育においてもそれは例外ではなく、いや、むしろ最も影響を受けている領域の一つであろう。

　グローバリゼーションは人、情報、経済が国境を越えて移動していく現象であるとすれば、些か単純な図式だが人の移動は「大学の国際化」、情報の移動は「知識の基盤化」、経済の移動は「職業社会の変化」、といった高等教育における課題に直結する。

　「大学の国際化」は、留学生の派遣と受入れ、海外大学との連携などの課題である。行政においてはジョイント・ディグリー、ダブル・ディグリーに

関する関連規定を整備する他、「グローバル30」や「スーパーグローバル大学創成支援（SGU）」等による大学の支援、「トビタテ！留学JAPAN」による学生の支援など、複層的な対応をしてきている。各大学においても濃淡はあるものの、大学の国際化は今や無視できないキーワードの1つとなっている。

「知識の基盤化」が大学に与える影響も大きい。グローバリゼーションでは情報がリアルタイムに全球規模で共有される。密な情報の共有は、知識更新の頻度を加速する。絶えず知識が更新される社会では、知識は武器ではなく前提になる。グローバリゼーションにおいては、知識が社会の前提になるのである。このことは1999年のケルンサミットにおいて確認され、その後各国において高等教育を重視する傾向が強まっていく。我が国においても、2005（平成17）年の中央教育審議会「我が国の高等教育の将来像（答申）」が「知識基盤社会」を前提とした高等教育への期待と課題に言及している。以降、行政による大学改革の号令が加速度的に強まっていった。

(2) **職業社会との接続**

経済の移動、それは資本と労働の流動化である。つまり、経済のグローバリゼーションは職業社会を変化させる。「職業社会の変化」は、大学と職業社会の接続に問題を提起する。それはすなわち、職業人材を育成する大学教育の質と成果に対する問題提起である。

大学教育と職業の関係と言えば、これまで特定職業に繋がる専門知識の伝授か、あるいは学（校）歴によるシグナル効果か、その程度の認識がせいぜいであった。また社会全体としても、そのことを特に問題視してこなかった。しかし今、そんな社会の風潮が大きく変わり始めている。

労働の流動化は、人材を内部訓練により育成してきた企業の人事戦略に変容を迫る。雇用における暗黙の前提が揺らぐからである。固定的な労働が前提であれば、企業は学（校）歴で学卒者の内部訓練可能性を判断し採用する。しかし流動する労働が前提となれば、内部訓練への投資が自社の利益に必ずしも繋がらない。加えて資本が流動する世界情勢である。内部訓練に向ける時間と資源を抱え込んでいられなくなる。

こうして職業社会は、学卒者に即戦力として具体的な資質と能力を求めることになる。大学教育への眼差しが変化し、具体的な教育成果を要求する。大学は「社会が求める人材」を育成せよ、という現在の風潮は、このようなグローバリゼーションの流れの中で醸成されてきたのである。

3　社会が求める人材と大学教育の質的転換

(1) 大学教育そのものの変革

　大学と職業の接続を「就職」と捉えれば、大学は付加的に「キャリア教育」に取り組むことで対応してきた。また各界（各省庁）から示された「エンプロイアビリティ」（厚生労働省）や「社会人基礎力」（経済産業省）といった能力概念も、大学における「キャリア教育」の目標となっていった。それが「（職業）社会が求める人材」への対応であった。しかし急速に変化する職業社会は、大学にさらなる改革、大学教育そのものの変革を求めることになる。

　2008（平成20）年には、中央教育審議会が各界の意向（「社会人基礎力」等）を参考にし、学士課程共通の学習成果に関する参考指針として「学士力」を提言している（中央教育審議会, 2008）。2010（平成22）年には、産学人材育成パートナーシップが「グローバル人材」育成に関する報告書をまとめ、「社会人基礎力」等を備え新たな価値を生み出すことができる「グローバル人材」は、大学教育の一部又は全部を通じて育成されるべきである、と提言している（産学人材育成パートナーシップ, 2010）。これらはいずれも、付加的な取組ではなく大学教育そのものの変革を通じて「社会が求める人材」を育成することへの期待に言及している。

　付加的な取組と書いたが、その「キャリア教育」にしても2011（平成23）年には、「教育課程の内外を通じて全学で体系的・総合的に展開することが必要」と、位置づけが再整理されている（中央教育審議会, 2011）。大学と職業の接続について、大学教育そのものの変革をもって対応することが改めて求められている。

(2) 大学教育の質的転換

2012（平成24）年、中央教育審議会が「大学教育の質的転換」を提唱する（中央教育審議会, 2012）。これは、職業生活や社会的自立に必要な能力を見定め、その能力を育成するために有効な知的・体験活動とは何かという発想に基づき教育を質的に転換することを求めたものである。また大学教育はキャンパスの中だけで完結するものではなく、教室外で行う社会体験活動や留学等は、学生の学修への動機付けを強め、社会的自立や職業生活に必要な能力の育成に大きな効果を持つ、としている。

もう1つのポイントは「学修」という表現である。これ以降、政府の高等教育政策文書では「学修」に表記が統一されていく。「大学教育における学びかそれ以外の学びか」という観点で、前者を「学修」、後者を「学習」と表現することとなる（渡邊, 2016）。つまり、「社会が求める人材」に必要な能力を育成するのは「学修」、つまり大学教育そのものである、と位置づけを明らかにしたのである。これが「大学教育の質的転換」である。

4　ギャップイヤーの登場

(1)　「大学の国際化」の文脈の中で

ここまで、グローバリゼーションが大学に与えた影響を概説してきた。それは現在、大学に突き付けられている課題、大学教育の問題そのものであった。本節では、2節および3節を踏まえた上で、本稿の主題である「長期学外学修プログラム（ギャップイヤー）」が登場した経緯を解説する。

「ギャップイヤー」は、当初は「大学の国際化」の文脈の中で登場した。2006（平成18）年に誕生した安倍内閣は、教育基本法を改正するなど教育政策重視を掲げた政権である。第1次政権では「教育再生会議」を、第2次政権では「教育再生実行会議」をそれぞれ設置し、教育改革に向けた施策が矢継ぎ早に、官邸主導で強力に推進されていくこととなる。

2007年の「教育再生会議」第2次提言は、グローバリゼーションへの対応に言及したものである。その中で「国際化・多様化を通じ、世界から優秀な

学生が集まる大学にする」とし、「日本版ギャップイヤー」の導入を提言した。「日本版ギャップイヤー」は、「3月末までに入学を決定した学生に、9月からの入学を認め、その間、ボランティア活動など多様な体験活動を行う猶予期間を与えるもの。また、4月に入学した学生に、9月までの間、多様な体験活動を認め、このような活動を評価して一定の単位を認める仕組み」と定義した（教育再生会議, 2007）。

このことを受け、2007年に学校教育法施行規則が改正され、大学は学年の始期を4月以外とする柔軟な学事暦設定が可能となった。この改正により4月以外の入学制度を設ける大学が増加した。しかし、実際に4月以外に入学する学生は増えなかった（文部科学省「大学における教育内容等の改革状況について」）。

このように「日本型ギャップイヤー」については、必要な制度改正が行われたが大学への訴求力が十分でなく、取組が拡大することはなかった。「世界から学生が集まる」という「国際化」の文脈では、大学は動かなかった。

(2) 東京大学構想のインパクト

2012年、東京大学が、グローバリゼーションに強く課題認識を持った濱田総長（当時）の改革構想を受け設置された「入学時期の在り方に関する懇談会」が「秋季入学構想」を発表した（東京大学, 2012）。「よりグローバルに、よりタフに」と副題が付された報告書では、秋季入学構想の国際的意義、移行に伴う得失、教育上の意義について詳細に検討されており、特に秋季入学への移行に伴い発生する「ギャップターム」を活用した教育構想は、日本全国に大きなインパクトを与えた。2013年には、国内大学との関係性から秋季入学を見送り、4ターム制を導入することで構想の実現を図ることを発表したが（東京大学, 2013）、グローバリゼーションにおいて、「国際化」のみにとどまらない幅と深さをもった学事暦に対する問題提起は、国内他大学のみならず政府をも動かすこととなった。

同2013年には、「質的転換」答申を受けた大学設置基準改正により、大学は4学期制等の柔軟な学事暦の設定が可能となっている。時系列的に、東

京大学の動向による影響がなかったとは言えない。

⑶ 学事暦の多様化とギャップタームに関する検討会議

　2013（平成25）年9月、文部科学大臣の主導で関係有識者を集めた「学事暦の多様化とギャップタームに関する検討会議」が立ち上げられる。教育再生会議（2007）の「日本型ギャップイヤー」ではなく「ギャップターム」という用語を冠したことは、それだけ東京大学構想のインパクトの大きさを物語っている。つまりこの会議は、政府主導ではなく大学主導だったと言える。

　会議では、英米における「ギャップイヤー」文化が詳細に紹介されるとともに、国内大学の先進事例が検討され、「国際化」の文脈にとどまらず、学事暦を多様化することによって生じる空白期間をどのように使うのか、そして大学教育の課題にどのように向き合うのか、という点について活発な意見が交換された。計5回の開催を経て2014（平成26）年5月に報告書がまとめられている（学事暦の多様化とギャップタームに関する検討会議, 2014）。

　報告書は、秋季入学や4学期制の導入により空白期間「ギャップイヤー」を創出し、長期インターンシップやボランティアなどの社会体験活動、海外留学などに学生が取り組む環境を整えることは「大学教育の質的転換に資する」ものと位置付け、まずは英国に見られるような学生の自主的な活動ではなく、大学が主導して「ギャップイヤー・プログラム」を構築することの意義を示し、そのための支援を行うことを政府に提言している。このとき、今後の国際通用性の観点から用語が「ギャップイヤー」に再整理されている。「国際化」の文脈で始まった「ギャップイヤー」は、社会が求める人材を育成する「大学教育の質的転換」に合流することで存在感を増し、大学への訴求力を高めようとしたのである。

⑷ 大学教育再生加速プログラム（AP）

　この報告書を受け、政府は2015（平成27）年度に、「アクティブ・ラーニング」など「大学教育の質的転換」を推進するAPに新たなテーマ「長期学外学修プログラム（ギャップイヤー）」を追加措置することを決定する。事業要件は

表1に掲げたとおり、社会が求める人材を育成するために「ギャップイヤー」等を活用した長期学外学修プログラムを推進するための環境整備を行うことであり、厳正な審査を経て12校の大学、短期大学、高等専門学校による意欲的かつ挑戦的な取組を採択している（表2）。

どのように「ギャップイヤー」を創出し、どのような学外学修プログラムを構築するのかは、各校の創意工夫に委ねられている。初年次教育改革、コーオプ教育、グローバル人材育成、特徴的な海外留学プログラム、地方創生活動など、各校の掲げる教育改革に資する様々な取組が展開されている。いずれの取組も、キーワードは「大学教育の質的転換」であり、決して新奇で付加的な取組ではない。大学教育そのものの課題への挑戦であり、社会への挑戦である。

5　おわりに

本稿では、グローバリゼーションが及ぼす高等教育への影響から「大学教育の質的転換」を概括し、「ギャップイヤー」がその線上に位置づけられ、AP事業として政策展開されてきたことを紐解いてきた。耳に慣れない「ギャップイヤー」は、グローバリゼーションに対する大学の挑戦である。

高等教育をめぐる情勢は、日々刻々と激しく変動している。現今における最大の課題とされている「大学教育の質保証」は、新たな難題として大学にさらなる次元の改革を要請している。しかし「質保証」は社会との対話だと解すれば、つまるところそれはグローバリゼーションがもたらした課題の延長線上に過ぎない。「ギャップイヤー」と12の取組は、今、そんな新たな課題の中に埋没することなく挑戦を続けている。

引用文献
中央教育審議会（2008）．「学士課程教育の構築に向けて（答申）」．
中央教育審議会（2011）．「今後の学校におけるキャリア教育・職業教育の在り方について（答申）」．
中央教育審議会（2012）．「新たな未来を築くための大学教育の質的転換に向けて〜生涯学

び続け、主体的に考える力を育成する大学へ〜(答申)」.
学事暦の多様化とギャップタームに関する検討会議 (2014)．「学事暦の多様化とギャップイヤーを活用した学外学修プログラムの推進に向けて(意見のまとめ)」.
教育再生会議 (2007)．「社会総がかりで教育再生を〜公教育再生に向けた更なる一歩と「教育新時代」のための基盤の再構築〜(第二次報告)」.
産学人材育成パートナーシップ (2010)．「報告書〜産学官でグローバル人材の育成を〜」グローバル人材育成委員会．
東京大学 (2012)．「将来の入学時期の在り方について－よりグローバルに、よりタフに－(報告)」入学時期の在り方に関する懇談会．https://www.u-tokyo.ac.jp/content/400004431.pdf（閲覧日:2018年9月18日）．
東京大学 (2013)．「学部教育の総合的改革について(答申)―ワールドクラスの大学教育の実現のために―」入学時期等の教育基本問題に関する検討会議．https://www.u-tokyo.ac.jp/content/400004443.pdf（閲覧日:2018年9月18日）．
渡邊ゆかり (2016)．「教育政策に揺れる日本語、「学習」vs.「学修」1―「学習」「学修」を前部要素とする合成語―」広島女学院大学編『広島女学院大学論集』(63) 23-39.

第 2 章　大学改革は成功したのか？

大阪大学高等教育・入試研究開発センター長 教授　川嶋 太津夫

「パフォーマンスのような大学改革案が打ち出されつづければ、『手術は成功したが患者は死んだ』という言葉のように、大学改革は成功したが大学は死んだになってしまうのではあるまいか（竹内, 2008）。」

　これは教育社会学者の竹内洋による我が国の大学改革への厳しい論評であるが、大学が死に至る前にそもそも「大学改革は成功した」と言えるのだろうか？

　本稿では、明治時代の帝国大学の設置、第 2 次世界大戦後の新制大学の発足に次ぐ、我が国の第 3 の大学改革（天野, 2009）と言われる、平成 30 年間の大学改革が、果たして成功したのか否かを検討してみたい。そのために、まず、「平成の大学改革」の足跡を辿ってみよう。

1　第 3 の大学改革

　第 3 の大学改革の契機となったのが、1991 年 6 月の大学設置基準の改正、いわゆる「大綱化」であることは大学関係者であれば、誰もが知ることであろう。そして、大綱化を提言したのが、同じく 1991 年 2 月に当時の大学審議会が出した答申「大学教育の改善について」であった。その背景には、社会が流動化し不透明性が増していく時代にあって、社会や学術の新たな変化や展開に対して、柔軟に対応しうる能力を有する人材の育成が不可欠であるが、当時の大学設置基準では、教育の外的事項である校地・校舎の面積のみならず、内的事項である教育課程まで画一的に規定されていたため、大学が急速に変化する社会や時代に対応した教育改革が難しくなっているという認

識があった。大学関係者には広く知られているところではあるが、具体的には、全ての大学・学部において卒業に必要な 124 単位のうち一般教育として、人文分野・社会分野・自然分野各 12 単位、計 36 単位、加えて外国語科目 8 単位、保健体育科目 4 単位、専門教育科目 76 単位と詳細な定めがあった。

そこで、各大学での教育改善を一層後押しするために、大学教育（ここでの大学教育とは、学部の教育のことを指し、現在定着している言葉では学士課程教育のことである）、を共通に規定している大学設置基準をできる限り大綱化し、各大学・学部がそれぞれの理念や目的に基づき、自由に多様な 4 年間の教育課程が編成できるように、卒業に必要な 124 単位だけを規定することとされた。ただし、それによって、一般教育等の理念や目標が軽視されるのではという危惧を表し、4 年間の教育課程を通じて一般教育や教養教育の理念や目標を実現する工夫が行われるよう、大学人の良識に期待する旨の留意事項が付された。

また、同時に、大学設置基準を大綱化し、教育課程の編成を自由化することから、大学自らがその教育研究の在り方を不断に検証、改善を図ることが必要であるとの認識に基づき、自己点検・評価を努力義務化した。なお、その後 1999 年に自己点検・評価の実施及びその結果の公表が義務化されている。

そして、「大学教育の改善について」の答申からわずか 3 ヶ月後の 1991 年 6 月には、この答申に基づいて大学設置基準が大幅に改正された。また、設置認可の審査についても、多様で個性的な大学の発展のために、定量的な規定は校地・校舎の面積や必要最低専任教員数などにとどめ、審査基準については定性的で総則的な審査内規を定め、その範囲内で基準を満たしているかどうかを判断する、いわゆる準則主義へと転換した。

この大綱化によって、どのような変化が我が国の大学に生じたかをまとめると次の 4 点になる（文部科学省（2002）などを参考とした）。

(1) 国立大学を中心として、従来一般教育を担当していた教養部が廃止され、新しい学部や研究科が設置された。廃止された教養部に代わって、従来の一般教育や外国語教育などが共通教育、教養教育あるいは全学教育と改称され、その実施組織として「全学教育委員会」や

「全学教育機構」などが設置され、全学からの委員会方式で運営された。そのため、責任体制が明確ではなく、教養教育の改善が全学的な取組とならなかった。

(2) カリキュラム改革に当たって、新たな科目群となった共通教育、教養教育、全学教育の位置づけに関して、必ずしも十分な検討がなされなかったため、教養教育に関する単位数を安易に削減した大学が増えた (吉田, 2013)。

(3) 教養部を廃止した大学では、その多くの教員が既存学部あるいは新設された学部に転籍し、専門学部の教員となったため、教養教育の重要性に対する認識が希薄化し、専門教育を重視し、教養教育の担当を「負担」と感じる教員が全学的に拡散した。また、所属する学部の学生ではない他学部の学生を対象に教育を担当すること、既存の学部の教員にとっては、教養教育の担当は新たな「負担」となること、しかしながら、教養教育担当のインセンティブはほとんどないこと、などから教育内容や教育方法の具体的な改善が進まなかった。

(4) 教員と同じく、学生も入学時からそれぞれの専門学部に所属するようになったことから、1年次から専門科目を学べないことへの不満、つまり、「〇〇学部に入学したのになぜ専門以外の科目を学ばなければならないのか」など、学生自身も教養教育を学ぶ意欲が減衰した。

1991年の大学設置基準の大綱化は、規制緩和によって大学の個性化と教育の持続的な改善と質の向上を期待して実施されたが、このようにその期待は必ずしも実現されなかった。そのため、「大学教育の改善について (答申)」と、その提言に基づき実施された大学設置基準の大綱化から6年後に大学審議会は、「大学教育の一層の改善について」と題する答申を取りまとめ、公表した。答申のタイトルに「一層」という表現が盛り込まれているように、1991年の大綱化以降の大学の教育改革の取組は不十分であったというのが、当時の大学審議会の認識だったのであろう。この答申で我が国の大学教育の課題として以下のような諸点が指摘されている。

- 多くの大学の教員の意識は、従来の大学教育の概念から抜け切れていない。
- 学部教育を、幅広い教養や学問修得の方法を目的とする、いわば基礎教育と考え、高度の専門教育は大学院で行うこととするのか。
- 学士の学位を授与する学士課程教育の観点から、学部教育の質やその確保をどう考えるのか。
- 教える側の視点だけでなく、学生の視点に立った改革が求められている。
- 教養教育が軽視されているのではないかという危惧がある。
- 教養教育運営体制が機能していない。
- 1単位は教室以外の学習を含めた標準45時間の学習を必要とする教育内容を持って構成するという趣旨が徹底せず。
- 学生の履修科目の過剰登録という問題も指摘されている。背景には就職活動の早期化も一つとしてある。履修科目数の上限設定が必要。
- 学生の成績評価が教員個人の主観的基準で行われている。
- 授業のための準備学習に役立つシラバスになっていない。
- 少数科目を集中して履修し、学習効果を高めるセメスター制、クォーター制の導入の検討。
- ファカルティ・デベロップメントの組織的推進。

この答申以降、大学審議会と行政改革によって再編された中央教育審議会（大学分科会）は、2、3年ごとに大学に教育改革を強く促す答申や審議まとめを矢継ぎ早に公表してきた（大学改革に関する答申や審議まとめの詳細については川嶋（2018）を参照のこと）。直近の答申では、次のような大学教育の課題が列記されている（中央教育審議会, 2018）。

- 汎用的能力と強みのある専門性を兼ね備えた人材の育成が必要
- 教育の質保証の取組が不十分
  ※1週間の学修時間（授業約20時間、予習・復習約5時間）
- 教育課程の改善（シラバスの記載内容にばらつき）

- <u>厳格な成績評価の運用</u>（GPA の運用実態も様々で、進級・卒業の判定に活用されていない）
- <u>実践的な教育課程への改善</u>（企業等との連携や実務経験者の参加が不十分）
- <u>指導方法の改善</u>（FD への参加率が低く、取組内容のばらつきが大きい）
- 学修成果の可視化と情報公開（学修成果の把握・測定及びその結果の公表が不十分）
- 学位プログラムを中心とした大学制度へ（新しい教育ニーズへの対応が困難）
- 認証評価制度（評価結果が改善に結びついていない、評価疲れ）
- 学位の国際的通用性（学位の分野 723、1 大学のみでの名称約 6 割）

　下線部分は、1997 年の「大学教育の一層の改善について（答申）」と同じ課題が、20 年経ても依然として我が国の大学教育の課題として指摘されている項目である。それらは、実効的なシラバス提供、単位制度の実質化、客観的で厳格な成績評価、そして FD の充実といった、いわば「教育の質」の課題であり、もし学生の能力や学ぶ意欲が同じであれば、当然、教育の成果としての学生の学修成果も低水準のままであろう。冒頭に引用した竹内洋の比喩に倣えば、我が国の大学教育の病状は「慢性化」しており、大幅な体質改善を必要とする。

2　体質改善への努力と新たな「診断」

　大学教育に関する中央教育審議会の度重なる答申や審議まとめは、大学教育に対するいわば「診断書」と症状の改善に向けての「処方箋」と言えるだろう。もちろん、個々の大学や教員の努力により、改善可能な面もあるが、改善を効果的に進めるためには有効な「治療」を施す必要がある。それが、文部科学省による各種の補助金事業である。いわば、補助金という「薬」や「注射」を注入して、病状の緩和や体質の改善をより効果的に図るものである。具体的には、2003 年度から特色ある優れた取組であり、他大学の模範となるような取組を財政的に支援する「特色ある大学教育支援プログラム（特色 GP）」

が始まり、翌2004年度からは各種審議会からの提言等、社会的要請の強い政策課題(例えば、地域活性化への貢献、仕事で英語が使える日本人の育成、知的財産関連教育の推進など)に対応した教育改革に取り組む大学を財政的に支援する「現代的教育ニーズ取組支援プログラム(現代GP)」も開始された。そして2008年度からは、両者の支援事業は「質の高い教育推進プログラム(教育GP)」へと統合され、これらのGP事業には毎年度20億から50億程度の予算が投入されている。

　それでも、我が国の大学教育の病状が改善されていないという新たな診断書が、いわば別の医師から下された。それが2013年1月に首相の私的諮問機関として設置された「教育再生実行会議」が2013年に公表した「これからの大学教育の在り方について(第3次提言)」と「高等学校教育と大学教育との接続・大学入学者選抜の在り方について(第4次提言)」である。第3次提言は、「大学は、学生が学業に専念できる期間を確保できたことも踏まえ、待ったなしで改革に取り組み、若者の能力を最大限に伸ばし、社会の期待に応える必要があります。」と指摘し、具体的には、たとえば「大学は、課題発見・探求能力、実行力といった「社会人基礎力」や「基礎的・汎用的能力」などの社会人として必要な能力を有する人材を育成するため、学生の能動的な活動を取り入れた授業や学習法(アクティブラーニング)、双方向の授業展開など教育方法の質的転換を図る。また、授業の事前準備や事後展開を含めた学生の学修時間の確保・増加、学修成果の可視化、教育課程の体系化、組織的教育の確立など全学的教学マネジメントの改善を図るとともに、厳格な成績評価を行う。国は、こうした取組を行う大学を重点的に支援し、積極的な情報公開を促す。企業、国は、学生の多彩な学修や経験も評価する。(6頁)」ことを求めている。さらに、高大接続改革に言及した第4次提言では、「大学は、高等教育機関であるとの自覚の下、教育課程の点検・改善を行い、学生の学びへの意欲を喚起するための教育内容や教育方法の改善に取り組むとともに、厳格な成績評価・卒業認定等を行っていくことで、学生の学修時間を増加させる。国は、こうした改革を進める大学の定員管理について、国立大学法人運営費交付金や私学助成における取扱いが不利になることのないよう検討す

るとともに、大学の認証評価において、教育の質の向上を図る取組や学修成果を重視する仕組みを整備するなど、<u>教育の質保証</u>を徹底する。(4頁)」(下線は筆者)。診断した「医師」は異なり、新たにアクティブラーニングや学修成果の可視化などの新しい「治療薬・方法」が処方されているものの、大学教育の病状に関する診断結果は、大学審議会と変わっていない。

　この教育再生実行会議の提言に基づき、「待ったなし」の大学改革を推進するために2014年度から2016年度にかけて①アクティブ・ラーニング②学修成果の可視化、両者の複合型③入試改革・高大接続④長期学外学修プログラム(ギャップイヤー)⑤卒業時における質保証の取組の強化の5つのテーマで大学改革を一層促進させる「大学教育再生加速プログラム(AP)」が始まった(詳細は日本学術振興会(2018)を参照のこと)。しかし、「再生」という言葉の意味は「死にかかったものが生きかえること(広辞苑(第6版))」なので、日本の大学は竹内洋が指摘した「死」までは至っていないものの「死にかけている」ので、これら5つの取組を通じてなんとか「生きかえらそう(再生)」との文部科学省の「悲愴」な思いが現れていると言えなくもない。

3　大学教育の体質改善はどこまで進んだか

　1991年の大学設置基準の大綱化を契機とした平成時代の大学改革はどれだけ成果をあげたのであろうか。文部科学省は毎年度、2年前の時点での「大学における教育内容等の改革状況について」を公表している。そこで、文部科学省のウェブから入手できた2001年度から2015年度までの報告書を分析し、各種答申等で繰り返し課題とされてきた「シラバス」「厳格な成績評価」「履修単位数の上限設定(キャップ制)」そして「ファカルティ・デベロップメント」の実施状況についてまとめたものが、次の**表1**である。

　これら4つの項目を取り上げて改革状況の進捗の指標としたのは、以下に述べるようにこれらの在り方(質)が、大学教育の成果である学生の学修成果の獲得に重要な役割を果たすからである。

　シラバスは、担当教員と受講学生の「契約書」あるいは「学修計画支援書」

表1 授業の質を高めるための具体的な取組状況

	2001	2002	2003	2004	2005	2006	2007	2008	2009	2010	2011	2012	2013	2014	2015
シラバス*	98	97	99	99	100	96	96	96	96	東日本大震災	98	97	99	99	99
成績評価**	14	21	24	28	35	40	41	46	49		61	67	72	78	85
キャップ制***	51	56	58	62	62	64	66	97	71		76	82	84	89	92
FD****	61	64	69	75	81	86	90	97	94		$	$	$	$	$

*全ての授業科目でシラバスを作成している大学(学部)　　　数字は%
**厳格な成績評価(GPAなど)の実施
***履修単位の上限設定(キャップ制)
****ファカルティ・デベロップメント(FD)の実施
2012年度以降はシラバスの記載項目ごとの実施状況も調査
$ FDの内容や参加率の調査

とも言われ、学生の主体的な学修を支援し、学修成果に導くための重要なロードマップである。その意味で、シラバスは、それを見るだけで、学生が何をどのように学修すれば、どのような成績が与えられるのかが一目瞭然と理解されるような記述になっていなければならない。

　厳格な成績評価は、入学するのが難しく、入学さえすれば4年後には問題なく卒業できる、という我が国の大学の出口管理の緩さに関する言説を打破するために、そして、学修成果の保証には欠くことができない取組であるが、「学位」を授与する大学で成績評価が厳格であることは当たり前であって、ことさら取り上げるべきことでもないのかもしれない。しかし、修業年限内での卒業率が90％と、他のOECD加盟国の中でも飛び抜けて高いことは、必ずしも厳格な成績評価が行われていないことの状況証拠なのかもしれない。また、文部科学省の調査では、厳格な成績評価の例として「GPA(グレード・ポイント・アベレージ)」をあげているが、GPA導入が、すぐさま厳格な成績評価とはならない。GPA換算前の成績評価が、例えば、その授業の到達目標の達成度に応じて厳正に評価されているかが、厳格な成績評価の肝である。

　履修単位数の上限を設定することは、繰り返し指摘されてきた単位制度の実質化の大前提である。我が国の単位制度は、大学設置基準第20条2項で「一単位の授業科目を四十五時間の学修を必要とする内容をもつて構成する

ことを標準と」すると規定されている。これは、米国のカーネギー単位の考え方に倣ったもので、カーネギー単位が制定された当時は、フルタイムの労働者が週45時間働いており、大学生もフルタイムで学修（work）すれば、週45時間の学修が必要であるとの前提に基づき、それを1単位とした。そして、1年間の労働期間が休暇を除けば30週間であるので、学生も1学年暦で30週間学習を行い、30単位取得できる。そして4年間を大学で学べば120単位となり、学士の学位を授与されて卒業となる。現在は、週休2日ではあるが、正規学生として大学で学ぶとすれば、多くの大学では講義科目については、授業時間内の1時間の学修に対して2倍の授業外学修時間をもって1単位と規定しているので、講義科目だけであれば、1週間に15単位分の科目を履修することになる。つまり、セメスター制度では、セメスターあたりの履修単位数は15単位、1年間で30単位が上限となる。それがフルタイムの大学生の定義である。そして、教室での学修の2倍求められる授業時間外の学修にとって、先ほど説明したシラバスは極めて重要な役割を果たしている（果たすべきである）。

　最後に新しい科目のシラバス作成や、教材開発の支援、あるいは成績評価やアセスメントの方法などを含む授業方法の改善について、問題を抱える教員やこれから大学教員を目指す大学院生への支援などの機会や施設を大学が提供するFDは、大学の教育改革の基盤（インフラ）であり、その整備は大学の重要な使命である。

　説明が長くなってしまったが、これらの4項目が、どのように我が国の大学で実施されているのかは、大学の教育改革の重要な指標となる。表から分かるように2001年度以降、4項目とも着実に改善され、シラバスとFDについては、ほぼ全ての大学で導入、実施されている。そこで、文部科学省は、2013年度の調査からは、シラバスの記載項目のみの結果を公表している。2015年度の調査によれば、学部のシラバスへの記載率が低いのは「課題（試験やレポート等）に対するフィードバックを行うこと（15.0%）」「準備学修に必要な学修時間の目安（22.7%）」「当該授業科目の教育課程内の位置付けや水準を表す数字や記号（ナンバリングを含む）（30.6%）」「人材養成の目的もしくは学

位授与の方針と当該授業科目の関連 (31.6%)」などであり、ほぼ全ての学部でシラバスは作成提供されてはいるが、学生の主体的な学修を支援するという本来のシラバスにはなっていない状況が窺われる。そのため、認証評価結果などを見てみると、学生はシラバスを履修科目の選択の参考にはしているが、毎回の授業の予習や復習にはほとんど利用していないことがわかる。

またFDについては、その実施は大学に義務付けられており、実施率はほぼ100％と、全ての大学で実施されるようになっているので、2011年度からは、FDの内容や教員の参加率など、より具体的な調査内容になっている。2015年度の調査結果によれば、2011年度に比べて教員の参加率も大幅に上昇し、教員の4分の3以上が参加している大学の比率は、35.0％から43.2％へと増加している。ただし、FDの内容を見てみると、講演会やシンポジウムなどの集合研修の実施率が高く (65.4%)、授業の実施で問題を抱えたり、新しい授業の担当に当たって助言を求めたりしているといった、個々の教員の支援を行う「授業コンサルテーション (5.9%)」や大学教員を目指す大学院生を対象とした「プレFD (3.9%)」などは極めて低い実施率であり、一人一人の教員の教育力向上の丁寧な支援にまではまだ手が回っていない状況がうかがわれる。

4　大学教育の質は向上したが、成果は・・・

これまで見てきたように、我が国の大学の教育改革はこの十数年間で進展をみせ、教育の質も向上していることが文部科学省の調査から読み取れる。しかし、重要な点は、それによって教育成果、つまり、学生の獲得した知識や能力などの学修成果は向上したかどうかである。

残念ながら、我が国では米国と異なり、大学教育の学修成果を測定する確立された手法はまだ存在していない。それぞれの大学が、独自に学生調査を実施したり、外部テストを導入したりしてはいるが、共通の測定方法はまだ開発されていない。そこで、ここでは便宜的に、以下の2つを大学の教育改革の成果に対する評価として活用する。一つは、卒業生の多くを引き受け

る企業の我が国の大学教育に関する評価である。二つ目は、文部科学省が強調している単位の実質化の指標である、学生の学修時間、特に授業外の自律的な学修時間である。

一つ目の企業（産業界）による我が国の大学教育の評価については、幾度も大学生や大学への期待の裏返しとしての不満の声が表明されている。たとえば、日本経済団体連合会（経団連）は、2018年6月19日に『今後の我が国の大学改革の在り方に関する提言』を公表し、「はじめに」において「日本の大学レベルは玉石混交で、教育の質が懸念される大学や、赤字大学、定員割れに陥っている大学も見受けられる。トップ大学においても、直近の世界大学ランキングにおいて、アジアのトップ大学が順位を上げる中、日本のトップ大学が軒並み評価を下げていることには、大きな危機感を抱かざるを得ない。」と我が国の大学教育に大きな不満を表明している（日本経済団体連合会, 2018）。

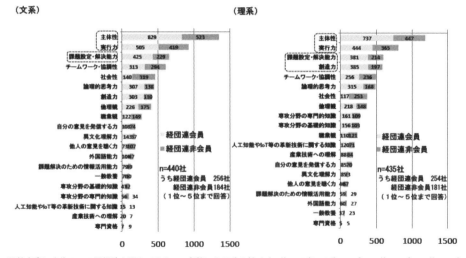

図1　学生に求める資質、能力、知識（日本経済団体連合会, 2018）

そして、**図1**にあるように、文系、理系を問わず大学生に身につけて欲しい資質、能力、知識として「主体性」「実行力」「課題設定・解決能力」「チームワーク・協調性」などを最上位にあげている。この結果は、大学生が現状では身につけていないので、大学教育を通じて今後は獲得してきて欲しいという期待や要望として表明されているが、裏返せば、それは大学教育の現状に対する不満の現れであろう。

さらに2010年度に経済産業省が行なった『大学生の「社会人観」の把握と「社会人基礎力」の認知度向上実証に関する調査』によると、「企業が求める能力要素」と学生が「企業で求められていると考える能力要素」には「大きな差異」、つまり「スキル・ギャップ」が見られるという（**図2**）。具体的には、企業が学生に対して「主体性」「粘り強さ」「コミュニケーション能力」といった

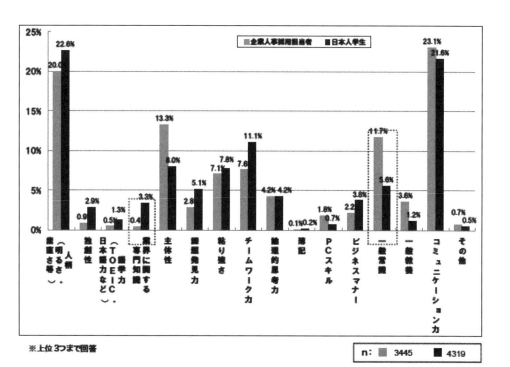

図2 企業と大学生の必要な能力要素に関する認識（スキル・ギャップ）（経済産業省, 2010）

能力要素の不足を認識しているのに対して、学生はそれらの能力要素への認識は薄く、すでにそれらの能力要素は獲得済みと考える傾向があるという（経済産業省, 2010）。

このように、我が国の大学教育あるいはその改革の成果についての企業側からの評価については、依然として厳しいものがある。

では、2つ目の教育改革の評価指標として、大学生の学修時間は増加し、単位制度の実質化は進んでいるのだろうか。大学生の教室内外の学修時間の把握は、2012年8月の中央教育審議会答申「新たな未来を築くための大学教育の質的転換に向けて〜生涯学び続け、主体的に考える力を育成する大学へ〜」で、我が国の大学生の学修時間、とりわけ教室外での主体的な学修時間が国際的に見てもあまりにも少なすぎることが指摘されて以降、多くの大学でその把握が行われるようになった。2015年度の文部科学省の調査によれば、81％の大学が学士課程の学生の学修時間や学修行動の把握を行なっている。したがって、これらの大学ではその結果に基づいて、単位制度の実質化に向けて、さまざまな取組が行われているものと思われる。

では、我が国の総体として、これまでの大学教育の改革によって、どれだけの学修時間の増加が見られたのであろうか。これについては国立教育政策

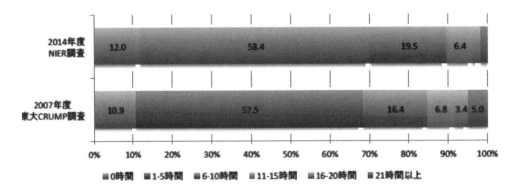

図3　授業に関連した自律的学習時間の変化（2007年度・2014年度）（国立教育政策研究所, 2016）

研究所が調査を行なって、その結果の概要を公表している（国立教育政策研究所, 2016）。

図3は、学修時間の把握の必要性と単位の実質化の議論の契機となった、東京大学大学経営・政策センターが2007年度に実施した調査結果と、同じ調査票を用いて2014年度に国立教育政策研究所が実施した結果を比較したものである。この報告書は、次のように結論づけている。

「今回、国立教育政策研究所が実施した調査（NIER調査）と東大CRUMP調査では、調査対象者の抽出方法、調査の実施時期（実施月）が異なるので、厳密な意味での比較をすることはできないが、<u>この7年間で授業に関連する自律的学習時間が大きく変化したとは言えない</u>と解釈しても良いと思われる。」（下線は筆者）

極めて限定的であるが、我が国の大学教育、そしてその改革の成果として定性的な企業の評価と自律的な学修時間という定量的な指標からは、改革の成果が上がっているとは言い難い。では、なぜ大学改革の努力、教育の質の向上は、成果に結びつかないのであろうか。

5　ホリスティックな改革を

我が国の大学教育については、企業側からの評価を見ても、また先ごろ公表された中央教育審議会の答申（いわゆる2040年に向けてのグランドデザイン）でも、数々の問題点や課題が指摘されている。いわば、我が国の大学は「満身創痍」で、誤解を恐れずに表現すればあらゆる機能が麻痺している「多臓器不全」の状態にあるのかもしれない。竹内洋の総括とは異なり、我が国の大学は、大学改革も成功せず、もはや死を待つのみ、という「臨終」状態かもしれない。

しかし、文部科学省の調査が大学教育の現実を的確に把握しているならば、確実に日本大学教育の質は向上している。なのに、なぜ成果に結びつかないのだろうか。そもそも、我が国の大学は変わっていないのではないか。そしてその原因はどこになるのか、についてはすでに別のところ（川嶋, 2018）で

分析しているので、ここでは、詳細には触れない。

　ここで強調したいのは、大学あるいはそこで行われる大学教育は「有機体」であり「システム」であるということである。教育課程を例にあげると、ディプロマ・ポリシーに掲げた学修成果を、多くの学生が獲得するためには、一人の教員が担当する科目だけで努力しても不可能である。124単位分の全ての授業科目が、学生の学修成果の獲得に向けて取り組まなければ、ディプロマ・ポリシーは、単なる「絵に描いた餅」に過ぎない。また別のところで取り上げた、単位の実質化に向けた学修時間の増加についても、それぞれの科目で予復習の課題を単位に見合っただけ課すとすれば、同時に10科目程度受講している学生にとっては、寝る間もなく予復習を求められていることを意味する。そこで、履修単位数の上限を設定することになるが、セメスター当たり24単位では全く意味をなさない。そして、米国の大学との大きな違いは、履修単位数と授業料が結びついていないことである。米国ではより多くの単位数を履修しようとすれば、標準授業料以上の授業料を払わなければならない。そこで、過剰な履修へのブレーキが効くのである。ところが、日本では、履修単位数の上限まで、同じ授業料で履修登録が可能である。同じ授業料であれば、目一杯登録、履修しようとするのは人情というものであろう。つまり、経営や財務の視点も加えて「ホリスティック（全体的）」に教育改革を進めなければ、「ハムスターホイール」のように、同じところをぐるぐる回って運動量は増えても、全く前に進めないことになりかねない。

　人間は、一箇所具合が悪くなれば、体全体の衰弱に繋がる。体重が増加すれば、血圧が上昇し、心臓や血管が機能しなくなる。また血糖値も上がり、視力に影響が出て、消化器官も機能しなくなる。大学や大学教育も同じである。各答申や調査によって、我が国の大学教育の課題が的確にあぶり出される。現に、2015年度の文部科学省の「大学における教育内容等の改革状況」の調査では、15年前の同じ調査に比べると、飛躍的に多数の詳細な項目が列記されている。確かに、それぞれの課題は重要であろう。しかし、「群盲象を撫でる」のように全体を理解しないまま、個々の大学教育の課題に「モグラ叩き」ゲームのように「対症療法的」に対応していては、いつまでも

体質は改善されない。再び、竹内洋の表現にならうと「一つの病気は治ったが、患者は死んでしまった」のように「大学教育の一つの課題は解決できたが、大学教育は壊滅した」にならないように、大学教育全体を俯瞰して、我が国の大学教育の体質改善につながる「トリガー（ツボ）」は何なのかを、拙速は避けつつ、しかし、早急に関係者全員で叡智を出しあって見いだすことが必要であろう[1]。

注

1 中央教育審議会答申「新たな未来を築くための大学教育の質的転換に向けて〜生涯学び続け、主体的に考える力を育成する大学へ〜」では、主体的な学修時間の増加という定量的な改善を、大学教育の「質的転換」をもたらす「好循環」につなげようと提言したが、個人的にはこれは失敗したとは言わないが、今のところ成功してもいないと思われる。

引用文献

天野郁夫（2009）.『大学の誕生（下）：大学への挑戦』中公新書.
中央教育審議会（2018）.「2040年に向けた高等教育のグランドデザイン（答申）」.
川嶋太津夫（2018）.「第2章　日本の大学は、なぜ変わらないのか？　変われないのか？　4半世紀にわたる個人的体験を通して」佐藤郁哉（編）『50年目の「大学解体」20年後の大学再生 ―高等教育政策をめぐる知の貧困を越えて』京都大学学術出版会.
経済産業省（2010）.「大学生の『社会人観』の把握と『社会人基礎力』の認知度向上実証に関する調査」.
国立教育政策研究所（2016）.「大学生の学習実態に関する調査研究について（概要）」.
文部科学省（2002）.「【参考】我が国の大学における教養教育について」http://www.mext.go.jp/b_menu/shingi/chukyo/chukyo0/gijiroku/attach/1343946.htm （閲覧日：2018年12月10日）.
日本学術振興会（2016）.「大学教育再生加速プログラム（AP）選定結果」http://www.jsps.go.jp/j-ap/sentei_kekka.html（閲覧日：2018年10月28日）.
日本経済団体連合会（2018）.「今後の我が国の大学改革の在り方に関する提言」.
竹内洋（2008）.「見過ごせぬ大学の副作用・・・『手術は成功したが患者は死んだ』となりはせぬか？」https://www.sankei.com/life/news/151001/lif1510010007-n3.html （閲覧日：2019年1月1日）.
吉田文（2013）.『大学と教養教育：戦後日本における模索』岩波書店.

第 3 章　「長期学外学修」で大学教育の何が変わるのか？
——大学教育改革に取り組む現場の視点から——

新潟大学人文社会科学系　澤邉 潤

1　はじめに：「長期学外学修」を捉える 3 つの理解軸

「AP 事業テーマⅣ長期学外学修（ギャップイヤー）（以下、「長期学外学修」）」は、大学関係者、社会にどのようなインパクトがあるのか。大学教育はどう変わるのか、新たに生じる課題は何か。本章では、教育現場の当事者（実施主体）の立場から「長期学外学修」を解釈し、いくつかの問題提起を試みる。「長期学外学修」の特徴を把握・理解するために、横軸に学生の入学から卒業までの流れ、縦軸に大学内部の組織構造や学外機関と連携する大学の関わりを図 1 にイメージ化した。「長期学外学修」を「現在・未来に生きる'学生の時間'に対する理解」、「大学教育の歴史・文脈の理解」、「新たな取組みの可能性と限界への理解」の 3 つの理解軸から包括的に捉えることで、第 2 部の取組み事例の解釈の一助としたい。

2　大学教育改革における「長期学外学修」の複雑性

(1)　「長期学外学修」の概要とその射程

2015 年度に開始した「長期学外学修」では『課題発見・探求能力、実行力といった「社会人基礎力」や「基礎的汎用能力」などの社会人として必要な能力を有する人材を育成するため、大学は教育内容を充実し、学生が徹底して学ぶことのできる環境を整備する』ことが目的とされている（文部科学省, 2015）。そこでは、『入学直後等に、1 ヶ月以上の長期の「学外学修プログラム」を開発・実施する大学のサポート体制整備を支援する』ことが示されている。

活動例には、留学、インターンシップ、ボランティア等があり、大学が積極的に関わるべき事項が3点ある。第1は体制整備で、学外学修を支援する人材配置や学事暦等の見直しによる学びの機会拡大である。第2は、事前・事後指導の実施による質の高い活動の提供である。第3は、安全管理や活動期間中の指導を含めた活動支援である。学事暦の多様化とギャップタームに関する検討会議(2014)では、諸外国のギャップイヤー例との比較から日本の学事暦の現状、日本の秋入学議論、制度設計面での課題が整理されている。また、学外学修の推進においては、多様な連携や産学官が各々の立場でできることの実行や社会の意識改革促進の必要性が示唆されている。

以上が「長期学外学修」の概要である。入学時期、入試制度、就職など、大学と社会との接続の現状に鑑みれば、大学入学前・直後に学外学修を提供できる環境が十分とはいえない。こうした社会構造上の課題も踏まえると、「長期学外学修」が大学内部の教育改革だけで完結するものではない。

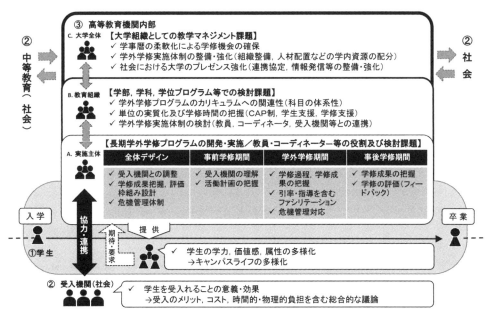

図1　大学教育における「長期学外学修」のイメージ

⑵ 現在・未来を生きる'学生の時間'に対する理解（第1軸）

　第1の理解軸は、「長期学外学修」が学生にどのような価値があるかという点である（図1横軸「①学生」参照）。平成30年度学校基本調査（文部科学省, 2018a）によれば、高等学校卒業者の約55％（約58万人）が短大・大学に進学、大学学部卒業者の77.1％が就職、10.9％が大学院に進学、大学院進学者の79.8％が就職している。このことから、少なくとも卒業時点では、短大・大学進学者全体の9割弱は学界以外の道に進んでいる。大学のユニバーサル化による、入学者の属性、学力、価値観などの多様化は、学生からの大学教育に対する期待や要求として反映される（天野, 2013）。学生は大学での学習以外にも部活動・サークルなどの正課外活動、さらにはアルバイト、就職活動などで'忙しい'。特に就職活動は、採用日程によって学生の時間に大きな影響がある。「入学直後等」の時期に限定されないが、「長期学外学修」が学生生活（キャンパスライフ）全般に与える影響を考慮する視点が必要である。つまり、学外学修のデザインには、多様化する学生のニーズや学生生活を把握しながら、意義のある活動を適切な時期に提供していくことが求められる。

　未来の時間に眼をむけて、高等学校との接続にも触れておく（図1「②中等教育（社会）」参照）。小学校、中学校、高等学校の学習指導要領等が改訂され、段階的に2020年度から新学習指導要領での教育が全面実施される。この改訂では、学習者が「何ができるようになるのか」を明確化し、習得・活用・探究の学びの過程を実現するために、学校全体が社会に開かれた教育課程を編成・実施できる体制への移行が志向されている。その特徴は、①知識・技能、②思考力、判断力、表現力等、③学びに向かう力・人間性等の3つの側面（学力の三要素）から全教科の位置づけが再整理されている点にある。学習者が「主体的・対話的で深い学び」を実現するために、学力の三要素の観点から学校全体で教科等の目標や内容を見通すことができる体制の確立が必要となる。例えば、「長期学外学修」に関連するものに高等学校の「総合的な学習の時間」がある。この教科は今般の改訂で「総合的な探究の時間」と名称が変更される。教科の目標は、横断的・総合的な学習を通して、自己の在り方・生き方を考えながら、よりよく課題を発見し解決していくための資質・能力を育成する

ことである。課題探求の過程での他者との協働、ICT の活用による情報収集・整理・分析・まとめに関する学習活動の展開が想定される。具体的な活動例として、自然体験や就業体験、ボランティア活動、ものづくり、生産活動などの体験といった実社会や実生活に近い場面での体験的学習が重視されている。探究活動では、「課題の設定」「情報の収集」「整理・分析」「まとめ・発表」の学習プロセスが示されているが、「整理・分析」「まとめ・発表」への取組みが十分でない点が課題である (文部科学省, 2018b)。大学の学外学修でも体験や活動が重視される反面、「整理・分析」「まとめ・発表」に関わる学修成果や評価は共通課題かもしれない。後述するが、学習指導要領等の改訂にみられる教育改革の方向性は、能動的な学習への転換という点で大学教育改革のそれと軌を一にする。

　現在または未来を生きる学生の立場に立てば、「長期学外学修」を大学教育のみの議論ではなく、高等学校との有機的な接続・連携も模索しながら、学習者が深く考える学習活動の積み上げを意識した学外学修をデザインすることも必要であるといえる。

⑶　**大学教育の歴史・文脈の理解（第 2 軸）：大学教育の構造**

　第 2 の理解軸として、図 1「③高等教育機関内部」の歴史・文脈性に焦点をあてる。大学教育を取り巻く環境の変化は激しく、人口減少社会、知識基盤社会を前提とした生涯学習社会の実現が志向され、そこに大学教育に対する社会からの期待がある (中央教育審議会, 2018)。社会の要請に大学教育がどのように応えていくかは重要課題の一つである。この課題に向き合うためにも、大学教育における狭義の意味での歴史や文脈を理解しておくことは、大学教育の現状理解や社会との関わりを議論する足掛かりになるだろう。

　大学教育で近年注目されている「学生の能動性を重視した学修への転換」について、大学教育に関わる答申等を参考にその構造を辿る。中央教育審議会 (2008) は、①知識・理解、②汎用的機能、③態度・志向性、④総合的な学習経験と創造的思考等を「学士力」と定義し、大学教育において学生に「何ができるようになったのか」を明確化し、学位を与える課程 (学位プログラム)

を編成することの必要性を大学関係者に意識づける契機となった（通称「学士課程答申」）。この背景には、大学設置基準の大綱化（1991年）以降の大学の教育理念・目的に基づいた自主・自律的な教育課程編成（中留, 2012）や将来的な人口減少社会を見据えた高等教育機関の役割の明確化、高等教育の質保証、3つのポリシー（ディプロマ、アドミッション、カリキュラム）、教育・研究の充実に向けた大学の在り方などの様々な議論がある（例えば、中央教育審議会, 2005）。

(4) 大学教育の歴史・文脈の理解（第2軸）：能動的学習への転換

2012年の答申（中央教育審議会, 2012）では、「学士力」を育むためのディスカッション等の双方向的な授業やインターンシップ等の教室外での取組みの充実によって学生の主体性を促す学士課程の質的転換と質を伴う学修時間の確保の必要性が指摘された（通称「質的転換答申」）。質的転換答申以降の答申等では、「学習」は「学修」と表記されている。この頃から教育機関で「アクティブ・ラーニング」の用語が急激に認識されていった。アクティブラーニングは能動的な学習に関する包括的なもので、日本の高等教育分野でもその概念整理が進んでいる（例えば、松下, 2015）。Bonwell & Eison（1991）は、その一般的特徴として、学生が聴く以上のことへの関与、伝達よりもスキル育成の重視、高次の思考（分析、統合、評価）への関連、活動（読む、書く、議論する等）への関与、学生自身の態度や価値観の探求の重視の5つを挙げている。単に発表や討論の機会を増やすのではなく、「書く・話す・発表するなどの活動で生じる認知プロセスの外化を伴うもの（溝上, 2014）」と捉えることで受動的学習から能動的学習へ転換が図られる。「長期学外学修」は、このような考え方に基づいた長期間の教室外における能動的学習をデザインする取組みといえる。そのため、学外学修は、経験学習（デューイ, 2004; kolb, 1984）や発見学習（Buner, 1961; Mayer, 2004）などの学習論との関連で議論されることがある。例えば、ボランティア活動ではサービスラーニング、工学教育では受入先主導型ではない大学主導型のコーオプ教育（Cooperative Education）等が取り上げられることがある。最近では、アクションリサーチによる社会課題の同

定とその解決プロセスに重視した学習プログラム (Wright, 2015) も展開されている。これらは教室内での学習に限定せずに地域・社会の諸課題の解決にむけた社会的役割を担うこと、実践的な社会体験の充実の観点で実社会と密接に関わる活動である。学外学修が活動の種類によって様々な用語で説明されている現状に鑑みれば、概念整理だけではなく実践レベルでの整理も重要な課題の一つである。

　このような教育改革の流れの中で、教育課程や授業改善に関することだけではなく、大学のガバナンス強化、特に学長のリーダーシップによる大学の自主的・自律的な教育改革を推進し、学内資源配分の最適化を図る大学組織運営についても言及されている (中央教育審議会大学分科会, 2014)。「長期学外学修」に関わる大学関係者は、学内で教学マネジメントに関わる立場、教育組織の一員である立場、「長期学外学修」に専従で関わる立場など、様々な立場で検討課題に向き合うことが想定される (図1「③ A-C」参照)。いずれの立場でも、教育改革の当事者として、その自覚のあるなしに拘わらず、自らの大学の教育改革の歴史と文脈を纏った場に身を置いている。大学の理念・方針は国公私立や人材育成の目的によって異なる。ここまで記した内容すべてが各々の大学の実態にあてはまるものではないが、「長期学外学修」を展開する大学の背後には独自の歴史・文脈が存在することを俯瞰して理解しようと努めることが肝要である。

3　AP 事業テーマⅣ採択校の中間年度の取組み成果と課題

(1)　「長期学外学修」の形成的評価 (成果と課題)

　AP 事業に取り組む実施主体 (事業推進主体、事務局など) から捉える現状の成果と課題を確認する。「長期学外学修」に取り組む 12 校を対象に、2015 年度〜 2017 年度の 3 年間の成果と課題について自由記述形式で質問した回答結果をもとに内容を整理した (**表 1**、**表 2**)。質問事項は「AP 事業の取組みによって、貴校・貴学の大学教育改革のどのような点 (例えば、学生の変化、教職員の変化、社会との連携など) で成果や課題が見出されていますか」であった。

成果を「大学」「教職員」「学生」に大分類し、下位分類に回答内容を象徴する名称を付した（表1）。「大学」では、大学の全体計画を見据えた【教育改革プランとの連動】で、学外学修に関わる学事暦などの【制度設計の改善】が展開され、【社会連携機能の強化】で社会や受入先機関との基盤整備が進んだことが挙げられた。「教職員」では【（学外学修）プログラムの開発・充実】、プログラム教授法の改革・改善を通じた【意識改革（FD／SD）】、安定的に学外学修を運用するための経験・ノウハウの蓄積による【プログラム管理・運営力の向上】が挙げられた。「学生」では、学外学修プログラムによる学修へのモチベーション向上などの【意識・態度の向上】、ルーブリック等の活用による【能力（スキル）向上】が確認されている。

同様に課題について、回答された内容の水準で「教学マネジメント」「教育開発・評価・改善」「広報・発信」に分類・整理した（表2）。「教学マネジメント」では、組織に関すること（【組織的な体制強化】【専門人材の確保・育成】）、制度変更を現実に馴染ませる工夫（【制度設計との連動】）、事業の継続化に向けたリソース確保への懸念（【経費の調達】）が挙げられた。「教育開発・評価・改善」では、成果での【プログラムの開発・充実（教職員）】【能力（スキル）の向上（学生）】に対応する課題と推察される【プログラム充実と質の担保】【学生の学修成果把握】、学外学修プログラムの波及効果や初年次に学外学修を経験した学生が継続的に活動できる環境づくり（【参加学生の増加・波及】）が挙げられた。「広報・発信」では、AP事業に関する学内での認知度が低いことによる【学内での理解促進】、対外的に一般社会や学外学修の受入機関などへの事業の周知、認知度向上に向けた【学外・社会への広報】が挙げられた。

⑵ 新たな取組みの可能性と限界の理解（第3軸）

理解軸の3つ目は、図1「③高等教育機関内部」構造や「A. 実施主体」に関するものである。上記⑴では、AP事業中間年度までの成果と課題を概観した。「長期学外学修」が各校における教育改革の推進に資する制度設計や体制整備の促進につながり、多様なプログラムが開発・充実し、学生の学修への動機づけ向上が確認できた点で、成果や取組みに関する一定の意義が認め

表1　中間年度終了時における各校が捉える成果

【カテゴリ】(下段はカテゴリ説明)		記載例
大学	【教育改革プランとの連動】 大学の経営計画や中期計画との連動での事業推進	・教育改革目標に対するアプローチ方法の明確化 ・3つのポリシーの再構築(アクティブ・ラーニングを中心とした教育課程)
	【制度設計の改善】 学事暦変更、組織整備などのプログラム開発実施に向けた環境整備	・クォーター制導入による学外学修実施環境の整備 ・学内組織体制の改革(学外学修部署、委員会設置)
	【社会連携機能の強化】 社会との協力・連携体制や地域・社会の資源を大学教育へ接続	・海外学術交流協定校との連携強化 ・学外の教育資源の取り込み
教職員	【プログラムの開発・充実】 新規のプログラムまたは授業科目開発とその充実、参加学生の拡大	・新規プログラム構築(EYHプログラム、地域共生論、グローバルブリッジ教育プログラム、地域連携ブリッジ教育プログラム、副専攻プログラム)
	【意識改革(FD/SD)】 課題の共有による意識改革、活動のなかに埋め込まれたFD/SD機能	・教職員が学生に対して、きめ細やかな対応 ・大学教員の教授法の改革・改善
	【プログラム管理・運営力の向上】 事業推進・管理の経験とノウハウ蓄積	・学外学修必修化に伴う運用ノウハウ、リスク管理
学生	【意識・態度の向上】 学修モチベーション、キャリア意識の向上	・事業を通じた学生のモチベーション、主体性向上 ・授業外学修時間の増加
	【能力(スキル)の向上】 学生の能力・スキル(語学力、主体性等)面での自己評価の向上	・ルーブリックによる自己評価 ・学生の基礎力に関する自己評価向上

られる。一方で、新たに生じる課題も少なくない。例えば、表2の「教育開発・評価・改善」「広報・発信」は教育現場レベルの検討課題かもしれないが、「教学マネジメント」は教育現場では直接的な検討が難しい課題となる可能性もある。一層の成果を目指す上では、「誰が主導して課題を解決すべきか」を明確化し、それぞれの立場で「何ができて、何ができないのか」を内省することが必要といえる。

(3) 可能性と限界を踏まえた対話的アプローチへの展望

　大学教育の現場では、学内の制度設計の見直しや組織再編、カリキュラム改革、教員個人レベルなど異なる次元で様々な教育改善・教育改革が進んで

表2　中間年度終了時における各校が捉える課題

【カテゴリ】(下段はカテゴリ説明)	記載例
教学マネジメント 【組織的な体制強化】 事業を推進するための体制整備(学内及び対社会)を組織的に展開する必要性	・学内体制の未整備、他部署との連携による組織整備(部署間での重複業務の整理) ・国内外ネットワーク構築のための組織的なネットワークの必要性
【専門人材の確保・育成】 学外学修プログラム担当教員、サポート職員体制などの体制整備と業務負担調整に関する課題	・プログラム管理能力のある教職員不足(コーディネーターの育成) ・特任教職員の負担増加、プログラムを担保する教員確保 ・兼務教職員の負担軽減のための方策
【制度設計との連動】 学外学修プログラムが馴染むような学事暦の運用に関する課題	・学外学修プログラム実施時期の調整(授業期間中であり、学生の参加が難しい)、学生参加を促す環境整備 ・カリキュラム編成上の工夫(必修科目を入れない等)
【経費の調達】 事業の継続化のための様々なリソース(学外学修経費、広報費、人員等)への懸念	・補助金終了後の経常的な経費確保 ・学内予算のみでの運営によるサイズダウンの懸念
教育開発・評価・改善 【プログラム充実と質の担保】 多様なプログラムの提供にむけて、プログラムの充実と安定的な受入先確保に関する課題	・学修の動機づけ、モチベーション向上に寄与する多様なプログラム ・学外学修での学生受入先の確保と継続性
【学生の学修成果把握】 学外学修における学修成果を評価・把握するための仕組みやその方策に関する課題	・学生の学修時間の測定・把握 ・ルーブリックによる能力評価と追跡調査
【参加学生の増加・波及】 学外学修への参加者が継続するための方策や、未参加学生への波及に関する課題	・学生の気づきをつなげる体系化 ・学外学修後の継続的な活動参加の環境づくり ・コストの面で参加人数が限られる(学生の負担軽減)
広報・発信 【学内での理解促進】 事業の認知度向上にむけた学内課題(理解不足、広報・シンポジウムなど)	・事業に対する学内(主に教職員)での理解不足(有用性と重要性の理解) ・学習観の転換、専門人材育成等への理解不足
【学外・社会への広報】 事業の認知度向上にむけて、学外・社会への発信に関する課題	・一般社会に対する成果波及および広報不足 ・送り出し側と受け入れ先のメリットの最大化

いることが多い。この過程で生じる大学内部での認識の差が共有・解消される間もなく教育改革が進行し、教育現場での'改革疲れ'に発展する懸念もある。とりわけ「長期学外学修」では、大学が教育改革で求めるスピードと受入機関との連携構築を着実に進める現場との間にズレが生じ、「教育現場の

ジレンマ」として表出する場合もあるだろう。受入機関との協力・連携関係の構築は、その関係づくりだけではなく、事前・学外・事後学修までの質全体を担保しながら継続する仕組みづくりまでを含むため、想像を超える時間と労力がかかる（図1「A. 実施主体」参照）。

　組織開発におけるコンサルテーション技法の1つに「プロセスコンサルテーション（シャイン, 2002）」がある。これは、課題解決のプロセスにおいて当事者が内外で生じる課題を理解し、納得性の高いプロセス設計を支援する手法で、その考え方は人間関係から組織変革まで広く参考になる。「長期学外学修」では、当事者となる大学関係者が自身の役割とその限界、当事者間の認識のズレを理解したうえで、対応可能な道筋を協議し、それらを共有しながら課題解決にむけた対話的な合意形成が求められる。受入機関（社会）との協力関係を構築していく過程で大学内部での検討だけでは意識されない人材育成のニーズや手がかりが見えてくることもある。当事者が学内外のリソースを認識し、その可能性と限界を踏まえて、包括的な視点から課題解決をデザインできるかが試されている。

　「長期学外学修」は、大学教育に「中等教育との接続、受入機関を含む社会」の視点を埋めこむかたちで育成すべき人材像を議論する場を提供してくれる。これは、大学が社会との対話的取組みのプロセスによって、教育現場のジレンマを超えた新たな協働・連携を模索する契機でもある。さらに、その協働プロセスを連携コーディネータ等の育成や情報発信の研修題材として仕立てることで、教職協働による実践を通じた自らの大学の理解と社会的プレゼンスを高めるFDやSD両方の機能を果たすことも期待できる（寺﨑, 2010）。

4　社会との対話から大学教育を問う

　本章では、3つの理解軸から「長期学外学修」の解釈を試みた。3つの理解軸に共通するのは「時間のコントロール」である。「長期学外学修」の実施主体では、学外学修の実施時期、受入機関との連携調整にかかる時間、受入そのものの時間、教員の教育エフォートに関わる時間などがある。学内の制度設

計では、学事暦の変更による教務系システム改修や時間割編成、学内規則の変更、学生異動の手続き、教室の手配など、細部にも連動する。学生では、自身のキャリア形成を意識したうえでの学外学修へ参加するための時間確保、授業科目の履修の課題、正課外活動やアルバイトなどの生活時間といったキャンパスライフ全体に影響する。学外学修を意味あるかたちで展開していくには、既存の大学教育の枠組み変更に連動する「時間コントロール」なしに大学教育に馴染ませることは難しい。このように考えると、学事暦の変更や学外学修プログラムを開発することだけが「長期学外学修」の目的ではなく、教育課程の編成、社会との接続といった包括的議論が必要であることに気づく。

大学教育改革の成果は社会から見えにくい。しかし、その改革は緩やかながら確実に進んでいる。図1「②中等教育（社会）」「②受入機関（社会）」「②社会」で示すように、「長期学外学修」は、「社会」と関わりを持ちながら人材育成を社会に説明する取組みでもある。今まさに、社会からの要請に大学教育がどう応えるかという構図から「社会との協働」で教育を創る対話的な構図への移行が期待されている。社会との関わりのなかで様々な立場や視点から育成すべき人材像を議論することで、真に必要とされる大学教育の輪郭が見えてくる。育成すべき人材像や教育課程との関連性も考慮されながら、大学教育の関係者と受入機関が互いにメリットを享受し、持続可能なかたちで「長期学外学修」が継続することが望ましい。本質的な評価は、学外学修の質や学修成果の把握だけではなく、「長期学外学修」が中長期的に大学教育の何を変えたのかという問いにある。

5　おわりに：第2部取組み事例一覧と概要、キーワード

本書第2部では、AP事業テーマⅣ採択校12の多様な取組み事例が記述されている（**資料1**参照）。各校の取組み事例の構成は、まず各校の基本情報と「長期学外学修」の事業コンセプトが共通的に示され、その後に実践事例が記載されている。AP事業の中間年度（2017年度）までの成果をベースにしていることから、取組み事例のなかには開発途中の実践も含まれている場合もある。

各校の取組みは、それぞれの背景や文脈を踏まえて展開されているものであり、関係者(当事者)による試行錯誤と継続的な改善を伴う挑戦的実践といえる。取組み実践の内容だけではなく、各校の理念に基づいたコンセプトやアプローチ、取組みプロセスにも注目しながら、本書を手にする読者の立場との対比などから取組み事例の解釈を加えていただきたい。

引用文献

天野郁夫（2013）.『大学改革を問い直す』慶応義塾大学出版会．
Bonwell,C.C., &Eison,J.A.（1991）. *Active Learning: Creating excitement in the classroom*. ASHE-ERIC Higher Education Report NO1.
Bruner,J.S（1961）. The art of Discovery. *Harvard Educational Review*,31,21-32.
中央教育審議会（2005）.「我が国の高等教育の将来像（答申）」文部科学省．
中央教育審議会（2010）.「学士課程教育の構築に向けて（答申）」文部科学省．
中央教育審議会（2012）.「新たな未来を築くための大学教育の質的転換に向けて―生涯学び続け，主体的に考える力を育成する大学へ―（答申）」文部科学省．
中央教育審議会（2018）.「第3期教育振興基本計画(答申)」文部科学省．
中央教育審議会大学分科会（2014）.「大学のガバナンス改革の推進について（審議のまとめ）」文部科学省．
デューイ．J（2004）. 市村尚久訳『経験と教育』講談社学術文庫．
学事暦とギャップタームに関する検討会議（2014）.「学事暦の多様化とギャップイヤーを活用した学外学修プログラムの推進に向けて（意見のまとめ）」文部科学省．
Kolb, D. A.（1984）. *Experiential Learning: Experience as the Source of Learning and Development*, Prentice Hall.
松下佳代（2015）.「ディープ・アクティブラーニングへの誘い」松下佳代（編）『ディープ・アクティブラーニング―大学授業を深化させるために―』勁草書房, 1-27.
Mayer,R.E.（2004）. Should There Be a Three-Strikes Rules Against Pure Discovery Learning?. *American Psychologist*, 59（1）,14-19.
溝上慎一（2014）.『アクティブラーニングと教授学習パラダイムの転換』東信堂．
文部科学省（2015）.「平成27年度「大学教育再生加速プログラム」の公募について」．
文部科学省（2018a）.「学校基本調査－平成30年度結果の概要－」．
文部科学省（2018b）.「高等学校学習指導要領解説　総合的な探求の時間編」．
中留武昭（2012）.『大学のカリキュラムマネジメント―理論と実践―』東信堂．
シャイン,E.H 著（2002）. 稲葉元吉・尾川丈一訳『プロセスコンサルテーション―援助関係を築くこと―』白桃書房．
寺﨑昌男（2010）.『大学自らの総合力―理念とFDそしてSD―』東信堂．
Wright,D.E.（2015）. *Active Learning: Social Justice Education and Participatory Action Research*, Routledge.

資料1：AP事業テーマⅣ　12校の取組み概要とキーワード

No	学校名	概要		キーワード
1	P46〜P70	小樽商科大学におけるグローカル教育プログラム		国際連携教育、地域連携教育、ギャップイヤープログラム、グローカル人材、入学猶予制度
	国立 小樽商科大学	小樽商科大学は、グローバル時代の地域マネジメント拠点を目指した教育改革を実施している。本事業を活用して、初年次からの長期学外学修カリキュラムを産学官連携の下で構築するとともに、それを実現する学事暦の最適化、さらに入学猶予制度に基づく本格的なギャップイヤープログラムの導入を図る。グローバルとローカルにおける多様な長期学外学修プログラムの構築により、本学のグローバル教育を充実・発展させ、グローバルな視点から北海道経済の発展に寄与する「グローカル人材」の育成を推進するものである。		
2	P71〜P97	新潟大学における長期学外学修と初年次教育改革の取り組み		初年次教育改革、学事暦改革、カリキュラムマネジメント、アクティブ・ラーニング、ルーブリック
	国立 新潟大学	激変する社会に耐えうる主体的学習者を育成するための転換教育体制を構築するために、本事業を活用して初年次教育改革と学事暦改革を実施する。これらの改革を基盤として、初年次学生の約3割が長期学外学修を正課活動として取組むことができる学修支援体制を構築する。初年次の長期学外学修をはじめとする能動的学修を学生の学修への動機づけの契機とするだけではなく、その後に続く学修への関連を踏まえた学位プログラムのカリキュラム体系化に向けた教育改革でもある。		
3	P98〜P121	神戸グローバルチャレンジプログラムと学びの動機付け—Feel the Globe! Change Your World!—		国際的フィールドでの学外学修、主体的な学修、ギャップターム、ルーブリック、学生自主企画型
	国立 神戸大学	「神戸グローバルチャレンジプログラム」は、1・2年生を対象に、学生が国際的なフィールドで行う自主的な学修活動を、「グローバルチャレンジ実習」として単位授与するものである。参加学生は、「課題発見・解決型グローバル人材」として本学の全学生が身につけるべき「神戸スタンダード」の必要性を体感し、「学びとは何か」を主体的に考え、「学びの動機づけ」を得る。また、神戸GCPへの参加を通じて、本プログラムが独自に設定したチームワーク力、自己修正力、課題挑戦力を身につけることを目標としている。		
4	P122〜P140	地域貢献に資する人材づくりとインターンシップ—Expanding Your Horizonsプログラム—		クォーター制導入、Expanding Your Horizons（EYH）プログラム、国内外長期インターンシップ、海外留学、海外長期語学研修
	公立 福岡女子大学	福岡女子大学(国際文理学部)で進められてきた語学研修および交換留学を継続・充実させる一方で、長期型の学外学修プログラムとして、Expanding Your Horizons (EYH) プログラムを導入して、国内外でのインターンシップ及びサービスラーニングを充実させ、それらを1年次全寮制教育や短期型体験学修プログラムとも有機的に結びつけ、学生の「主体的学びの気づき、修得、実践」を実現する教育カリキュラムを構築する。		

No	学校名	概要	キーワード
	P141～P159	ハイブリッド留学の挑戦	ハイブリッド留学、社会人基礎力、異文化理解、教学マネジメント
5	私立 工学院大学	日本の理工系大学においては、グローバルに活躍できる真の国際人育成が大きな課題である。この目標に到達するための第一歩として独自に開発した「ハイブリッド留学」プログラムを改革し、留学参加を希望する学生が海外で主体的な共同学修経験を積むことで、より大きな飛躍へとつなげられるよう全力で支援するのみならず、参加しない学生たちにも異文化接触の機会を設け、これからのグローバル社会で求められる社会人基礎力の強化をはかっていく。	
	P160～P177	ギャップタームと女性のエンパワーメント ―津田塾大学における学外学修の取り組み―	学事暦改革、インデペンデントスタディ、学外学修コンパス、女性のエンパワーメント
6	私立 津田塾大学	建学の精神である女性のエンパワーメントの更なる促進のため、学事暦を抜本的に改定し、留学、インターンシップ、ボランティア等の学外学修の機会を拡大させ、「大学教育の質的転換」を図る。これまで学生が任意で行ってきた活動を大学としても支援すべく、カリキュラム改定、支援組織の整備を通じて学外学修に参加する学生を増加させ、学生が主体的に学ぶことで「共感する力」、「実社会の課題を分析する力」、「行動する力」、「伝える力」といった汎用的能力を向上させることを目指す。	
	P178～P201	グローバル創造力の養成を目指して ＜梅春学期＞の新設とその展開	グローバル創造力、グローバル化、梅春学期、ルーブリック
7	私立 文化学園大学	クリエイティブ・ファッション分野はグローバル化が急がれる領域であり、学生にグローバル意識を持たせるための教育が不可欠であるため、入学後早期に中長期の海外学外学修や国内学外研修を実施する。実施に際して、後期試験終了後（2月中旬）から春期休暇（3月中旬）までの期間約1ヵ月を＜梅春学期＞として新設した。さらに、3年次学生向けに専門的な学外学修プログラムを開講し、ファッション分野における＜グローバル創造力＞を養成していく。	
	P202～P232	武蔵野フィールド・スタディーズ（長期学外学修プログラム）の取り組み	4学期制、アクティブ・ラーニング、1年次必修科目、教職協働、産学協働
8	私立 武蔵野大学	社会のパラダイム・シフトに対応できる人材を育成するため、全学的に4学期制を導入し、アクティブ・ラーニングの軸として、1年次に長期学外学修プログラム「武蔵野フィールド・スタディーズ（FS）」を教育課程に配置する。更に、2年次以降は、1年次での学びや能力を昇華させるため、メインメジャー及びサブメジャーによる、専門的な長期学外学修プログラムを配置する。これにより、体系的且つ実質的な教養と専門の連続した学びを実現する。なお、武蔵野FSは「地方創生支援活動」等、活動先への貢献を到達目標の一つに設定している取組が多い。	

No	学校名	概要	キーワード
9	P233～P247 私立 東京工科大学	東京工科大学におけるコーオプ教育プログラムの実施 ギャップイヤーを活用した長期学外実習を中心とする東京工科大学型コーオプ教育プログラムを通じ、学生の主体的学修を促すことで、「生活の質の向上と技術の発展に貢献する人材を育成する」という本学の基本理念に沿った人材の養成を目的としている。具体的には、グループワークを通じた主体的な学修力、行動力、コミュニケーション力の育成や社会人としての心構えなどを教える事前教育と2ヶ月間程度の学外就業体験、就業体験後の事後教育を通じ学生の主体的学修の定着を促す。	コーオプ、就業体験、主体的学修、クォーター開講、産学連携
10	P248～P265 私立 浜松学院大学	リーダシッププログラムとしてのAP長期学外学修プログラム（ギャップイヤー） 地域の課題に向き合うアクティブラーニングを実施している。学内でのGPA等の学修成果に加えて、AP事業後の地域課題に対する主体的な活動を重要な成果の指針としている。特に、AP事業でのフィールドを対象とした活動の継続・発展については、他のアクティブラーニング関連科目やゼミ活動と融合させて、学修の深化を図ることを奨励している。これまで、他の組織・団体とのネットワーキング、SNSによる効果的な情報発信、地域課題に対する研究報告、政策提言を目的としたシンポジウムの開催等、AP事業後の活動を発展させている。	地域の課題をテーマとしたPBL型のアクティブラーニングの導入、アクティブラーニングの学修成果の可視化、補助期間後の継続性の担保、高大接続
11	P266～P287 私立 長崎短期大学	長崎短期大学における長期学外実習 本学の教育目的である「地域社会の発展に貢献する豊かな人間性と品格・専門的知識や技能を備えた」人材養成のため、学事暦を見直し、ギャップイヤー期間での国内外インターンシップや海外留学の機会をさらに充実させる。また、地元佐世保市をフィールドとした地域体験活動を「Awesome Sasebo! Project」と名付け、学生の地域理解の促進と地域課題解決のために身につけるべき専門分野の知識・技術や計画立案力等のコンピテンシーの向上を図る。	学事暦改革、有給インターンシップ、地域連携型学習、アクティブ・ラーニング、グローバルリーダーシップ
12	P288～P311 国立 宇部工業高等専門学校	宇部工業高等専門学校における長期学外学修への取り組みと4学期制を活かした教育改革 本校では、学事暦を変更し4学期制を導入するとともに、「地域教育」を長期学外研修の事前教育と位置づけ、地域ニーズの把握およびそれに対する解決策の具体化によりエンジニアリングデザイン能力の醸成を目指す。その後、長期インターンシップ・海外体験プログラムに参加することで長期学外学修と地域教育の相乗効果を指向し、主体的に学ぶ学生、未来志向性に優れた学生、グローバル社会で生き抜く学生を育成する。	学事暦改定、長期インターンシップ、海外体験プログラム、地域課題解決型地域教育、教育改革

第 2 部

各大学の取組み実践事例の考察

事例1　小樽商科大学におけるグローカル教育プログラム
小樽商科大学

大学基本情報

小樽商科大学は、地方国立大学として地域に開かれ地域経済の活性化に貢献する大学を目指している。建学以来、「実学・語学・品格」をモットーとして、国際的視野と専門知識および豊かな教養と倫理観を備えた社会の指導的役割を果たす品格ある人材を育成するため、広い視野で社会の諸課題を発見、考察し解決策を構想する力の涵養を目指す実学教育を展開してきた。

取組事業の概要

本学では、グローバルな視野を持ちつつ地域に軸足を置く人材（グローカル人材）を養成する目的で、2015年度より「グローカルマネジメント副専攻プログラム（GMP）」を導入した。本学のAP事業は、このGMPと並行したグローカル人材育成プログラムと位置づけられ、産学官連携の下で構築された学外学修カリキュラムを柱とする。

本学AP事業の枠内で運用される学外学修カリキュラムは、初年次を中心とした学生の大学移行期間に行われる二つの「ブリッジ教育プログラム」、すなわち、「グローバルブリッジ教育プログラム」と「地域連携ブリッジ教育プログラム」で構成される。

〇グローバルブリッジ教育プログラム：
従来から本学は国際交流に尽力してきたが、派遣留学は2年次から開始されており、初年次生に対し派遣留学プログラムは用意されていなかった。

異文化理解教育を初年次より開始する本プログラムでは、夏季・春季休業期間中に最大60名の学生が海外教育機関の語学研修（「事情科目」）を受講する。研修は単位化され、GMPの所要単位にも認定される。2年次以降は、正規の派遣留学に加え、海外スタディーツアー、インターンシップ等も実施し、全学生の20％が本プログラム履修者となることを目指す。

○地域連携ブリッジ教育プログラム：
　本学は、以前より地域の拠点大学となるべく、「地（知）の拠点整備事業」に採択された実績を持つ。本プログラムは、この本学が持つ地域志向性を更に強化したものである。メインとなる科目は、PBLを活用した「社会連携実践（ビジネス・インターンシップ、サービス・ラーニング、プロジェクト・ラーニング）」、「グローバリズムと地域経済」、「地域学」等で、地元企業や公共団体との連携を通じて、学生に社会での実践的行動力を身に付けさせることを目標とする。海外研修、インターンシップおよびボランティアといったこれらのプログラムの構成科目に関しては、より円滑な運営を行うために本学は学年暦を見直し、クォーター制を積極的に導入した。

　また、上記プログラムの主旨（高大接続期間での主体的な長期学外学修）を最大限に標榜する本学AP事業の象徴的制度として、入学猶予制度に基づく「ギャップイヤープログラム」を導入した。ギャップイヤーは、欧米では一般に普及している高大接続制度であり、高校卒業から大学入学までの間に設けられた一定の空白期間を指す。学生は高校までの学びを総括し、大学での勉学目標を明確にするべく、自主的に留学やインターンシップ、ボランティアを体験する。本学のギャップイヤープログラムは、入試合格者における希望者が入学を1年間「猶予」され、正に自由な立場での海外長期学外学修を体験する仕組みとなっている。
　このギャップイヤープログラムは、2018年度から段階的に試行し、2021年度からはGMPを土台として新たに設置する主専攻プログラム（「グローカルコース」）の所属者に対し、5名を上限として8ヶ月間留学をさせる本格運

用を開始する予定である。また将来的には、ギャップイヤーを利用した国内での長期学外学修も視野に入れ、北海道経済の発展に貢献する「グローカル人材」の育成を目指すプログラムを展開していく予定である。

事業概要図

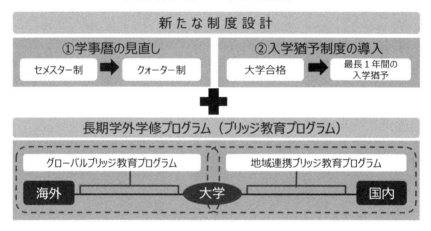

小樽商科大学ＡＰ事業の概要

取組事業の波及効果と今後の展開

本学 AP 事業では、ブリッジ教育プログラムの充実・発展を図り、その成果を地域社会等に波及させている。

2015 年度から、本学は北海道庁、札幌商工会議所、北海道大学と協力して、「北海道海外留学支援事業～トビタテ！道産子海外留学応援プログラム～」を構想し、翌年度、官民協働海外留学支援制度「トビタテ！留学 JAPAN 日本代表プログラム・地域人材コース」に採択された。本採択を受け発足した「北海道創生・海外留学支援協議会」では、本学グローカル戦略推進センターグローカル教育部門長が地域コーディネーターとして主導的役割を果たし、本学が海外留学プログラムや日本人と留学生の共学インターンシップ等で培ってきたノウハウを生かして学生を地域において積極的に関与させ、本学の取

組成果を北海道全体に波及させている。

　また、2017年9月には、本学におけるアクティブラーニングの教育手法を初中等教育現場に広く周知するためのシンポジウムを開催し、教職員の授業・業務改善活動等についての情報共有を行った。さらに、アクティブラーニングを地域社会へ普及・拡大させるため、本学の提案により、2018年9月から北海道地区FD・SD推進連絡協議会において「アクティブラーニング研究会」を発足させた。

　2018年10月には、本学AP事業を通じて得られたグローカル人材育成のための教育改革の具体的な成果や課題を報告するため、公開型のシンポジウムを開催した。今後も、グローバル社会における地域人材育成のモデルケースとして、他の教育機関、地域社会、産業界等と共有し、波及させていくことを目指している。

（鈴木将史）

1　日本版ギャップイヤープログラム

(1)　ジュニアイヤー留学プログラム

　ギュールツ（2011）によれば、研究者が国境を越えて、他の研究者と交流するということは、紀元前6世紀から5世紀にかけてギリシャの学者が地中海を旅して、他の地域の研究者から教えを乞うたところまで遡ることができると言う。アジアにおいても、日本をはじめとする諸国から中国への仏教僧侶の留学は、古くから記録されているところである。高等教育の国際化が一般的となり、グローバル教育の重要性が叫ばれるようになった今日、効果的な海外留学プログラムの構築は、学部教育における必須の課題となっている。

　日本の国立大学は、競争的な入試制度を前提として、主として日本の納税者の家庭で育った入学者を念頭においてカリキュラムが作られてきた。1980年代初めに、日本の製造業を中心とする輸出競争力の高まりが経済摩擦を引き起こしたこともあり、高等教育の分野における国際貢献を求める声

も強くなってきた。小樽商科大学においては、1985年から、英語で経済ビジネスを教えることで、交換留学を促進するための短期留学プログラムを構築してきた。事前に日本語能力を前提とせず、学生交換協定を締結した相手先大学において単位認定されやすくすることで、交換留学を促進しようとするものであった。1990年代半ばまでは、北米や欧州、オセアニアの大学へ交換留学しようとする学部3年生は多く、もっぱら交換留学生の受け入れのために特別な教育プログラムが開発された。

欧米の学生の間では、企業インターンシップなど学外学修へのニーズが高く、本学においては、日本人学生のためのインターンシッププログラムを構築する前に、留学生の日本におけるビジネス慣行を理解するためのインターンシッププログラムが開始された。この時点では、日本人学生の国際教育プログラムへの参加意欲も高く、特に初年次向けのプログラムの必要性は認識されていなかった。

(2) 高大接続教育の重要性

世紀が変わり、2000年代に入ると、次第に日本人学生の海外留学に対する意欲が低下してきていることが顕著になってきた。不況が長引いたことも影響して、日本人学生の内向き志向が顕著になり、高校の教育と大学における初年次教育を接続することの重要性が意識されるようになってきた。特に、知識偏重の教育から、学生たちの主体的な学びの力をどのように育成するのかが課題となってきた。

ホワイト（2009）は、序文の冒頭で、「この大学へようこそ。そして、私は、皆さんに、どうぞここから去って下さいとお願いしますとの学長の挨拶を、ハーバード大学に入学した初日に聞いて驚いた」と述べている。1979年9月なので、40年近くも前になる。大学で学ぶ前に、1年大学から離れて、社会経験を積むようにとの助言は、ギャップイヤーの勧めである。イギリスから始まったと言われるギャップイヤーの慣行は、1970年代後半には、すでにアメリカ合衆国の有力大学においては、大学教育を改革する有力な手法として認識され始めていた。

ハイグラー・ネルソン（2005）は、イギリスのギャップイヤーが年間15％の勢いで増加しており、大学の入学オフィスや雇用政策を担当する政府機関においても、ギャップイヤーの経験を肯定的に評価していることを記している。この時期から、アメリカ合衆国の大学および政府機関においても、ギャップイヤーを社会教育上、重要な期間として認識し始めたと言える。その一方で、オーストラリアやニュージーランドの大学においては、ファウンデーション・プログラムという名称で、主として東南アジア諸国の高校卒業者に対して、大学に入学する前の基礎的な学力および英語力を修得するためのプログラムを開設して来た。これは、高校から大学への移行を円滑にするための移行教育プログラムと呼ばれるもので、大学の付属機関によって運営されるのが一般的である。

　日本においても、大学改革の一環として、高大接続教育の重要性は、2000年代から強く認識されるようになってきており、10代後半の若者に対して、効果的な教育プログラム創出の模索が続いている。大学教育の側からすると、入試改革と初年次教育の改革が重要なテーマとなっている。

⑶　ギャップイヤー留学プログラム

　キャリアの連続性を評価する傾向の強い日本社会において、ギャップイヤープログラムの構築にあたっては、様々な配慮が必要となる。特に、高校卒業直後の学生をギャップイヤー留学させる場合には、やはり大学側からのセーフティーネットの提供が必要になる。

　第一に、入試合格者に対して、1年間の入学猶予期間を提供することが必要になる。第二に、入学前の状態で海外留学するにあたって、大学がどのような支援をするのかも重要である。第三に、ギャップイヤー中の経験や学外学修の成果を、どのように大学の既修得単位として認定するのかも大事な点である。

　本学においては、短期間の語学研修を中心とした初年次留学プログラムを整備してきたこともあり、1学期間程度の留学であれば、1年次生であっても、十分に海外の状況に適応して学修成果をあげることが可能であると考えられ、

大学入学前に海外経験を積むことで、大学における学びのための動機が明確になることが期待される。

また、将来的には、ギャップイヤー留学とジュニアイヤー留学を組み合わせることで、海外の大学とのダブルディグリープログラムを構築することも可能である。日本型ギャップイヤープログラムにおいては、学生の自主性を尊重しつつも、学修歴の連続性は担保する必要があり、プログラムコーディネーターの役割が重要になる。

⑷　スタディーツアーとしてのギャップイヤー

近年、グローバル教育に熱心な海外の大学では、スタディーツアーの教育効果に着目して、大学内にオフィスを置き、プログラムを運営している。日本でも、「かわいい子には旅をさせよ」という諺があるように、旅の持つ教育効果に着目して、従来とは異なる留学プログラムが考案されている。異なる言語環境の中、旅をすることで、自分の育ってきた社会や地域、そして国を相対化して見る視点を得ることができ、大学において自立的な学修を行う準備としての効果が期待される。

ギャップイヤープログラムが定着しているイギリスにおいては、ギャップイヤー期間中の活動として、「働く」について「旅する」が多くなっており、比較的裕福な家庭の子女に、旅する傾向が強いことが知られている。スニー(2014)は、ギャップイヤー期間中に、海外を旅することで、コスモポリタン的な態度を身につけることができ、グローバル教育の一環として、地球市民としての心構えを学ぶことを、ギャップイヤープログラムの利点としてあげている。

実際に、日本においても、経済的な理由で海外経験をする学生が少なくなることは、グローバル化が急速に進展する経済社会において、今後の人材育成におけるハンディキャップになることが考えられる。したがって、本学では、伝統的な短期語学研修留学に加えて、教員が同行する形でのスタディーツアープログラムを展開してきた。

一つは、北海道と姉妹州の関係にあるアメリカ合衆国マサチューセッツ州

と協力して、春季休業期間を利用したスタディーツアープログラムを実施している。本プログラムは、協定大学であるレスリー大学の協力を得て実施されており、マサチューセッツ州議会を訪問し、議員と面談して意見交換するなど、ユニークなものとなっている。この他にも、香港・マカオを経由してシドニーを訪問し、協定大学のウーロンゴン大学で語学研修を受けるプログラムも実施しており、旅の経験から何かを学び取る機会を提供している。

　初年次に海外経験をした学生は、より長期の交換留学プログラムに参加する可能性も高く、学部4年間にギャップイヤー期間1年間を加えた学部レベルの新しいグローバル教育の形が見え始めている。

(5) ハワイ大学カピオラニ・コミュニティーカレッジ

　ギャップイヤープログラムを試行するにあたって、派遣先を巡っては、学内においても種々の議論があった。本来のギャップイヤーの趣旨からすれば、学生に自由に学修計画を立案してもらい、それを大学が承認する形式が望ましいと考えられる。しかしながら、日本社会では、先にも述べたようにキャリアの連続性が重視される傾向が強く、学資の支給者から理解を得ることが難しいという問題がある。したがって、プログラムの立ち上げ期においては、何らかの形で、大学がキャリア教育の一環として、大学に入学する前の事前教育に相応しい質保証のあるプログラムを提示する必要がある。

　いくつかの選択肢を検討しながら、ギャップイヤーのパイロットプログラムとして、本学の入学者にとって教育効果が高いと判断したのが、アメリカ合衆国ハワイ州立大学システムの中のコミュニティーカレッジへの留学である。もともと、アメリカ合衆国のコミュニティーカレッジは、アメリカ市民のための職業教育の場として設置されたものであるが、グローバル化の進展に伴い、留学生受け入れプログラムを持つコミュニティーカレッジもあり、4年制大学への編入プログラムもある。基本的に、大学における教養教育と就職に必要な実務者教育を組み合わせたカリキュラムとなっており、本学における学部教育と親和性が高い。また、英語の他に第三言語として他の外国語を履修することができ、ホスピタリティーマネジメントなど観光都市なら

ではの授業科目も充実していることから、適切な派遣先であると判断した。

(6) 学外学修の成果として期待されるもの

本学のギャップイヤープログラムは、海外の観光都市における体験学修であり、成果として期待されているのは、観光を基幹産業としつつある北海道経済を担うための資質を磨いてくることにある。持続可能な観光都市の発展のためには、地域に定着して活動するグローバル人材が不可欠であり、若い時期の海外経験は、極めて重要になる。英語をはじめとする外国語の運用能力を高めるために、より実践的なコンテクストの中で体験型学修をすることが重要である。

若いうちに異なる言語や価値観に触れ、多様な考え方、生き方に対する寛容な姿勢を身につけることが、ギャップイヤープログラムの目標としては重要になる。同時に、世界共通の課題である環境問題、エネルギー問題、人口問題等についても、意識をして、議論していく資質を身につけることが必要になる。

ギャップイヤープログラムを終えて、本学に入学後、その経験を、他の学生や教職員と共有しつつ、知的に成長してくれることが望ましい。従来の教室やセミナールームの中で完結する大学教育と異なり、社会の様々な組織や機関、経済主体と連携しながら、教育効果について測定していく必要がある。また、大学における伝統的な教室内での教育へのフィードバックも重要であり、議論を中心とした授業形態の成績評価についても創意工夫が求められている。

日本版ギャップイヤープログラムへの挑戦は始まったばかりであるが、今後も本学では、大学入学猶予制度を確立し、大学改革の新たな道筋を見出すべく努力を継続することが期待されている。

(7) 大学入学猶予制度

ギャップイヤープログラムの構築にあたっては、大学入試の時期が重要となる。通常の入試時期よりは早めに大学入試を実施し合格通知を行わない

と、ギャップイヤーを利用した留学の準備を整えることが難しい。したがって、入学後のカリキュラムと併せて、ギャップイヤープログラムへの参加を前提とした特別入試の実施が必要になる。本学では、入試改革の一環として、ギャップイヤープログラムへの参加を前提とする主専攻プログラムのための特別入試の実施を計画している。

　特別入試に合格した学生に対しては、大学入学猶予制度が準備されており、合格後、最長で1年間の入学猶予が与えられ、この期間を利用して、ハワイ大学カピオラニ・コミュニティーカレッジに留学することが可能となる。大学からの奨学金も準備されており、プログラム参加学生の経済的な負担の軽減が図られることになる。入学猶予期間中に修得した単位についても幅広く既修得単位として認定する予定であり、卒業の時期は1年遅れるものの、通常の4年間の学士課程とは異なる教育効果が期待できる。アメリカ合衆国の私立大学にみられるような「小樽商科大学ギャップイヤー1＋4プログラム」が、基本的なコンセプトとなっている。今後の試行段階の成果を踏まえ、日本の他大学にも参考となるユニークな教育プログラムとして発展していくことが期待される（**表1**）。

表1　大学教育の新しいパラダイム

	古いパラダイム	新しいパラダイム
知識	教授から学生に移転される。	学生と教授の共同作業によって構築される。
学生	教授の知識によって満たされるべき受動的な器。	自分自身の知識の能動的な建設者、発見者、伝達者。
教授目的	学生を選別し分類すること。	学生の能力と習熟度を発達させること。
関係	学生間および学生と教授間の非人格的な関係。	学生間および学生と教授間の人格的な関係。
状況	競争的・個人的。	教室内における協力学習および教授間の協力チーム。
前提	どのような専門家も教えることができる。	教えることは複雑で、相当の訓練を必要とする。

Johnson, Johnson, and Smith (1991) の Table 1.1 を、筆者（船津秀樹）が翻訳・加筆した。

資料1：小樽商科大学国際交流科目規程

小樽商科大学国際交流科目規程

(平成11年3月19日制定)

(趣旨)
第1条 小樽商科大学学則(以下「学則」という。)第22条第3項の規定に基づき、国際交流科目に関する必要な事項は、この規程の定めるところによる。
(定義)
第2条 国際交流科目は、次の各号に定める授業科目とする。
　(1) 別表に掲げるグローバル教育プログラム科目群の授業科目(以下「グローバル科目」という。)
　(2) 小樽商科大学(以下「本学」という。)の学生が、外国の大学等に留学して履修した授業科目(以下「外国で履修した科目」という。)
2 本学の学生が、グローバル科目を履修した場合には、学則第20条第1項第1号及び第2号の授業科目の一つに区分する。
(授業科目の履修)
第3条 グローバル科目を履修しようとする者は、所定の期間内に届け出て承認を受けなければならない。
(科目修了の認定)
第4条 グローバル科目の修了認定は、科目試験及び提出された研究報告書の審査によって行う。
(科目試験)
第5条 科目試験は、定期及び随時に行う。
(単位の認定)
第6条 外国で履修した科目の単位は、当該大学等が発行する公式の成績証明書に基づき、グローカル戦略推進センターグローカル教育部門運営会議が認定する。
(成績)
第7条 国際交流科目の成績評価は、秀(90～100点)、優(80～89点)、良(70～79点)、可(60～69点)及び不可(60点未満)とし、秀、優、良、可を合格とする。
(事務)
第8条 国際交流科目に関する事務は、学生支援課において、教務課の協力を得て行う。
(雑則)
第9条 この規程に定めるもののほか、国際交流科目に関し、必要な事項は、学長が別に定める。

附　則
(略)

別　表(グローバル教育プログラム科目群)

授　業　科　目	単位数	本学の学生が履修した場合の配当基準年次及び授業科目区分	
		配当基準年次	授業科目区分
グローカルマネジメント入門	2	Ⅰ	
ビジネス経済学Ⅰ	2	Ⅰ・Ⅱ	学科科目(経済学科・発展科目)
ビジネス経済学Ⅱ	2	Ⅰ・Ⅱ	学科科目(経済学科・発展科目)
実証研究入門	2	Ⅱ	学科科目(経済学科・発展科目)
国際経済学	2	Ⅱ	学科科目(経済学科・基幹科目)

グローカルフィールドワークI	2	III・IV	学科科目（経済学科・発展科目）
グローカルフィールドワークII	2	III・IV	学科科目（経済学科・発展科目）
日本経済	2	II	学科科目（経済学科・発展科目）
アジア太平洋経済協力	2	III	学科科目（経済学科・発展科目）
アジア太平洋におけるマーケティング戦略	2	III	学科科目（商学科・発展科目）
世界の中の日本企業	2	III	学科科目（商学科・発展科目）
日本的経営入門	2	II	学科科目（商学科・発展科目）
グローカルインターンシップI	2	I	
グローカルインターンシップII	2	I	
グローカルセミナーI	2	I	
グローカルセミナーII	2	II	
グローカルセミナーIII	2	III・IV	
グローカルセミナーIV	2	III・IV	
研究論文	2	III・IV	

（船津秀樹）

2　短期留学と英語教育について

(1)　はじめに

　英語を外国語として学ぶ国（English as a Foreign Language: EFL）である日本は、日常生活において英語を使用する頻度は非常に低い。2000年以降、学習指導要領がコミュニケーション重視へと変わってきたとはいえ、いまだに入試においては文法重視であり、コミュニケーションの道具として英語に触れてきた学生は多くはない。そういった学生に対し、大学入学後どのように英語学修に取り組ませ、グローバル社会の中で活躍する人材を育成して行くのか。2020年の入試改革を前に、各大学は様々な取組をしている。本項では、小樽商科大学における教育改革の取組のひとつである長期学外学修（ブリッジプログラム）の中でも、海外の大学と連携して実施している「グローバルブリッジ教育プログラム」について紹介し、本プログラムにおける成果と今後の課題について述べる。

(2) グローバルブリッジ教育プログラムについて

本学では、2015年度のグローカルマネジメント副専攻プログラム (以下、GMP) の設置に伴い、グローバルブリッジ教育プログラムとして、アジア・オセアニア事情、ヨーロッパ事情、アメリカ事情の3つの「事情科目」を新規に開講した。グローカル戦略推進センターグローカル教育部門が実施している本科目では、「海外の協定大学等への短期留学」+「大学における授業」とすることで、海外での滞在を通して、現地の歴史、社会、経済、文化等の理解を深め、グローバル人材に必要な語学力の向上と海外経験の蓄積、現地対応能力を身につけることを目標としている。同時に、事前授業では北海道や小樽について学び、さらに海外研修後の事後授業でも、現地での経験を基にグループワーク等を通して学生の生活拠点である「ローカル」について深く学ぶ構成になっている (**表2**)。

表2　グローバルブリッジ教育プログラムの授業内容

事前研修	海外研修先の歴史・政治・文化・経済等の理解
	小樽・北海道・日本における歴史・政治・文化経済等の理解
	研修の課題設定
海外研修	研修レポート ・課題に対する取組状況 ・国際感覚、現地対応能力の向上 ・語学力の向上
事後研修	グループワークおよびディスカッション
	英語によるプレゼンテーション
	英語による最終レポート

事前研修において自分のローカルな視点を見つめ直し、海外研修やその後の事後研修を通して問題を発見し課題を解決する批判的思考力やその分析力等を培うことは、文部科学省が求める「学士力」の育成につながり、その後、さらに長期間の留学に参加しようという内的動機付けとして効果的である。事実、2015年度〜2017年度に「事情科目」を履修した学生の追跡調査では、半年から1年の交換留学に参加した学生は、2016年度では派遣学生

27名中10名で38％、2017年度では19名中10名の52％と倍増しており、「事情科目」履修者が高い比率で長期間の留学を経験しているという結果が得られた。このプログラムをきっかけとして、継続的な留学へのモチベーションが高まっている傾向が見てとれる。

各プログラムは派遣先により、特色ある内容になっている(**表3**)。

表3　グローバルブリッジ教育プログラム(事情科目)

①アジア・オセアニア事情オタゴ大学ブリッジプログラム (第2クォーター) 　派遣先：オタゴ大学 (ニュージーランド南島ダニーデン市) オタゴ大学にて3週間の語学プログラムに参加するプログラムである。また復路では、オークランドの歴史博物館で現地の歴史を知るほか、旅行代理店現地店舗でのインバウンド・アウトバウンドの実情、観光需要の講義を受ける。
②アジア・オセアニア事情マラヤプログラム (第2クォーター) 　派遣先：マラヤ大学 (マレーシアクアラルンプール) マラヤ大学での語学研修に加え、マレーシアの企業訪問、経済・ビジネスの特別講義を受けるプログラムである。滞在中はマラヤ大学の学生がバディーとなって学内外を案内する。復路では、シンガポールにて同じ東南アジアの国としての相違点を学ぶ。
③アジア・オセアニア事情ウーロンゴンプログラム (第4クォーター) 　派遣先：ウーロンゴン大学 (オーストラリアニューサウスウェールズ州) ウーロンゴン大学にて4週間の語学研修を行う。往路では香港の香港バプテスト大学、復路ではマカオ大学にて現地における経済・経営の講義を受ける。
④アメリカ事情カルガリープログラム (第4クォーター) 　派遣先：カルガリー大学 (カナダアルバータ州) カルガリー大学にて4週間の語学研修プログラムに参加するプログラムである。また復路では、バンクーバーに立ち寄り、博物館等でカナダの歴史や文化等を学ぶ。
⑤アメリカ事情ボストンプログラム (第4クォーター) 　派遣先：レスリー大学 (米国マサチューセッツ州ボストン市) レスリー大学を拠点とし、アメリカの歴史、州議会制度、起業家精神、スポーツ芸術文化を1週間のスタディーツアー形式で学ぶプログラムである。
⑥ヨーロッパ事情ウィーン経済大学サマープログラム (第2クォーター) 　派遣先：ウィーン経済大学 (オーストリアウィーン) ウィーン経済大学サマープログラムを受講し、ヨーロッパ社会情勢・経済事情への理解及び英語能力の更なる向上を目標とするプログラムである。本プログラムのみ、内容が高度であることから、3年次以上を対象としている。
⑦ヨーロッパ事情ルーマニアプログラム (第2クォーター) 　派遣先：トランシルバニア大学ブラショフ校 (ルーマニアブラショフ市) トランシルバニア大学ブラショフ校にて歴史や文化等をルーマニアの学生と共に10日間学ぶプログラムである。

上記の通り、プログラムの事前と事後に授業をすることにより、学外活動を通してより深い学びを提供している。従来型のいわゆる「送りっぱなし」

の語学研修ではなく、実際に担当教員たちが現地を視察し、事前・事後授業を含めたプログラムを作成している。また、初年次に多くの学生を派遣することにより、その後の4年間の学びとの繋がりができ、その後の英語スコアにも伸びが期待できる。そのほか、「事情科目実施要領」を策定し、科目としての統一的な運用・評価方法の基準の明確化、恒常的な実施体制が整備している。

このグローバルブリッジ教育プログラムの財政的な支援として、①～④のプログラムは「佐野力海外留学奨励金事業」が実施されている。この事業は、渡航費、派遣先大学の授業料、滞在費の大半を奨学金として支給し、学生は「自己負担金5万円」(現地での一部食費やその他一定程度の個人的費用が必要となる)で留学することができる仕組みになっており、2017年度までに141名の学生が本事業によりプログラムに参加した。

(3) プログラムを通しての英語能力向上の課題と展望

本プログラムに参加するためには、学生はTOEFL ITPスコアの提出が必須である。そのため、ほとんどの学生は研修の前後でTOEFL ITPを受験している。これらの受験者の中で、研修後にスコアを上げた学生は57人で、スコアを下げた学生39人よりも多いことがわかった。$\chi 2(1)=13.52 (P<.01)$.

一方で、2017年度のプログラム参加学生は、事前・事後のスピーキングとライティング力を測定するため、4技能の英語試験をトライアルとして受験した。受験者数33人中23人が総合スコアの微増が認められたが、個別スキルを見てみると期待をしていたスピーキングとライティングのスコアの上昇はほとんど見られなかった。

このように短期留学における英語能力の向上は限定的であるが、前述の通り、本プログラムは、主に1年次を対象とし、4年間の継続的な学修のきっかけとなるように設置された。これは、英語学修においても同様で、早い時期に交換留学や大学院進学に必要なTOEFL受験を意識するようになる。本学では、1、2年次にTOEFL ITPスコアを上昇させ、3年次には交換留学で必要な550点を超え、交換留学後の卒業時には580-600点を超える学生の育成を目標としている。**図1**は、その目標と最近の学生のスコアの相関関

係である。

グローバルブリッジ教育プログラムに参加し、その後 GMP に所属した学生 (2018 年度は 3 年生まで) のスコアをみると、本学が目指すスコアと比例して伸びているように見てとれる。しかし、実際は TOEFL ITP の受験を義務化しておらず、4 年次の受験者も少ない。2018 年度では、プログラム参加 GMP 学生で 3 年次に受験した学生はわずか 1 名である。今後は、継続的に英語試験を課し、その変移を正確に把握する必要がある。

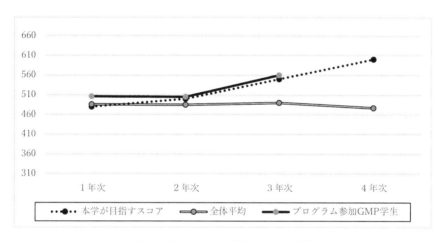

図 1　TOEFL ITP 試験スコアの変移

上記の問題点を改善することが必要ではあるが、1 年次よりプログラムを受講し、その後 GMP に所属した学生は、2017 年度は 15 名中 5 名であったが、2018 年度には 25 人中 18 名となり、そのうち 8 名は 2 年次中に交換留学をしている。グローバルブリッジ教育プログラムは、学生がグローバル人材になるための架け橋となる最初の「きっかけ」であり、早期に海外での生活を経験することが、その後の大学の学びへのモチベーションとなる。この経験を通し、グローバル化に対応した批判的思考力・汎用的能力を備えた英語話者となることが期待される。

(中津川雅宣)

3　地域連携 PBL 型正課科目「本気プロ」について

小樽商科大学では、2009 年度より地域連携 PBL として「商大生が小樽の活性化について本気で考えるプロジェクト（科目名：社会連携実践Ⅰ・Ⅱ）」を開講しており、本学 AP 事業においても全学的展開を進める地域連携教育の重要なプログラムと位置づけている。

(1)　地域連携 PBL の概要

「本気プロ」は、学生が 2 〜 6 名からなるチームを構成し、学外の連携先（民間企業、行政機関、NPO 等）と協働して地域課題の解決に取り組むプロジェクト実践型の教育手法（PBL）を採用している。種々の地域課題に取り組む過程で、フィールドワークや学外の方々との交流を通じて具体的な政策課題への理解を深めることと社会人基礎力の養成を教育目的としている。科目区分が発展科目（配当年次 2 年次）であった 2014 年度以前は、講義等で学んだ理論や分析方法、プロジェクトマネジメント手法等の応用というねらいを持っていたが、科目区分を基礎科目（知（地）の基礎系）、配当年次を 1 年次に改正した 2015 年以降は、大学での学修への動機付けや社会との接続といった汎用的能力の獲得に重点を置くようになった。

本科目はセメスター開講しているが、学外学修期間について 1 月〜 6 月のものを前期、7 月〜 12 月のものを後期に対応させることで、長期休業期間での学外活動の自由度を高める運用を行っている。正課科目としての開講以降、2018 年度までに 412 名の学生が履修し、91 プロジェクトを実践した。

(2)　教育・学生支援の体制

授業担当教員（常勤教員 1 名）のほか、学生への指導や地域との調整を行うコーディネーター（学術研究員 1 名および教務補佐 1 名）を配置している。また、チームごとにプロジェクトディレクターを配置し、連携先との連絡調整および学生指導を強化している。プロジェクトディレクターは、観光協会職員や若手企業経営者等、実際に地域活性化に中心的に携わり、地域の主要なステー

クホルダーとのネットワークを有する30〜40代の人物を非常勤講師として任用しており、プロジェクト運営の円滑化と実践性の向上を図っている。

(3) 履修方法とプロジェクト管理

プロジェクトテーマの割当については2つの方法を用意している。一つ目は、教員が用意したプロジェクトテーマについて取り組む「選択課題型」で、第1希望から第3希望まで受け付け、チーム編成は運営側でおこなう。二つ目は、学生が取り組みたいプロジェクトテーマを自らメンバーを集めて行う「提案課題型」で、教員に事前に相談し許可されたものに限り実施できるようにしている。

プロジェクト期間は6ヶ月間(4単位)を基本としているが、連携先の制約や学生の要望等を考慮して必要に応じて3ヶ月(2単位)を採用するケースもある。

プロジェクト期間中、月1回の全体演習と中間および最終発表会への参加を義務付けている以外は、チーム毎に独立してプロジェクトを進めている。プロジェクトの管理にはグループウェアを利用して日々の学生の活動を可視化することで、きめ細かい学生指導やリスク管理体制を整えている。学生には、「各プロジェクトチーム」と「本気プロ全員」の2つのグループウェアに登録させ、パソコンやスマートフォンから投稿や閲覧ができるようにしている。このグループウェアには、教員、プロジェクトディレクター、連携先や協力先企業等の担当者も登録している。

(4) 履修学生とプロジェクトの内容

2008年度〜2018年度の履修学生数と学年の内訳を**図2**に示す。

プロジェクトテーマの分野は、地域のニーズやトピックスに応じて柔軟に設定しているが、**図3**に示すように、食やスイーツに関係する分野から観光コンテンツや情報活用、地域コミュニティ支援に重心が移っている。これはプロジェクトディレクター制の導入(2016年度以降)やソーシャルメディアの普及、地方創生関連政策の拡大等の社会背景の変化が影響していると考え

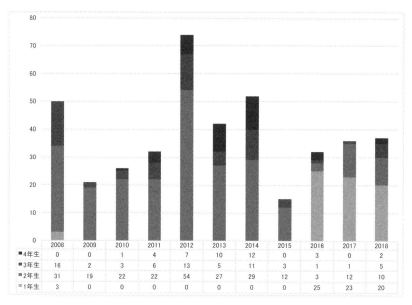

図2 履修学生の人数と学年の推移

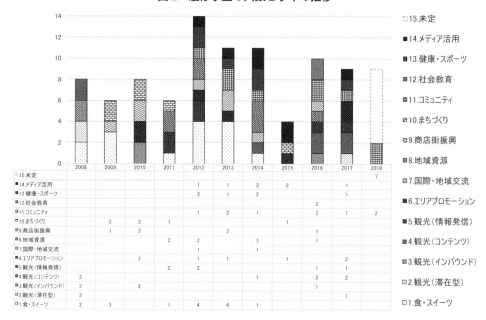

図3 プロジェクトテーマ（分野）の推移

られる。

(5) 成績評価

成績はプロジェクト評価と個人評価それぞれについて**表4**のような項目で採点しこれらを合計している。評価に際しては教員やプロジェクトディレクターによる評価に加え、学生間の相互評価も参考資料としている。特に自身の評価と他者評価あるいは学生間の評価に著しい差がある場合などは個人面談を通じて適切なフィードバックを行うように配慮している。

表4 成績評価項目

○プロジェクト評価（60点〜80点）
・プロジェクトの目的の妥当性
・目標の達成度
・最終成果の水準
・実施体制／遂行状況
・協力機関等との効果的な連携
・スケジュール管理は適切だったか
・プロジェクトの見える化は十分だったか
・プロジェクト完了後の発展性

○個人評価：−20点〜＋20点
・プロジェクトの成果への直接的な貢献
・チームワークを高める間接的な貢献
・計画的な活動やスケジュール管理への貢献
・学外協力機関等との連携を効果的にする貢献
・活動内容や過程の見える化への貢献

(6) 地域連携PBLの成果と課題

本学の地域連携PBLはAP事業において地域連携ブリッジプログラムとして位置づけられ配当年次を1年生としたことにより、多くの学生に対して履修機会を提供することが可能となり、実際に本科目を履修後にグローバルブリッジプログラムに参加する学生も増加して本学が推進するグローカル人材の育成に寄与する仕組みが整いつつある。またこれらのプログラムに参加（履修）した学生に対する教育効果についても検証を進めている。さらに学生が取り組むプロジェクトのテーマは地域振興に資する内容を幅広く採用していることからこれらの成果が地域に及ぼすソーシャルインパクトについても

一定の成果と見なすことができるが、その定量的な把握については現時点では十分ではない。

　他方で地域連携PBLの定着・普及に向けた課題も明らかになってきた。本プログラムの基本的なコンセプトは地域のステークホルダーとの協働であるが、そもそも教育目的として実施している大学とその活動を通じた具体的成果を求める地域との認識の差は埋めることが簡単ではない。特に年度単位で学生が入れ替わることによるプロジェクトの継続性の低下については地域から厳しく評価されることが多い。この教育と地域への貢献という2つの目的をより高い水準で達成するためにも、引き続きプログラムの不断の改善と地域人材の積極的な登用などを通じた協働教育の体制整備を一層進めることが求められる。

（大津晶・小山田健）

4　小樽商科大学における長期学外学修プログラムの教育効果

　学修者がある学修目標に到達しようとするとき、目標の到達過程までの間に知識や技能などの学修要素を積み重ねていくため、学修成果を測るためにはさまざまな学修要素を整理し関連性を明らかにすることが必要である (重田, 2017)。特に今日の学修観は、真実を無批判に記憶するという観点から、個人が事前知識と社会的文脈を用いて積極的に知識を構築していく過程へ変容しているため (植野, 2012)、学修要素をより多面的にとらえることが重要である。学修成果についても多面的にとらえる必要がある。例えばガニェほか (2007) は、学修成果を①知的技能、②言語情報、③認知的方略、④態度、⑤運動技能の5つに分類しており、その評価の観点やテストの方法は細分化されている (鈴木, 2002)。

　小樽商科大学では、在学生の汎用的能力と学修に対する意欲等を測定することを目的として、(株)ベネッセiキャリアが提供する商用のアセスメントテスト「大学生基礎力レポート」を試行的に導入した。本項では2016年度および2017年度のアセスメントテスト実施結果を用いて主に本学の初年次学

生および長期学外学修プログラム参加学生を対象として実施した測定結果を用いて、学生の汎用的能力および学修に対する意欲を測定した結果とそれらに基づいた同プログラムの教育効果検証に向けた方策の検討状況について紹介する。

(1) 学修成果の測定に用いた指標について

「大学生基礎力レポート」は批判的思考力や協調的問題解決力といったいわゆる汎用的能力(ジェネリックスキル)および大学での学びへの意識と取組を測定すると同時に、学生自身が成長実感その他について自己評価した結果を得られることを謳っている。

これらの調査結果のうち、本項では客観的なアセスメントである①協調的問題解決力(能力)と行動特性から導かれる協調的問題解決力(行動)、さらに自己評価に基づく②大学での学びへの意識と取組と③自らの成長実感に着目する。

なお、各指標は**表5**の要素により構成された総合指標である。

表5 「大学生基礎力レポート」の評価内容

①-1 批判的思考力(能力)	議論の明確化、議論の明確化_語彙、議論の明確化_データの読み取り、議論の明確化_文章の読み取り、推論の土台の検討、推論
①-2 協調的問題解決力(行動)	自己管理、対人関係、計画・実行、挑戦する経験、続ける経験、ストレスに対処する経験、多様性を受容する経験、関係性を築く経験、議論する経験、課題を設定する経験、解決策を立案する経験、実行・検証する経験
②-1 学びへの意識	大学で学ぶ価値、学びへのコミット、学びへの心構え、学びの見通し、学び・経験への積極性
②-2 学びへの取組	必要な予習や復習はしたうえで授業に臨む、授業中、グループワークやディスカッションに積極的に参加する、板書や投影資料以外でも大事なことはノートにとる、授業の内容でわからないことは先生に質問や相談に行く、疑問に思ったことやわからないことはすぐに調べる、自分なりの意見や視点をもって学習する、必要な情報を図書館で調べる、授業で興味を持ったことについて自主的に学習する、授業と関わりのないことでも、興味を持ったことについて自主的に学習する、自分なりに計画や目標を立てて学習する
③成長感(2年次以上)	知的好奇心の高まり、自己の客観視、対人関係の成熟、社会への関心

(2) 長期学外学修プログラム参加学生の特性

本学の現行のプログラムで開講されている科目はいずれも選択科目であり且つ履修科目上限制度(キャップ制度)の適用を受けない科目であるため、履修学生と非履修学生の間に学修に対する意欲や動機付けといった点で差がある可能性が考えられる。そこで本アセスメントテストを入学直後の学生を対象に幅広く実施して、学外学修プログラムに参加した学生の特性について評価した結果を示す(表6)。

表6 アセスメントテスト実施および結果の概要

評価対象	総合科目Ⅱ(初年次キャリア教育科目)履修学生			
実施時期	2016年4月		2017年4月	
受検学生数 (うちPBL受講学生)	367人(8人)		342人(23人)	
地域連携PBLの履修	履修者	非履修者	履修者	非履修者
批判的思考力 (平均正答率(%))	52.38	59.00	60.14	59.91
協調的問題解決力 (平均達成率(%))	56.90	55.01	55.63	55.63
学びへの意識 (平均達成率(%))	57.86	71.32	74.24	61.65
学びへの行動 (平均達成率(%))	52.86	58.61	63.56	61.05

2ヶ年度の評価結果から地域連携PBL科目の履修学生は、2016年度新入生については[批判的思考力]および[協調的問題解決力]については非履修者に対してやや劣るあるいは同程度、[学びへの意識と行動]についてはかなり劣るあるいはやや劣る結果となっている。これは初年次学生の大人数クラスが多くなりがちな一般教養系の科目にある種の物足りなさを感じた結果、プロジェクト実践型の本科目を履修した可能性が考えられる。他方2017年度新入生については[批判的思考力]および[協調的問題解決力]については非履修者とほぼ同程度、[学びへの意識と行動]についてはやや勝る、あるいはかなり上回る結果となった。

(3) 地域連携 PBL 受講学生の教育効果

2017 年度に地域連携 PBL に参加した学生を対象としてアセスメントを実施し、当該学生の入学時点の測定値と比較した結果を**図 4** に示す。

・評価対象：2017 年度「社会連携実践Ⅰc・Ⅱc（地域連携 PBL）」履修学生（7 名）
・評価時期：2016 年 4 月および 2017 年 7 月

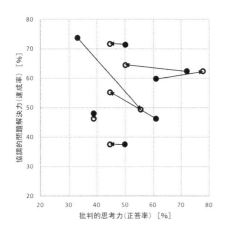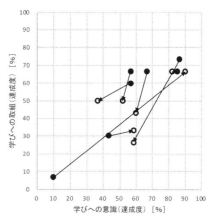

図 4　各測定値の変化（2016 年度→ 2017 年度）

［批判的思考力］については 7 名のうち 5 名の学生が、低下あるいは変化無し、［協調的問題解決力］は 1 名が大きく低下し、他はほぼ変化無しという結果になった。また［学びへの意識］と［学びへの取組］はいずれも大きく伸ばした 1 名とやや向上させた 1 名以外は、両指標ともに低下あるいは変化無しという結果となった。我々が試行的に実施したアセスメントテストは専門的能力や知識の定着水準ではなく、汎用的能力や学修への意識と行動を測るものなので、測定結果には他の授業や大学生活全般での経験が作用すると考えられる。また今回示した測定結果からは「地域連携 PBL は、特定の学生に対して学修意欲の改善に効果がある」という仮説が得られる程度で、本プログラムの教育効果全体について論じるにはさらに多くのデータを収集して慎重に分析しなければならない。引き続き AP テーマⅡ（Ⅰ・Ⅱ複合型）で開

発と検証が進められている可視化手法等を参考にしながら長期学外学修に期待される教育効果と教育手法の改善について分析と検証を継続する計画である。

（大津晶・田島貴裕）

引用文献

Guruz, K.（2011）. *Higher Education and International Student Mobility in the Global Knowledge Economy*: Albany,Alb: State University of New York Press.

Haigler, K., & Nelson, R.（2005）. *The Gap-Year Advantage*: New York, NY: St.Martin's Griffin.

Johnson, D.W., Johnson R.T., and Smith K. A.（1991）ACTIVE LEARNING: Cooperation in the College Classroom, Interaction Book Company, Edina, MN.

O'Shea. J.（2014）. *GAP YEAR How Delaying College Changes People in Ways the World Needs*: Baltimore, Johns Hopkins University Press.

R.M. ガニェ ,W.W. ウェイジャー ,K.C. ゴラス ,J.M. ケラー著 , 鈴木克明 , 岩崎信監訳（2007）.『インストラクショナルデザインの原理』北大路書房 .

重田勝介（2017）.「出口を点検する」松田岳士・根本淳子・鈴木克明編著『教育工学選書 II 14 巻　大学授業改善とインストラクショナルデザイン』ミネルヴァ書房 ,31-42.

Snee, H.（2014）. *A COSMOPOLITAN JOURNEY? Difference, Distinction and Identity Work in Gap Year Travel*: Farnham, U.K.: Ashgate Publishing.

鈴木克明（2002）.『教材設計マニュアル』北大路書房 .

植野真臣（2012）.「教育工学における学習評価」永岡慶三・植野真臣・山内祐平編著『教育工学選書第 8 巻　教育工学における学習評価』ミネルヴァ書房 ,1-17.

White, K. M.（2009）. *The Complete Guide to the GAP YEAR, The Best Things to Do Between High School and College*: San Francisco. JOSSEY-BASS A Wiley Imprint.

執筆者一覧

大津　晶 (小樽商科大学商学部　准教授)
小山田健 (小樽商科大学グローカル戦略推進センター　学術研究員)
鈴木将史 (小樽商科大学理事 (教育担当副学長))
田島貴裕 (小樽商科大学グローカル戦略推進センター　准教授)
中津川雅宣 (小樽商科大学グローカル戦略推進センター　助教)
船津秀樹 (小樽商科大学商学部　教授)

事例2　新潟大学における長期学外学修と初年次教育改革の取り組み
新潟大学

大学基本情報

　新潟大学は、高志の大地に育まれた敬虔質実の伝統と世界に開かれた海港都市の進取の精神に基づき、自律と創生を全学の理念に掲げている。日本海側ラインの中心新潟に位置する大規模総合大学として、環東アジア地域を基点に世界を見据え、教育と研究及び社会貢献を通じて、世界の平和と発展に寄与することを全学の目的としている。この理念の実現と目的の達成のために、本学は全学科目化、分野・水準表示法、学位(主専攻)プログラム化などの教育改革に着手してきた。2017年4月には創生学部の設置、理・工・農の理系3学部の再編を行い、社会的ニーズを踏まえた人材育成システムの再構築を進めている。創生学部、工学部では学外機関との連携による授業科目をカリキュラム上に位置づけ、教育体系を整備することで、学生の主体的かつ自律的な学修を推進している。社会で活躍する中核人材を輩出するうえで、学外と連携した人材育成は、本学の教育改革の重要な取り組みの一つとして位置づけられている。

　本学の教育・学生支援機構では、教育の質保証の観点から、各学部と連携した全学的な能動的学修の拡充と継続的な教育プログラムの改善を支援している。学外との連携による教育の必要性の高まりから、2017年4月に教育・学生支援機構に「連携教育支援センター」を新設し、学内外の教育資源の有機的な融合と協働的な学修活動の支援体制を強化することで、学外学修を中心とした連携教育の充実を目指している。

取組事業の概要

本学のAP事業の全体像を**図1**に示す。本事業では、激変する社会に耐えうる主体的学修者を育成するための転換教育体制の構築を目的として、初年次教育改革と学事暦改革を推進する。本学では、能動的学修を集中的に実施できる期間を第2ターム（6月～8月）におき、特に初年次では長期学外学修を含むインテンシブな能動的学修科目を履修できる学事暦の検討を重ね、2017年度より従前のセメスター制からクォーター制（2学期4ターム）に移行した。本学では長期学外学修を正課活動として位置づけて展開することを基本方針に定め、最終的には学士課程教育のカリキュラム上に位置づくことを設計上の最終目標としている。この目標は、本学が目指す学位プログラム化や初年次教育改革の方向性と軌を一にする。長期学外学修では、本学がこれまで蓄積してきた地域、学外機関等との関係をさらに発展させ、学生の主体性や学修への動機づけを高める多様なプログラム群を開発・設計し、2019年度には初年次学生の約3割が履修することを目指す。これらを実現するためには、教職員の学修設計・支援に対する意識転換も不可欠であり、大学教育を支える組織全体の質的転換（点検）の契機ともいえる。

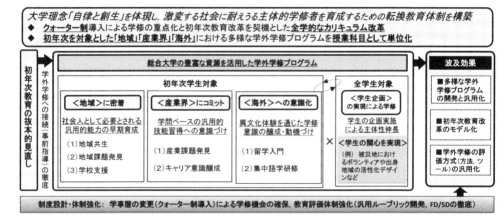

図1　新潟大学AP事業概要図

2016年度以降、首都圏や新潟県内企業へのインターンシップ系科目や短期留学を中心とする科目が開発され、活動の多様性が増している。また、**図2**に示す通り、全学的なカリキュラム改革を推進することにより、長期学外学修の履修者数も年を追うごとに拡大の一途をたどっている。これらを支える組織的な仕組みとして、全学組織である教育・学生支援機構を中心に全学部対象の科目を開設して各学部のモデルとなるプログラムを開発し、その成果を学内のFD等で各学部へ共有している。さらに、これと並行して、学部

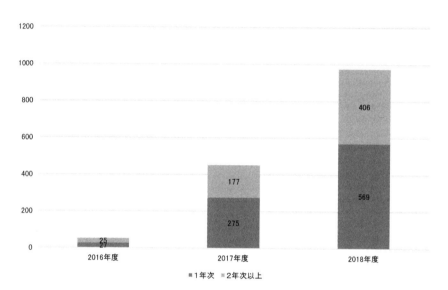

図2　長期学外学修科目履修者数の推移

※ 2018年度は2月20日現在の暫定的な履修者数（未確定）である。

表1　報告する6つのプログラム一覧

No	プログラム名	対象受講生	単位数	実施時期
1	フィールドスタディーズ(学外学修)	創生学部	6	第2ターム
2	キャリアデザイン・インターンシップⅠ	工学部	2	第2ターム
3	長期・企業実践型プログラムⅠ・Ⅱ	全学部	6	第2ターム＋集中
4	学校フィールドワークA・B	全学部	2	不定期集中
5	ダブルホーム活動演習	全学部	2	不定期集中
6	地元学入門	全学部	2	1学期集中

改組等の際に長期学外学修科目を各学部のカリキュラム上に位置付けることで、学内の組織的な連動性を意識した教育改革を実施している。次節以降は、**表1**に示す6つのプログラムを実践者の視点から紹介し、各プログラムの取組概要、成果と課題を報告する。

(木村裕斗・松井克浩)

1　創生学部「フィールドスタディーズ(学外学修)」

(1)　教育課程上の授業科目の位置づけ

創生学部(定員65人)は、社会課題解決に資する人材育成を目指した文理の区別のない学部である。その特徴は、学修の到達目標を学生自らが創りあげ、その目標に向かって学修を展開する選択自由度の高い教育課程にある(**図3**)。1年次からゼミ、学外学修等で課題探究学修に触れながら自らの関心を発見・深化させ、2年次以降は創生学部以外の6学部が提供する22の領域学修科目群から学生が1つの授業科目群を選択して集中的に学修する。それらを踏まえながら、3～4年次には創生学部のゼミ・ラボ活動で卒業研究に相当する取組を展開する。この教育課程を実現するためには、早期からの学生の主体性を涵養する取組が不可欠である。

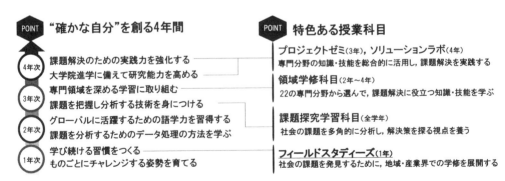

図3　創生学部の4年間の学修イメージ

「フィールドスタディーズ（学外学修）（以下、FS）」は、1年次第2ターム（6月〜8月）に実施される必修科目（6単位）である。学生が在学中に自らの専攻、将来のキャリアに関連した就業体験を行うこと（文部科学省ほか, 1997）」が含まれた「インターンシップ」とはその性格が異なる。科目のねらいは、「社会的な課題の現状理解や課題分析につながるものの見方について見識を深め、2年次以降の学修関心の焦点化につなげること」と「学修目的や課題意識の発見と大学4年間の学修デザインへの気づきを深める態度・姿勢を育成すること」であり、学修への動機づけが意識されている。2017年度は20（企業18、自治体2）、2018年度は16（企業13、自治体3）の機関から協力を得た。

(2) 学外学修の実施と展開

FSは、事前学修（2週間）、学外学修（4週間）、事後学修（2週間）で構成される（図4参照）。1フィールドあたり学生3〜5人のグループ単位で活動する。事前学修で接遇、目標設定、事前リサーチを行い、学外学修では学修テーマ（フィールド課題）（資料1）をもとに活動計画を組み立てる。学外学修では中間報告、フィールドプレゼンテーションで学生が学修成果を発表し、受入担当者などからフィードバックを受ける。事後学修では、学内で最終プレゼン

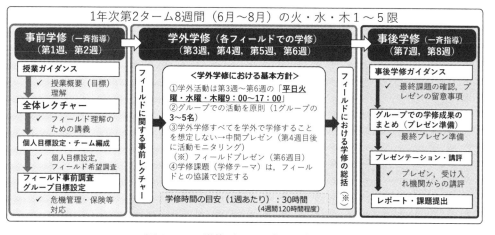

図4　FSの学修プロセス（2017年度版）

テーションを実施し、学生、教員、学外機関など様々な立場の方々からフィードバックを受ける。このプロセス全体を通じて、多様な見方・考え方に触れ、不特定の業界・業種、自治体の現状と課題を把握したうえで、自身の振り返りや目標達成状況を最終レポートにまとめる。

(3) 学修到達状況の把握、授業の評価・改善

① 学習到達状況の把握

2017年度は、フィールドでの体験的活動を可視化し、学修プロセスを把握することを目的として、「目標設定シート」、「ルーブリック」、「学修管理シート」などのワークシートを準備した。また、受入機関との情報共有のために「日報、週報」を必須とした。

② 授業評価と改善課題

2017年10月に受講生に授業評価アンケートを実施した（**表2**）。全般的に授業科目の理解や充実度の観点では、学生の自己評価が高く、授業設計上概ね及第点といえるが、授業外学修時間ではばらつきが確認された。単位の実質化の観点から学修時間と単位数の関係について補足説明や学外学修での時間調整が求められる。

表2　2017年度の授業評価アンケート結果（N=69）

No	質問項目	平均（SD）
1	シラバスの到達目標の適切性（4. 適切～1. 適切でない）	3.41（0.55）
2	成績評価の適切性（4. 適切～1. 適切でない）	3.07（0.81）
3	単位数（6単位）の適切性（4. 適切～1. 適切でない）	2.62（0.96）
4	1週間当たりの授業外学修時間（分）	177.62（206.82）
5	授業科目全体の充実度（5. とても充実～1. 全然充実しなかった）	4.24（0.96）
6	フィールドでの学修の充実度（5. とても充実～1. 全然充実しなかった）	4.19（1.14）
7	学外学修を通じたフィールド理解（4. 理解が深まった～1. 理解が深まらなかった）	3.41（0.74）
8	フィールドにおける学修テーマの適切性（4. 適切～1. 適切でない）	3.22（0.71）

上記結果を踏まえ、2018年度は学生のフィールド決定時期の前倒し、ワークシートや提出課題の精査・統合、事前・事後学修時間の柔軟な活用、学外学修時の時間管理の強化など、授業運営全般の見直しを図った。これら改善成果の検証が、今後の継続課題となる。

⑷ まとめ：持続的な学外学修の展開のために

FSは初年次学生が社会に触れ、現実の課題を直視することで自らの課題意識を問う契機となる科目であるが、継続性という点では試行錯誤が続く。社会と学部が協働して教育を創りあげる関係を構築する過程で双方が取組みの意義と負担を共有しながら、無理のない教育体制（評価方法、指導面での教育負担、学外学修のコスト）の整備・調整を進めながら教育の質を担保していく必要がある。

資料1：2018年度創生学部FS学修テーマ（課題）一覧

No	受入機関名（五十音順）		学修テーマ（課題）
1	株式会社エヌ・シー・エス		さらなる社会貢献のために～社会貢献につながるITソリューションの企画・提案～
2	新日鉄住金ソリューションズ株式会社		医療・介護領域データを活用した製薬会社向けサービスの企画・提案
3	長岡市中心市街地整備室		長岡市中心市街地の街づくりに関する取組をもとにした企画・提案
4	新潟経済同友会	一正蒲鉾株式会社	商品を育てる～「うなる美味しさ！うな次郎」の拡販についての企画・提案～
5		株式会社キタック	仕事内容や会社の魅力・社会的重要性を伝える会社案内パンフレットを、学生視点で企画提案
6		株式会社シアンス	新卒採用Webサイトのリニューアル企画・提案
7		株式会社ジェイ・エス・エス	デジタル学生証アプリの販売促進企画・提案
8		株式会社たかだ	「ホテル角神を拠点とした観光の体験プログラム」の企画・提案
9		福田道路株式会社	建設業の重要な役割と魅力を社会に認識してもらうための様々な事業活動の提案
10	株式会社新潟ケンベイ		若年層をターゲットとした主食（米）の消費拡大に向けた企画・提案
11	新潟県労働金庫		「育児や仕事に頑張る女性を応援するろうきんらしい取組み」についての大学生の視点からの企画・提案

12	新潟市	坂井輪中学校区まちづくり協議会	地域活動への参加を通じて，地域コミュニティを支える協議会の具体的な取組みを学び，地域課題解決に向けて提案
13		大学連携新潟協議会	自分の生活や働き方をデザインする中で，社会課題や地域課題を発見し，グループでその解決策を具体的に提案
14	NCV株式会社ニューメディア新潟センター		ケーブルテレビNCVが地域に溶け込むための新たな企画を提案
15	株式会社福田組		社会インフラ（建設・土木）に関わる建設業の企業活動をリサーチし，建設業界に向けた自由な企画・提案
16	富士ゼロックス新潟株式会社		ビジネスの基本としてのお客様を知る活動を通して，課題解決策を提案

◆学修テーマ（課題）の設定上の留意事項
本授業科目の到達目標に照らして学修テーマ（課題）を設定し，フィールド先での活動が受け入れ先に過度の負担を強いる活動とならないよう配慮する。
◆学修テーマ設定における受入機関との3つの協議ポイント
✓ 学生の立場を規定する（どの立場でフィールドに入るか）
✓ 業界の動向・現状理解及び課題把握が可能なものとする（機密情報等に配慮しながら，現実の課題に触れる）
✓ 1年次学生に求める水準調整に配慮いただく

（澤邉潤・堀籠崇・小路晋作・並川努・佐藤靖・渡邊洋子）

2　キャリアデザイン・インターンシップⅠ

　本科目は工学部融合領域分野1年生を対象とする体験型インターンシップであり，新潟県内の企業と福祉施設において各2週間，計4週間の学外実習を行う。本学工学部は2017年度の改組によってそれまでの7学科から1学科5分野9主専攻プログラムとなり，融合領域分野は旧福祉人間工学科を母体とする人間支援感性科学プログラム55人，新規に開設され，工学とマネジメントを総合的に学ぶ協創経営プログラム30人の2プログラム85人で構成されるが，1年生はそれぞれの分野に所属して工学科共通科目と分野共通科目を履修する。本科目は1学期の第2タームに開講される分野共通選択必修2単位という位置づけである（同時に集中開講される「技術者としてのキャリア形成入門演習（2単位）」とあわせて計4単位となる）。

(1) 科目のねらい

新規学卒就職者の約30％が3年以内に離職するようになって久しい(厚生労働省, 2017)。実際、就職を間近に控えた学生ですら将来の仕事に対するイメージを持てない、専門科目と社会との繋がりを理解できないことに加え、乏しい知識と経験に基づく「専門」に対する憧憬と社会的現実との乖離が早期離職の大きな要因となっていることが窺われる。本来工学には、社会に潜在する課題を顕在化

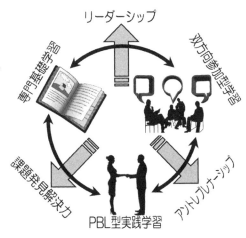

図5　学習サイクルと成果

し、科学的知見に基づいて具体的な解決策を提示・実現することが求められる。特に複雑化した近年の社会において、細分化された単一の「専門」だけで解決される課題は存在しないし、ただ一つの正解があるわけでもない。図5に示すように、協創経営プログラムでは座学による基礎学習、双方向参加型学習、PBL型実践学習のサイクルを入学直後から卒業までに何度も繰り返すことでこれらに気付き、真に社会が若者に求める工学力の修得を目指している。本科目はその最初のステップとして、「企業と社会福祉施設を体験的に学ぶことにより、自らの将来設計(キャリアデザイン)をより具体的に考える機会とすると共に、工学とは実社会で役立つ学問分野であることに気付き、工学部における今後の勉学意欲の向上と、社会的課題と履修科目の関連性に強く意識を向けられるようにすることをねらいとする。さらに実社会では特定分野の知識だけではなく、様々な分野の知識の習得が必要であることや、コミュニケーション能力など知識以外の能力が必要とされることも認識する(シラバスより)」ことを期待する。

⑵ 具体的なインターンシップ実施状況概要

本科目の履修者数は、2017 年度には 1 年生 80 名中 70 名、翌 2018 年度は 1 年生の 85 名全員であった。学生は基本的に 2 〜 3 名を 1 チームとし、事前・事後学習、成果発表までを含めた全ての学習をチーム単位で活動することにより、チームワークの大切さ、リーダーシップとフォロワーシップのあり方、コミュニケーション力の涵養を同時に目指す。

学外実習に先立ち、マナー研修、PC 実習、安全学習を全体で実施した後、実習先組織毎のチームに分かれての事前調査と結果発表、2 週間の学外実習、その後の成果のまとめと発表を企業実習、福祉関連施設実習それぞれについて行う。学外実習は火〜金曜の週 4 日間となるが、月曜 5 限には原則として全履修学生が集まる機会を設け、数社単位で定めた担当教員の指導のもと、実習に対する心構えや振り返りとともに、安全への配慮を繰り返し学習する。学外実習中には担当教員が実習先を訪問して実習状況を見聞するとともに、企業等からの評価や懸念事項等を適時聞き取ることで、実習内容の継続的改善を協働で図っている。なお、実習先の決定について学生の意見を反映することはない。

⑶ 成果と課題

本科目は「early exposure」を通じての「キャリアと学びに対する気付き」が最大の目的であるため、特に具体的な工学的知見の修得といったゴールは設定していない。学生からのレポート等からはこの「気付き」が得られたことが見て取れる。典型的には、「専門科目だけでなく、同じ工学でも他分野の科目や教養科目など、幅広い知識が必要だと感じた」、「外国語（英語）の大切さを身をもって感じた」、「今までは先入観とイメージだけでものを見ていた」などである。ほか、ほぼ全学生がコミュニケーション能力や社会人としてのマナーの大切さ、実社会の厳しさに触れた経験を挙げてそれまでの「甘え」に気付いたことから、本科目の当初目標を相当程度達成できたことを示しているといえる。

企業等にとって学生の受け入れは大きな負担であることは間違いないが、

地方の B to B 型中小企業はそもそも知名度が低く、学生への存在の周知が本科目への参画の最大の動機である。しかし実習受け入れの結果として、指導にあたった若手社員が自身の仕事を見つめ直すきっかけとなったなど、予想以上の効果も見られたようである。今後、協創経営プログラムでは3、4年次学生による課題解決型インターンシップの開講を予定しており、企業としては専門性を高めた高年次学生や、これら発展科目を通じた教員との協働を望んでいるため、本科目はその先駆け(先行投資)とも言える。目下の最大の課題は、全学年を通じたインターンシップ科目間の切れ目ない体系化の実現にあるが、そのためには、企業等の多様な業態に即した実習内容の一定程度のパターン化、一般化、共通化等が求められる。

(小浦方格)

3　長期・企業実践型プログラムⅠ・Ⅱ

(1) 科目の概要

　本科目は、全学部の1・2年生を対象とし、夏期休業期間中(8-9月)の3〜5週間程度の企業実習を軸に、大学での事前事後学修を交えて構成された授業科目であり、2017年度から開設している。科目の特徴としては以下のような点が挙げられる。

・定員23名(2018年度)、6単位
・企業実習前の第2タームには主に大学で事前準備学修(2単位)を行い、実習後には振り返り学修・成果報告会(実習を含め4単位)を実施する
・企業実習では、新潟県内企業、および経済同友会会員所属企業(首都圏を中心に全国各地)が受入先(2018年度実績では計14社(団体))となり、1社に学生1〜3名が参加する
・企業実習では見学・体験等にとどまらず、実際に受入部署の業務の一部に取組む、企業が抱える課題・ミッションに沿って調査・提案を行うなど、実践的な内容に従事する
・新潟県内企業では、実習の全期間または一部期間、有償で学生を受入れ

ている。また経済同友会会員所属企業では、学生の交通費・期間中の宿泊費は基本的に受入企業が負担している。

⑵ 企業実習（インターンシップ）を含む学修プロセスの設計

本科目は、「1・2年生」で体験できる「約1ヶ月のインターンシップ（さらに首都圏の高い知名度を持つ企業が受入先に含まれること）」というインパクトの部分が、実際に説明会に参加する学生からは注目されがちである。それも学生の目線に立てば当然のことだが、実際の科目運営では、中長期的な視点で、日常の大学での学修姿勢の深化へとつながり得る学生自身の「ものさしの再構築」を教育効果の一つとして見据え、学修プロセス全体（企業実習経験と大学での事前事後学修）の設計を行っている。そうした意図のもとに作成したルーブリックを**資料2**に示す。

企業実習と大学での学びといった複数の場面における学習を架橋することを、河井（2014）は「ラーニング・ブリッジング」として概念化している。この"架橋"を学生に意識づけるために、科目運営において、主に以下3つの側面からアプローチを行っている（髙澤・河井, 2018）。

① 日常の行動レベルの具体性に着目した目標の設定と振り返り

学生は、この科目を通じた成長目標、その目標に近づくための実習中の行動指針を各自で設定する。授業の初めに、受講前に思い描いた自分の目標をまず発表し、その後の事前学修での学びを経て、学生はより具体的で実践可能な行動指針を設定していく。企業実習中は日々の活動日報に指針の実行（不実行）からの学びを記載し、実習後には、目標自体の変化も含めて、今後の大学生活への経験の活かし方を考え、プレゼンする。約1ヶ月の企業実習が「非日常の特別な体験」になりがちだからこそ、日常の大学生活と接続する具体的な行動の変化に目配りすることが重要と考える。

② 他者の力を借りた成長

①の行動指針を検討する際には「どうしたらより良い目標・指針になるか」

をグループで一緒に考えることを促しており、ある学生の指針に対して他の受講生がコメントし合う。また企業実習中の活動日報提出に伴う受入企業からのフィードバックを、企業担当者の理解・協力を得てルーティン化している。こうした他者の力を借りた成長が実感できる環境を担保することは、ある学生の感想に「他人からのフィードバックは自分の考えを洗練させる（と気付いた）」とある通り、その後の学生の学びを加速させる一因となりうる。

③ スモールステップを積み重ねる企業での実習

特に実業務に携わって期間内で1つのミッションを達成するタイプの実習を行う企業では、担当者と相談のうえ、1ヶ月を3段階程度のステップに分けて実習内容を設定している。最初の1～2段階において、社員・お客様・関係者への取材、アンケートのまとめ、他社事例の調査等、可能な限り一次データを自分たちで収集し、それを基に後半で報告や提案をまとめるといったパターンを設定することが多いが、これは大学での学修や研究に取組む姿勢と共通するものであり、学生にもそうした意識づけを行っている。

(3) 成果と課題

本科目は、約1ヶ月の企業実習はもちろんのこと、事前学修で課す課題もそれなりにあり、ハードな科目だという認識は受講生たちの感想からもよく聞かれる。その一方で、成果報告会の一般公開による科目の魅力の周知、また受講学生の口コミ等によって、翌年度の受講を検討する学生も生まれており、学生にとっての受講の意義がよく実感され、学生間で伝わっていることが考えられる。今後、そうした学生自身のフィルターを通した情報発信を展開していくための仕掛けづくりは大きな課題である。

また受入先の新潟県内企業とは、正課科目になる3年前からこうした長期に及ぶ有償のインターンシップを実施してきており、ここまで受入が継続していること自体が、企業にとっての受入の価値を一定程度示せているのではないかと考える。

最後に、本科目の受講学生数は、まだ僅か20名程度に過ぎない。この科

資料 2：ルーブリック

到達目標に応じた評価の観点	具体的に求めたい達成事項	4
業界理解・社会の動向理解の深化	事前の受入企業研究時の認識と実習で得た知識・経験とを比較しながら、企業そのものだけでなく、業界やそれを取り巻く社会の動向について理解を深められているか	事前の企業研究時の認識と比較して、会社概要的な知識を増やしただけでなく、「経営」「顧客」「市場」「競合と比較した強み」「部署間の役割」などのうち複数の観点を複合的に考察することで、自分の理解の深まりを述べている
実習経験に基づいた、社会で必要とされる力・知識の言語化	実習での経験（自分自身のトライ＆エラー、社員の観察、直接受けたアドバイス等）に基づき、社会で必要とされる力・知識について、自分なりに具体的に言語化できているか	実習での経験を基に、自分がこれまでもっていた考えとも比較しながら、社会で必要とされる力・知識について考察しており、それが「こんなシーンでこう行動できる（考えられる）力」というように具体化されている
大学での学びに対する意味づけ	大学で学ぶこと・経験することに対する意味づけを、自分なりに言語化できているか	実習での経験を根拠として示し、自分がこれまでもっていた考えとも比較しながら、大学での学び・経験に対する自分なりの意味づけができている
今後に向けた学習目標の設定	今後取り組みたい学習目標、実践したい行動・習慣等が、具体的に示されているか	今後の目標、実践したい行動等（日々の学業に関するものを含む）が現実的かつ具体的に示されており、実践できたかどうか後から確認可能なレベルである
他者へ向けた表現	プレゼンテーションおよび質疑応答で、上記の内容を他者に伝わるよう表現できているか	「他者へ向けた表現」という意味で、内容・表現において特筆すべき出来栄えであった

目の運営が今後目指すべき、学内における成果として、各学部等で実施され、多様化しつつある他のインターンシップ科目の学修効果向上に貢献していくことを挙げたい。本科目はこれまで、正課外で実施していた時期も含め、特任教員を中心にその企画運営にかなりのエネルギーをかけ、インターンシップを中心とした学修プロセスの在り方を検証してきた。専門分野を問わず、低学年次のうちに身に付けてほしい大学での学びの構えを、大学から越境したインターンシップ経験を通じていかに学ぶのか、その実践の知見を還元していくことが求められる。

(高澤陽二郎・箕口秀夫)

3	2	1
事前の企業研究時の認識と比較して、会社概要的な知識を増やしただけでなく、「経営」「顧客」「市場」「競合と比較した強み」「部署間の役割」などの観点から考察し、自分の理解の深まりを述べている	事前の企業研究時の認識と比較しながら、実習中の経験を根拠とした自分の理解の深まりを述べているが、視野が狭く会社概要的な知識の域を出ていない	実習で見聞きしたことの感想・印象を述べる程度にとどまっている
実習での経験と関連づけながら、社会で必要とされる力・知識について考察しており、それが「こんなシーンでこう行動できる（考えられる）力」というように具体化されている	実習での経験と関連づけながら、社会で必要とされる力・知識について述べているが、まだ抽象的な考察にとどまる	一般論的な意見を述べるにとどまっており、自分自身の実習経験との関連も不明瞭である
実習での経験を根拠として示しながら、大学での学び・経験に対する自分なりの意味づけができている	実習での経験と関連づけてはいるが、大学での学び・経験に対する一般論的な意見を述べるにとどまっている	一般論的な意見を述べるにとどまっており、自分自身の実習経験との関連も不明瞭である
今後の目標、実践したい行動等（内容を問わず）が現実的かつ具体的に示されており、実践できたかどうか後から確認可能なレベルである	今後の目標が（内容を問わず）ある程度具体的になっており、本人の努力によって実践可能である	今後の目標が具体的になっておらず不明瞭で、実践できる可能性がかなり低い
「他者へ向けた表現」という意味で、内容・表現ともに十分伝わるものであった	「他者へ向けた表現」という意味で、内容はある程度伝わったが、表現の点で改善の余地があった	「他者へ向けた表現」という意味で、伝えようという意図が感じられず、明らかな準備不足であった

4　学校フィールドワークA及びB

(1)　授業科目の概要

①　授業科目基本情報

履修対象者：教職課程を履修する本学学生（定員・5人×学校数）

単位数（実施時期）：Aは2単位・Bは4単位（集中）

学外学修先：新潟市内の小学校・中学校・高等学校

② 授業科目のねらい、到達目標

＜授業科目のねらい＞

複雑化し多様化する学校現場に対応できる教員を養成するため、養成・採用・研修の一体的な取り組みが求められている（中央教育審議会, 2015）。本科目は、将来教員を目指す意欲のある学生を対象に、早期からフィールドワークによる教育現場関係者との協働的なコミュニケーションを通じて学校を取り巻く環境を理解する機会を提供するものである。特に、開放制教員養成（教育学部以外）を履修する学生にとって学校現場に触れることができる唯一の機会である教育実習は4年次となってしまう。本科目では、活動内容を教育活動（授業）に限定せず、学校の日常全般に関わることに拡大する。学校を取り巻く環境の理解や学生自身の教職イメージの早期キャリアデザインを支援する観点から、この科目をきっかけとした学生の自主的な学校へのボランティア参加も視野に入れつつ、キャリア意識形成及び学校理解をねらいとする。

＜到達目標＞
- 課題解決に工夫しつつ、学校の教育活動に貢献するとともに地域を含む学校の教育活動を支える営みを体験し理解を深める。
- 将来目指す教師像をイメージする。
- 学校現場を支える多様な人と多くのコミュニケーションを通して教職のやりがいや意義についての理解を深める。

⑵ 学外学修の実施と評価指標（ルーブリック）

主たる履修対象者は教職課程の入門科目しか履修していない1年生である。学生、学校双方にとってメリットになる活動はどうあればよいか、学校、行政、大学で十分に議論を重ね、**図6**のような進め方とした（後藤・伊藤・澤邉, 2018）。事前指導では科目の意義は勿論、服務勤務については教育実習並みの指導を行った。学外学修については、各学校の希望する活動内容としたため、個別指導や部活動の見守りから印刷物の印刷、物品の整理、清掃など

多岐にわたる。そこで、教職経験豊かな教育コーチから活動へのアドバイスや学校との調整を行ってもらった。また、学校から依頼された内容にただ取り組むだけでは効果が薄いと考えられるので、Bについては中間で事中指導を設け、前半の活動を振り返ると共に、後半に取り組みたいことを学生自身がまとめ、必要に応じて学校側に要望することとした。事後指導では学んだことを新聞形式でまとめ、教務室や地域等で配布できるようにした。

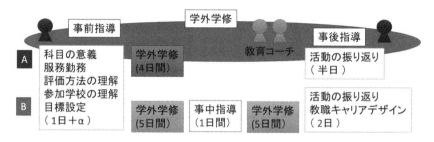

図6　学校フィールドワークの進め方

　評価については、エビデンス明示型のルーブリック評価（後藤, 2017）を実施した。具体的には、①学校の教育活動に役立ったか、②課題解決に工夫し実施したか、③地域を含む学校の教育活動を支える営みを体験し理解を深めたかという3つの規準を設け、十分達成、一部達成、全く未達成という3つの基準で自己評価してもらい、その根拠を示すものである。

(3) 成果と課題

　学外学修先の学校教職員へのヒアリングによると、学生が関わることにより教育活動に役立ったとの声が多く、レポート、訪問中の観察からも学生自身、学校に役立っている手応えを得ていることが窺えた。「教育コーチの助言で自分たちの活動の価値を知ることができた」との学生の声もあった。

　Bでは各学校が設定した活動内容に取り組み課題を把握する前半と、学生主体の工夫を学校事情に合わせて盛り込む後半に分け、中間学修で前半の学びを咀嚼すると共に、他の学校の活動も参考にして後半の学修を工夫した。

「昼食を生徒と一緒にとれるようにしてほしい」「可能な範囲で学習支援などにも参加したい」といった要望にし、後半初日に学校側に提案した。Aを実施した教職員へのヒアリングによると学生の主体性が増したとのことであった。

また、教育経験のみならず学校管理の経験も豊富な教育コーチによる効果も大きい。教育コーチは、事前学修、事中学修、事後学修の全てと、学外学修の一部に参加し、学生の安全管理から校内での立ち居振る舞い、教員としての心構えについて指導し、大きな効果が認められた。

教員養成においては、学校現場や教職に関する体験の機会の充実が急務であるが、教職を志す学生のための機会は限られている。この科目は履修して終わるのではなく、継続的に学校現場に関わるためのスタートラインとしたい。このため、学校数の拡大による履修機会の増加、授業実践と関連した科目の開発などを、学校・行政・大学の連携のもと進めて行きたい。

(後藤康志・伊藤充)

5　ダブルホーム活動演習

(1) ダブルホームと本科目の位置づけ

ダブルホームとは、専門分野の学問を学ぶ学部・学科を「第一のホーム」とするのに対して専門分野の枠を越えて集まった学生たちが教職員とともに「第二のホーム」をつくり、地域活動に取り組む学生支援プログラムである（図7）。2007年度の文部科学省学生支援GPとして「ダブルホーム制によるいきいき学生支援」事業という名称で開始され、2011年度以降は、本学独自の学生支援プログラム（正課外活動）として継続されている。

ダブルホームは全学に開かれ、2018年度は389人の学生（本学の学部生の約3.5％に相当）と69人の教職員が第2のホーム（A～Vの17ホーム）を運営しながら新潟県と山形県の17地域（図8）で活動している。参加学生の約40％が初年次学生であるが、卒業時まで参加可能であることと単年度活動ではなく受け入れ地域との活動を継続していることが特徴である。学生や教

職員にとって第二のふるさとのように活動地域との関係を育んできており、本学独自の地域に密着した学外学修を 11 年以上継続している。

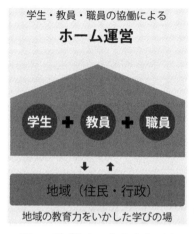

図7　ダブルホームのイメージ　　図8　ダブルホーム活動地域（2018年度）

　本プログラムの意義は、主に以下の 2 つである。一つは学部を越えた新しい仲間との交流を深める居場所としての役割に加えて、教職員や地域住民を含めた多様な価値観の人々との関わり合いからコミュニケーション能力や人と関わる力・チームワーク力を育むことができることである。二つ目に活動地域の理解を深め、生活者の立場で社会課題をみつめることでシチズンシップを身につけ自分の専門分野の必要性と重要性を実感できることである。ダブルホーム参加学生を対象とした 2017 年度調査では、活動度が高い学生たちは、木村ら (2012) のサービス・ラーニング研究を参考に抽出した「スキル」「パーソナル」「シビック」「アカデミック」「インクワイアリー」「キャリア」の 7 項目の合成尺度の平均点が高いことが認められた (**図9**)。

　ダブルホームでは正課外の地域活動、ホーム運営、ダブルホーム全体のイベント企画等における学生たちの学びを深めるために必要に応じて正課の授業科目を開講してきた。これらは、初年次学生を対象とした導入授業「ダブルホーム活動入門Ⅰ」(第 1 ターム、週 1 回授業、1 単位) と「ダブルホーム活動

入門Ⅱ」(第2ターム、集中、1単位)、2・3年生を対象とした「リーダーシップ演習」、学年を問わず地域理解をより深めたいダブルホーム学生を対象とした本科目「ダブルホーム活動演習」である。

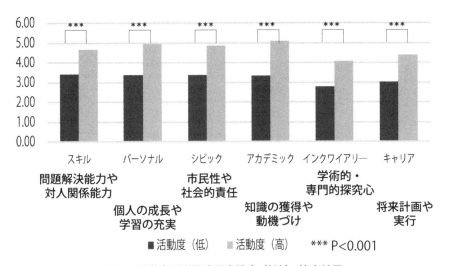

図9　活動度別学習成果意識(6件法)t検定結果
(回答者110人、対象学生370人、回答率29.7%)

(2) 本科目の実施と展開

　本科目「ダブルホーム活動演習」は、ダブルホーム参加学生を対象として深く地域に関心をもち、地域とかかわる学生を育むことを目的とし、活動地域におけるフィールドワークを含む演習を行うものである。受講生は、事前学修においてフィールドワークの方法や対象地の概要、プロジェクト企画の立て方について学ぶ。現地フィールドワークでは、対象地の多様な住民や関係組織のニーズをとらえ、学生からの提案・地域からのフィードバックを繰り返し、学生企画プロジェクトを試みる。事後学修においては、学んだことを振り返り、地域や学内で報告会を開催し、その成果を報告書としてまとめる。

　2016年度は14人、2017年度は11人が履修した。学生たちは集中的に地域学習を行い、チームで地域課題に向き合う中で地域への関心や地域活動

へのモチベーションを高め、チームワークに必要な協働力も向上させたことが学生たちの様子や自己評価・相互評価から認められた。また、学生たちが改めて正課外活動で受け入れていただいている地域住民との対話の場を持ち、地域理解を深めて地域とかかわる意欲を持つことができたこと、自分たちが学んだことや考えたことを報告会で発表し、担当教員等からフィードバックを得ることで地域課題への考察を深めたことが成果として示された。

　ダブルホームは、2017年度に開設10年の節目として次の展開を検討し、2018年度から学生たちの地域密着の主体的取り組みをより促進するプログラムとなっている。これまでの調査からホームごとに地域理解への取り組みに差があることや地域貢献意識や目標共有を伴うプロジェクトが学生の成長を促進することが認められたためである。新たなプログラムは、地域の思いに寄り添い地域住民とともに「新たなふるさと」をつくるベース活動と「新たなふるさと」に貢献するため、学生が主体的に企画・実践するチャレンジ活動で構成される。本科目「ダブルホーム活動演習」はチャレンジ活動の一つと位置づけられ、本科目が目指した活動地域の理解を深める科目は、第2ターム「ダブルホーム活動入門Ⅱ」へ引き継がれた。全17ホームに新規に加盟する初年次学生160人中138人が受講し、17ホームそれぞれの活動地域でのフィールドワーク（1・2回）と事前・事後学修に取り組んだ。事後学修の実習成果報告会は、上級生有志21人が企画・運営し、競争的環境による学習促進やホーム内の意識向上を目的として参加者投票によって優秀賞と最優秀賞チームを選定する会とした。この科目によりホーム内での地域理解やチームワークの向上が認められ、今後のダブルホーム活動への大きな動機づけとなったと考えている。

(3) 成果と今後の展開について

　本科目の成果としては、集中的にチームで地域課題に向き合う中で受講生たちの地域への関心や地域活動へのモチベーションが高まり、その後のチームワークに必要な協働力が向上したことが挙げられる。本科目「ダブルホーム活動演習」を発展させ、2018年度の「ダブルホーム活動入門Ⅱ」で全ホー

ムの初年次学生が担当教職員や上級生に支えられて自分たちの活動地域で学外学修に取り組み、地域住民の協力を得て地域理解を促進することができたことは大きな成果である。学事暦変更前は4地域における地域実習を実施していたが、実際に活動する地域の理解促進が十分でないことや4地域の負担が大きいことが課題となっていた。今後も上級生によるピアサポート体制を強化し、「ダブルホーム活動入門Ⅰ」と「ダブルホーム活動入門Ⅱ」の充実化を図っていきたい。

(櫻井典子・松井克浩・箕口秀夫・松井賢二・飯島康夫)

6 地元学入門

(1) 科目の概要、特徴

本科目は新潟県阿賀町をフィールドとして、現地で活躍する方々の知見に触れ、「実際に現場に出て考える」ことを通じて、受講生が新潟の文化(食・自然・歴史等)の魅力に気づき、地域活性化につながるプラン提案を目的としたフィールドワーク科目である。この科目を通じて、地域創生、まちづくりに向けた課題発見や関連する学修への動機づけを高めることを目的とした。

本科目の特徴は、複数機関の価値観を統合して1つの授業科目を設計するプロセスにあった。具体的には、**表3**に示す通り、阿賀町に関わる産業界のメンバーと協働による全体設計を行った。また、フィールドワークに際

表3 「地元学入門」関係者一覧

＜全体設計・レクチャー＞
漆原　典和 氏 (麒麟山酒造株式会社)
坂上　重成 氏 (有限会社都屋)
笹川　大輔 氏 (株式会社よね蔵)
豊島　裕之 氏 (株式会社北村製作所)
＜フィールドワーク講師＞
山崎　　陽 氏 (一般社団法人あがのがわ環境学舎)
橋本　めぐみ 氏 (一般社団法人あがのがわ環境学舎)
＜協力＞
昭和電工株式会社
新潟昭和株式会社
阿賀町役場鹿瀬支所

しては現地の関係者より支援・協力を得た。

本科目は全学部を対象としており、初年次学生の汎用的能力を育成する1つのモデルとして科目の設計を試みた。履修学生は9名であり、人文学部、教育学部、農学部、創生学部と多様な学部から構成されていた。学年の内訳は1・2年生がそれぞれ4名、3年生が1名であり、1・2年生が履修者の大半を占めていた。

本授業科目の全体構成を図10に示す。事前学修では本科目の学問的な位置付けやバリューチェーンに関するレクチャーとともに、表3の＜全体設計・レクチャー＞に示す外部講師との相互交流の機会を設定し、学生が複数機関の異なる視点を統合して物事を捉えるための下地の形成を試みた。その後、学外学修にて阿賀町に赴き、現地講師の講話、現場観察を踏まえてフィールドノートを作成した。続いて事後学修では学外学修の振り返りとして、「ものを視る力」「デザイン力」に関するレクチャー、チームごとの教員指導を経て、最終プレゼンテーションに臨んだ。

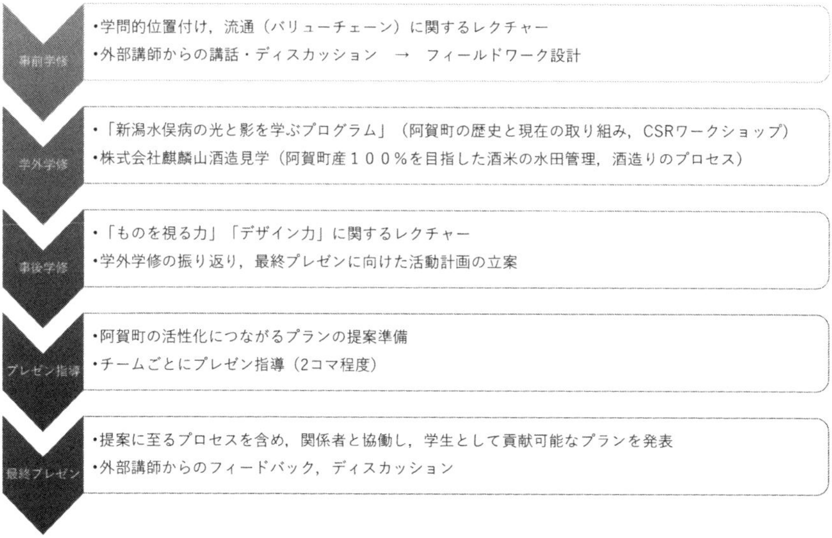

事前学修
- 学問的位置付け，流通（バリューチェーン）に関するレクチャー
- 外部講師からの講話・ディスカッション → フィールドワーク設計

学外学修
- 「新潟水俣病の光と影を学ぶプログラム」（阿賀町の歴史と現在の取り組み，CSRワークショップ）
- 株式会社麒麟山酒造見学（阿賀町産100％を目指した酒米の水田管理，酒造りのプロセス）

事後学修
- 「ものを視る力」「デザイン力」に関するレクチャー
- 学外学修の振り返り，最終プレゼンに向けた活動計画の立案

プレゼン指導
- 阿賀町の活性化につながるプランの提案準備
- チームごとにプレゼン指導（2コマ程度）

最終プレゼン
- 提案に至るプロセスを含め，関係者と協働し，学生として貢献可能なプランを発表
- 外部講師からのフィードバック，ディスカッション

図10　授業科目の全体構成

(2) 複数機関の価値観を統合する科目設計プロセス

上述した通り、本科目は複数機関の協働により科目の全体設計を行った点が特徴的である。協働による全体設計に際しては、複数のステークホルダーの意思疎通に基づく科目設計のプロセスが重要となる。特に、関係機関の数が増えるほど、多様な価値観のすり合わせに時間をかけることを踏まえ、本科目ではインフォーマルなものを含め10回以上の打ち合わせを実施し、その内容を記録した。

打ち合わせ記録を概観すると、その多くは科目に関わる「目標設定（ゴール）の共有」と「多様なアイデアや拡散的な話題」という2つに分類され、議論の収束と拡散を繰り返しながら科目の全体設計が進んでいたことが確認された。Van Knippenberg & Schippers (2007) によれば、人々の多様性が高いほど、より多くの情報源のもとで意思決定が可能となる一方で、社会的なグループ間のバイアスが協働を妨げる危険性を示唆している。これを学外学修の連携の文脈に置き換えれば、「学内」「学外」といったカテゴリー化によるパフォーマンス低下を抑えるために、丁寧な情報提供や目標の共有が有効に機能していた可能性がある。また、鈴木（2004）で示唆されているように、深いレベルでのゴールの共有や背景知識のオーバーラップにより、多様なアイデアが一貫した評価を受けることで、協働による成果の質の保証に結びついた可能性もあるだろう。

このように、共有された目標を基盤とした上で、多様な関係機関の地域に対する強い危機感や洞察が、学生に対してもポジティブな効果をもたらしたと推察される。受講学生の最終プレゼンテーションでは「行政」「観光」「産業」といった観点からプランの提案が行われたが、関係機関からは「打ち合わせ当初のイメージとは異なっていたが、最終的な提案については興味深く、肯定的に受け取っている」とのフィードバックを受けた。

(3) 成果・課題と今後の展開について

本科目の成果としては複数企業が連携した科目設計の一つのモデルを提示できたことが挙げられる。今後の学外学修の継続性やモデルの波及に際して

は、本節で議論したような実際の現場での連携に関わるミクロレベルの設計プロセスを深掘りして一般的なパターンを明らかにするとともに、組織からのサポートといったマクロレベルの連携との相互作用に関する調査・研究が必要となるだろう。

　2019年度以降は授業科目名称を変更して入門系と実践系の2科目を展開し、後者の科目においては学生による企画実践の要素を付加したプロジェクト実践科目としてモデル化することを志向する。

（木村裕斗・澤邉潤）

7　新潟大学としての今後の展開

(1)　手応えと課題

　本学の長期学外学修プログラムは、早期に学修への動機づけを図るという目的をもっており、学生に様々な気づきをもたらして「ものさしの再構築」を促す内容となっている。事例の紹介にみられるように、プログラムの担当者は成果と手応えを感じながら授業を展開している。

　他方で、学外との関係構築や学内での教育コストを考慮すると、プログラムの継続性の確保が第一の課題となる。学内外の理解度を高めて、プログラムを無理なく継続する仕組みの構築が求められよう。そのためにも、学修成果をできるだけ可視化していくことが必要である。プログラムの本格実施（2017年度）からまだ日も浅いため、質保証の観点から学修成果を目に見える形で示すことは今後の課題となっている。

(2)　今後の展望

　本学の教育改革という観点では、長期学外学修プログラムを全学的に学士課程のカリキュラム上に位置づけ、それを起点として主体的・能動的学修への転換を図ることが目標となる。AP事業により本学では、クォーター制の導入や連携教育支援センターの新設、一部の学部でのプログラム必修化などの基盤を構築することができた。今後はその上に立って、一方では高年次の

授業科目への接続・展開を図りつつ、他方ではモデルとして設計した科目をベースに全学に学外学修プログラムを波及させることを目指す。

　学外学修の現場で見いだした具体的な課題と、学内での授業における理論的・普遍的な考察を往復する学びの構築は、教育上大きな効果をもつと考えられる。本学が着手しているこうした教育改革の取り組みについて、今後も引き続き高校を含む社会の各層と広く共有し、協働して学生を育んでいきたい。

(松井克浩・木村裕斗)

引用文献

中央教育審議会(2015).「これからの学校教育を担う教員の資質能力の向上について(教員養成部会中間まとめ)」,2018 年 9 月 14 日参照.

後藤康志・伊藤充・澤邉潤(2018).「チームとしての学校を担う教員を育む学校、行政、大学の連携による学校フィールドワークの開発」『新潟大学高等教育研究』5, 23-28.

後藤康志(2017).「規準の細分化、学習プロセスの振り返り、グループ評価を組み入れた批判的思考ルーブリックの開発」『日本教育工学会研究報告集』, JSET16(3),51-56.

河井亨(2014).『大学生の学習ダイナミクス　授業内外のラーニング・ブリッジング』東信堂.

厚生労働省報道発表資料(2017).「新規学卒就職者の離職状況(平成 26 年 3 月卒業者の状況)を公表します」https://www.mhlw.go.jp/stf/houdou/0000177553.html(最終閲覧日：2018 年 10 月 1 日).

文部科学省、厚生労働省、経済産業省(1997).「インターンシップの推進に当たっての基本的考え方(平成 27 年 12 月 10 日一部改正)」.

鈴木宏昭(2004). 創造的問題解決における多様性と評価. 人工知能学会論文誌, 19(2), 145-153.

髙澤陽二郎・河井亨(2018).「大学生の成長理論を通してみる長期インターンシップ経験学生の成長とその要因」『京都大学高等教育研究』, 24, 23-33.

Van Knippenberg, D., & Schippers, M. C. (2007). Work group diversity. *Annual review of psychology*, 58.

執筆者一覧

飯島康夫(新潟大学人文社会科学系　准教授)
伊藤　充(新潟大学教育・学生支援機構　特任教授)
木村裕斗(新潟大学教育・学生支援機構　准教授)
小路晋作(新潟大学自然科学系　准教授)
小浦方格(新潟大学自然科学系　准教授)

後藤康志(新潟大学教育・学生支援機構　准教授)
櫻井典子(新潟大学教育・学生支援機構　特任准教授)
佐藤　靖(新潟大学人文社会科学系　教授)
澤邉　潤(新潟大学人文社会科学系　准教授)
高澤陽二郎(新潟大学教育・学生支援機構　特任助教)
並川　努(新潟大学人文社会科学系　准教授)
堀籠　崇(新潟大学人文社会科学系　准教授)
松井克浩(新潟大学人文社会科学系　教授／副学長)
松井賢二(新潟大学人文社会科学系　教授)
箕口秀夫(新潟大学自然科学系　教授／副学長)
渡邊洋子(新潟大学人文社会科学系　教授)

事例3　神戸グローバルチャレンジプログラムと学びの動機付け
―― Feel the Globe! Change Your World! ――
神戸大学

大学基本情報

　神戸大学は、1902年の建学以来、「学理と実際の調和」を理念とし、進取と自由の精神がみなぎる大学である。開放的で国際性に富む固有の文化の下、「真摯・自由・協同」の精神を発揮し、人類社会に貢献するため、普遍的価値を有する「知」を創造するとともに、個性輝く人間性豊かな指導的人材の育成を使命としている。

　本学は、「人文・人間科学系」「社会科学系」「自然科学系」「生命・医学系」の4大学術系列の下に10学部15研究科を擁する、文理のバランスのとれた総合大学である。社会科学分野・理系分野双方に強みを有する伝統と特色を発展させ、「先端研究・文理融合研究で輝く卓越研究大学」へ進化することを目指している。

　この目的を達成するために、教育においては、「人間性」「創造性」「国際性」「専門性」を学修目標に掲げ、教養教育と専門教育の有機的な連携を実現し、さらに、学部と大学院の繋がりを強化することにより、先端研究の臨場感のなかで学生が創造性や主体性を深め、幅広い学識に基づく問題発見力、分析力、実践力を培うことを重視している。また、「理工系人材育成戦略」を踏まえ、基礎科目の強化や国際化を図った「神戸大学理工系人材育成プログラム」を実施する他、2018年4月から、文系・理系を問わず、データサイエンスリテラシーの修得を目的とした「数理・データサイエンス標準カリキュラムコース」を開設・実施している。

　研究においては、4大学術系列における各学術研究分野の一層の発展・充実を図るとともに、これらの学術系列を越えた新領域・分野横断的研究を

戦略的に強化している。特に、2016年4月に設置された「神戸大学先端融合研究環」を基盤とした研究プロジェクト等を重点的に支援することにより、文系・理系という枠にとらわれない、新たな価値の創造や将来的な社会的実装までを見据えた先端研究・文理融合研究を、社会との連携を強化しつつ、積極的に推進している。

　世界に開かれた交易都市神戸は、古来より、日本の玄関口として国際交流を日常としてきた。こうした歴史と伝統に根づく国際都市に位置する神戸大学は、2018年現在、世界63ヵ国・地域にある351の大学・研究機関と学術交流協定を締結している。特に、中国・北京、ベルギー・ブリュッセルに神戸大学オフィスを設置し、これらの地域との連携を強化している。海外中核大学と共同研究や国際連携教育（交換留学、ダブル・ディグリー・プログラム等）の重層的な相互交流を図り、世界各地から優秀な人材が集まり、また神戸大学から世界に飛び出していく「グローバル・ハブ・キャンパス」の実現を目指している。

取組事業の概要

　神戸大学はこれまで、人文社会科学系学部を中心とする「経済社会を牽引するグローバル人材育成支援」事業を始め、各学部でグローバル人材育成のための留学を組み込んだ様々な取組を行ってきた。これらの取組を促進するとともに、対象を全学生へと拡大し、グローバルな視点から諸問題の解決と同時に、さらに進んで課題発見に向けて主体的に行動する「課題発見・解決型グローバル人材」の育成を目標に、2016年4月から、教育改革を実施している。APに採択された本事業「神戸グローバルチャレンジプログラム」（以下「神戸GCP」と表記する）は、本学の教育改革を加速し、その効果を大きく高めるプログラムである。

　神戸GCPは、学部1・2年生の一つのクォーターや長期休暇を「チャレンジターム」として設定し、その期間に国際的なフィールドで学生が行う自主的な学修活動の成果を「グローバルチャレンジ実習」として単位授与するプ

ログラムである。学外学修活動の場を国際的なフィールド、つまり海外に設定している点に、他の採択大学に見られない本プログラムの特色がある。その目的は、参加学生が低年次において自らの体験に基づき、「学びとは何か」を主体的に考え、「学びの動機付け」を得ることにある。学生は国際的なフィールドでの活動や異文化環境下での体験に基づき、外国語でのコミュニケーション能力を高めるとともに、「課題発見・解決能力」の必要性を体感することができる。このことにより、課題発見・解決に向けた意欲を高め、学生自らが学修目標・計画を立てて学修活動に取り組み、主体的な学修姿勢を大学入学後の早い時期から身につけることが期待される。さらに、その後の高年次において、長期留学等の国際的な学修活動へのさらなるチャレンジや、より専門的なテーマへの学修意欲の向上に繋げることも意図されている。

事業の実施体制については、本学の教学マネジメントを担う大学教育推進機構の下に「神戸グローバルチャレンジプログラム委員会」(以下「神戸GCP委員会」と表記する)を設置している。神戸GCP委員会は、本事業の企画・立案、運営及び実施について全学的な意思決定を行う。具体的には、各コースの審査・認定、予算配分及びプログラムの運営全般についての意思決定を行うと共に、自己点検・評価も行っている。

神戸GCPは、全学プログラムとして展開されるため、参加部局のみならず、国際教養教育院、国際コミュニケーションセンター、国際連携推進機構国際教育総合センター、キャリアセンターといった学内諸機関とも連携・協力している。また、2015年12月より専属のコーディネーターを配置し、全学部生を対象とした教育効果の高いコースの企画・立案や危機管理学修、本事業の広報活動等、同コーディネーターが中心となって様々な取組を推進している。

なお、海外での学修活動において、渡航費等は学生の自己負担が原則であるが、より多くの学生が参加できるよう、全学的な支援体制として、日本学生支援機構・海外留学支援制度の奨学金に加え、神戸大学基金から参加費用の一部支援を受けている。

事業概要図

　事業概要図は、下記の通りである。学外学修コースの5類型（フィールドワーク型、サマースクール型、インターンシップ型、ボランティア型、学生企画型）、学びの動機付けを始めとする学修目標・効果が図示されている。

　見られるとおり、はてなマークを付けていた入学当時の学生が、本プログラムへの参加を通じて、「学びの動機付け」を得る。その後3・4年次で長期的な留学や専門的な学修に繋げていく。しかし、それも決して平坦な道ではない。ジグザグの道をだんだん進んでいって、卒業時には本プログラムが独自に設定した「3つのチカラ」を身につけた学生が育つ。**図1**はそうしたプロセスを概念化している。

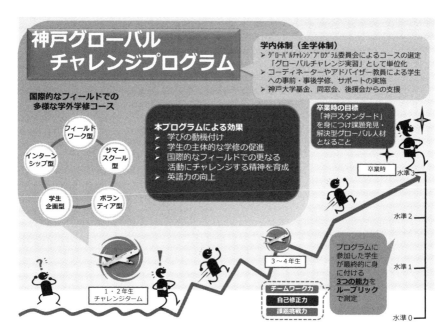

図1　神戸グローバルチャレンジプログラム事業概要図

取組事業の波及効果と今後の展開

波及効果としてまず挙げられるのが、**資料1**に示すように、事業開始以降、年度を重ねるにつれ、実施コース数が増えるに伴い、募集学生数、そして参加学生数が増加していることである。中でも、学生が自分の関心に基づいて、海外学修活動を自ら計画する学生企画型が、2016年度の1コースから5コース(2017年度)、2018年度はすでに前期の段階で5コースへと増えていることは注目されよう。

では学修成果についてはどうであろうか。本プログラムへの参加によって、学生は学びの動機付けを得て、主体的な学修姿勢を身につけ、国際的なフィールドでのさらなるチャレンジに繋げているのであろうか。

2017年度の参加学生を対象に実施した学修成果等に関するアンケート結果(回答率67.7%)によると、参加したコースの内容については、「満足している」(80.0%)、「おおむね満足している」(18.5%)と、満足度は非常に高い。学修成果についても、「達成できた」(41.5%)、「おおむね達成できた」(47.7%)と、9割近い学生が目標通りの学修成果を得ている。自由記述欄からも、様々なコースの学修活動が参加学生にとって学びの動機付けや気づきを得る良い機会となるとともに、語学能力の向上に加え、派遣先の日常生活やフィールドワークを通じて、異文化理解を深めていることが分かる。

本プログラムへの参加を契機として、より長期的な留学等に挑戦したいかという問いについては、「そう思う」(63.1%)、「どちらかといえばそう思う」(23.1%)と、合わせて86.2%の学生が再チャレンジへの意欲を持っている。また、関心を持ったテーマについては、「そう思う」「どちらかといえばそう思う」を合わせて、95.4%の学生がより深く学修したいと回答している(神戸大学, 2018)。

長期留学等の国際的な活動へのチャレンジやより専門的なテーマへの学修意欲の向上等、本プログラムが全体を通じて設定している「学びの動機付け」という目標が達成されていると言ってよいであろう。実際、2017年度においても、参加学生のうち13名は、すでに本プログラムの別のコースに参加

している。

　今後の展開については、本プログラムに参加した学生が、海外でのさらなる活動にどの程度チャレンジしていているか追跡調査する必要がある。また、そうしたチャレンジを促進する環境作りという点からも、各学部が実施している、主に高年次生を対象とした海外学修プログラムとの有機的な連携と協力を図っていく必要があろう。

　また、これまで各コースの学外学修活動は夏季・春季休暇期間中に実施されており、海外学修の促進という点から、ギャップタームの積極的な活用が推奨されよう。さらに、コースの運営面において、本プログラムの持続可能性を見据え、各コースとも学外学修先の理解を得て学生だけで渡航できる体制を構築することを目指すことが望まれる。

（阪野智一）

1　教育改革と神戸グローバルチャレンジプログラム

　神戸 GCP は、教育の国際通用力の強化、質向上を目指す本学における教育改革の中に位置づけられ、それを加速するものである。2016 年 4 月から実施されている教育改革との関連では、大きく次の 2 点が挙げられる。

(1)　クォーター制の導入

　神戸大学は、2016 年度から、前期・後期の授業期間をそれぞれ分割し、クォーター制を導入した。これにより、短期集中的な学修を可能にするとともに、特定のクォーターをギャップタームとして利用することが可能となった。また、学生はギャップタームを活用することにより、海外短期留学、海外のサマースクール、海外インターンシップ、ボランティア等の様々な学外学修活動において多様な経験をし、4 年間で卒業することが可能となった。

　神戸 GCP においては、クォーター制により実現可能となったギャップタームを利用して、学生が 1・2 年次に国際的なフィールドにおいてインターンシップなどの学外学修活動を行うことを促進している。

(2) 新しい教養教育と神戸スタンダード

神戸大学では、本学の全学部生が卒業時に身につけるべき以下（図2）の能力を「神戸スタンダード」として定め、その修得を教養教育の学修目標とした。それらは、グローバル人材に求められる必須の能力でもある。

- ➢ 複眼的に思考する能力：専門分野以外の学問分野について、基本的なものの考え方を学ぶことを通して、複眼的なものの見方を身につける。
- ➢ 多様性と地球的課題を理解する能力：多様な文化、思想、価値観を受容すると共に、地球的課題を理解する能力を身につける。
- ➢ 協働して実践する能力：専門性や価値観を異にする人々と協働して課題解決にあたるチームワーク力と、困難を乗り越え目標を追求し続ける力を身につける。

このような能力を身につけるため、これまで主として1・2年次生が学修

図2　神戸スタンダードと新しい教養教育

していた教養科目を見直し、2016年度から「基礎教養科目」及び「総合教養科目」に再編した。さらに、2017年度より、高年次の学部生を対象とする新たな科目として、「高度教養科目」を設け、4年間を通じて学ぶ教養教育のカリキュラムを提供している。

　神戸GCPでは、学生の学外学修活動に事前学修・事後学修を組み合わせることで学修効果を高め、その成果は、「総合教養科目」の「グローバルチャレンジ実習」として単位授与される。このように、神戸GCPは全学的な教養教育のカリキュラムの中に体系的に位置づけられている。

（阪野智一）

2　具体的な取組

(1)　世界に広がる派遣先

　本プログラムで学生の海外派遣を開始した2016年度より年を追うごとに実施コースは増えており、それに伴い学外学修先もアジア、欧州、北米、中米、オセアニアに広がっている。学外学修は2016年度では13ヶ国、2017年度は21ヶ国、さらに2018年度は20強の国と地域での実施が見込まれている。

(2)　文系理系双方にまたがる全学的取組

　各コースの企画立案・実施を担う部局は、資料1に示すように、2018年度では、国際人間科学部、理学部、工学部、農学部、国際教育総合センター、そして大学教育推進機構と、文系・理系の双方にまたがっている。対象学生を自学部生に限定しているコースもあるが、全学に開放されたものも多い。

　その結果、参加学生の内訳も、文系・理系双方にまたがっている（**図3**）。全参加学生のうち、理系学生の占める割合は、2016年度では30％弱であったが、2017年度以降40％を越えている。

　サイエンスを総合的に学ぶコース以外にも理系学生は自らの専門分野と関連性のない日本語教育、ボランティア活動といった学外学修にも多く参加しており、理系学生の本プログラムへの関心の高さが伺える。

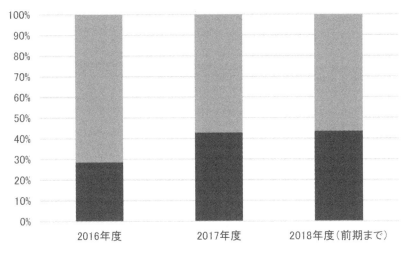

図3 神戸 GCP に参加する理系文系学生の割合

(3) 学修活動の多様性

神戸 GCP では、学外学修活動の内容に沿って、前述したように開講コースを①フィールドワーク型、②サマースクール型、③インターンシップ型、④ボランティア型、⑤学生企画型の大きく5つのタイプに分類している。

各タイプの学外学修活動例は、**表1**の通りである。

(4) 学生自主企画

神戸 GCP で実施されるコースには、当該部局が学外学修活動を企画立案し、参加学生を募集するタイプが多いが、学生による自主企画型を設けている点に本プログラムの特色がある。学生が自らの関心に基づき、本プログラムコーディネーターのサポートの下、自身で学外学修活動計画を立て、本プログラムを管轄する神戸グローバルチャレンジ委員会の承認を経て渡航する。

初年度の当該コースへの学生の動きから得た所感は、海外渡航経験も少ない1・2年次生が一から学外学修計画を立ていくのは現実にはハードルが高いということだった。そこで翌年度より、海外での活動フレームをある程度

表1　神戸GCPコースの5類型

コース類型	学外学修活動例
フィールドワーク型	学生自ら設定したテーマに基づきフィールドリサーチを行い、その分析結果を発表 (例) ニューヨークコース (グローバル都市ニューヨークのコミュニティと文化を学ぶ)
サマースクール型	海外協定校が提供するサマープログラムへ参加 (例) UPLB 農学英語コース (フィリピン大学ロスバニョス校 (UPLB) と国際稲研究所等の訪問)
インターンシップ型	海外企業インターン、海外日本語教育機関での日本語・日本事情教育アシスタント (例) インターンシップチャレンジコース (インドの日本語学校で日本語教材作成の補助等)
ボランティア型	現地公立小学校での青少年活動 (例) ボランティアチャレンジコース (ネパール農村部でのボランティア活動)
学生企画型	学生が自らの関心に基づき学外学修活動を企画立案

提示することとし、本プログラムの趣旨に適う外部団体で実施されている海外体験プログラムを案内するなど、海外での学修活動に対する学生の意欲を支援するという方法をとっている。

これまでに当該コースに参加した学生が取り組んだ活動は、参加学生の数だけ各種各様であった。例えば、困難な状況下に置かれた児童保護のボランティア(ネパール)、コミュニティ支援(カナダ)、フードバンクでのボランティア(カナダ)、絶滅危惧種の保護(メキシコ)、自然環境保護(アイスランド)、児童福祉施設でのボラン

孤児院の子どもたちとの交流の様子(マレーシア)

商談先での打ち合わせの様子(ベトナム)

ティア(ベトナム)、フェアトレードの商品生産現場の視察(フィリピン)、国際アートキャンプの運営(スイス)等が挙げられる。

このように、渡航国の社会的な課題に係る団体での活動を希望する学生が多く、本プログラムが主眼とする学生の自主的な学修をより促進させるプログラムとなっていると言える。

(友松史子)

3　学生はどう成長したのか

(1) 学修成果の測定

海外留学プログラムを始めとして海外学修活動の多様化と一般化が進む中で、学生の学びをどのように可視化し、学修成果(ラーニング・アウトカム)をどう測定し評価するのかが、重要な課題となっている。正楽・吉田が適切に指摘しているように、学修成果の測定は、「大学教育の社会的説明責任を果たすことだけでなく、学生本人が、自分の学びを自覚し、社会に出た後でその学びを活かすための役割も果たしている」(正楽・吉田, 2018)からである。

学修成果を測る時間的な幅や期間をどのように設定するのかによって、学修成果の測定・評価方法は、大きく次の2つに区分される。すなわち、学修成果の測定がプログラムやコースの最終段階においてなされる「総括的評価」と、プログラムやコースの途中で適時なされる「形成的評価」である。従来は、総括的評価によって学生がカリキュラムに示された学修目標を達成しているかどうかを授業の最後に測定し、評価することが目的とされていた。しかし現在では、形成的評価により、学生の主体的な学修を高めるための情報を、学修過程の途中で学生本人に与えることも重要だと考えられている。

いずれにせよ、正楽・吉田が指摘しているように、海外学修活動の学修成果を整理し、何を評価したいのか、何のための学修成果なのかを明確化し、その目的に合わせた測定方法を選定することが求められている(正楽・吉田, 2018)。

(2) チャレンジシートとリフレクションシート

　神戸 GCP は、事前学修、学外学修活動、事後学修の3つの学修課程から構成されている。参加学生の学修成果を測定・評価するため、本プログラムでは、大きく分けて次の2つの方法をとっている。第1に、チャレンジシートとリフレクションシートの作成・提出であり、第2に、3つの「チカラ」の設定とルーブリックによる自己評価である。

　第1の測定・評価方法について言えば、全コース共通のフォーマットで参加学生に2つのシートを作成・提出させることにした。すなわち、参加学生が事前学修時に記入する「チャレンジシート」と、事後学修時に記入する「リフレクションシート」である。学生はこれらを神戸大学学修支援システム "BEEF"（以下 BEEF と表記する）を通じて提出できる。

　「チャレンジシート」は、学生のコース参加目的を明確にするため、活動先の機関やフィールドでどのような体験をしたいのか、また体験を通じての学外学修の目標を記入させ、成果ある学びを得るための事前準備や学外学修先で重視する心構えを意識化させるためのものである。他方「リフレクションシート」は、事前学修時に「チャレンジシート」に記入した学修目標に対する達成度を振り返り、また本プログラムを通じて伸ばすことが期待されている3つの「チカラ」について、学外学修での具体的事例を記述させることによって、グローバル人材に必要とされる能力に対する気づきを得させること、さらに、今回の体験を今後の学生生活にどのように活かしていくのか、今後の学修への動機付けへと繋げることも狙いとしている。

(3) 3つの「チカラ」とルーブリック評価

　第2の測定・評価方法については、神戸 GCP は、本プログラムの参加学生が卒業するまでに身につけるべき、次の3つの「チカラ」を設定している。

- ➢ チームワーク力：異なる国や環境・文化で暮らす人や異なる立場の人たちと関わり協力して、同じ目標を達成する力
- ➢ 自己修正力：他者の意見や姿勢から学ぶべき点を発見し、自分の考えや学修を柔軟に修正する力

➤ 課題挑戦力：自分自身をよりよく成長させるために自らの意思で目標を立てて挑んでいく力

　上記の3つの「チカラ」をルーブリックによって測定・評価することにした。しかも、参加学生は事前学修時、事後学修時に加え、参加した年度の翌年度以降も毎年1回、卒業時までルーブリックによる自己評価を行い、経年変化を追跡し、分析することとした。本来、ルーブリック評価は、学修者がプログラムやコースの終了時に何をどこまで修得したかを測る手段であり、総括的評価の代表的な方法であるが、神戸GCPでは、卒業までの経年変化を追うことで、形成的評価の意味合いも持たせていると言えよう。

　2016年度の参加学生から、**資料2**にあるようなルーブリック指標を用いて、3つの「チカラ」が、学外学修活動を通じてどの程度伸びたのか自己評価を行った。その結果、コースへの参加によって、各「チカラ」がより高い水準へと向上したことが確認できる。

　しかし、2016年度末に実施した神戸GCP外部評価委員会において外部評価委員から、ルーブリック指標を設定したことで、学生にとっての「海外体験を通しての学び」に対する一定の目指すところを示すことができている点は評価されるが、ルーブリックを用いた自己評価については改善の余地がある旨の指摘を受けた。

　そこで、より客観的な測定と評価が可能となるようにルーブリックの見直しを行い、各水準の違いをより分かりやすくするとともに、水準2、水準3と回答した場合には、そのことを示す具体的な内容を記述するようにするなど、2017年6月にルーブリック指標を改訂した。改訂されたルーブリック指標は、**資料3**に示すとおりである。なお、2017年度の参加学生だけでなく、2016年度の参加学生も改訂したルーブリック指標により自己評価を行い、プログラム参加後の経年変化を測定している。

⑷　ルーブリックに基づく自己評価

　では、学生はコースへの参加によって実際どう成長しているのであろうか。2017年度参加学生について見てみたい。**図4**、**図5**、**図6**は、事前学修時

と事後学修時の自己評価の結果を示している。いずれの「チカラ」においても、コースへの参加によって向上したことが確認できる。以下、各「チカラ」について順に見ていこう。

① チームワーク力

事後学修時において「水準3」と回答した学生が、1-1（学内外の活動へ参加し、自分の役割を担う）、1-2（メンバーと協力し、チームの目標を達成する）のそれぞれにおいて、事前学修時より15ポイント程度増加した。「水準2」以上の学生は、1-1では約25ポイント、1-2では約14ポイント増加しており、全体では約7割の学生が事後学修時に「水準2」以上となっている（図4参照）。特に事後学修時の自己評価では、「水準2」「水準3」と判断した具体的な事例・根拠として、例えば、次のようなことを挙げている。

【具体的説明】
・フィールドワークで、メンバー間で役割分担し協力して、プレゼンを成功させることができた。

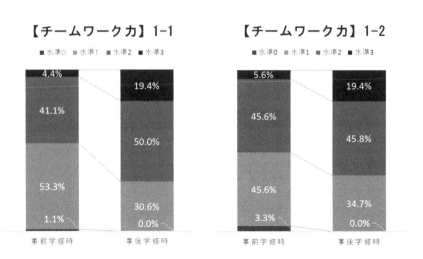

図4　ルーブリック指標に基づく自己評価＜チームワーク力＞（2017年度参加学生）

- ボランティア活動で料理をつくる際、国や年齢も様々な仲間と相手を尊重しつつも、やってほしいことやアドバイスを伝え、また自らもそれを聞くことで、チームとしての活動がうまくいった。
- 鷹の目の役割を意識して行動することを意識する。周りの状況を把握しながら自分の役割を果たせるようになった。協力しやすいように、人間関係を早期に形成しようとするようになった。
- ゼミの発表の時に司会進行役をつとめ、みんなにブレストしてもらって、なるべく意見を活発化させるよう心がけた。結果、見事3位だった。

② 自己修正力

事後学修時において「水準3」と回答した学生が、2-1(自己を認識し、他者への理解を通して、自分の考えや行動を見直すことができる)では7.7ポイント、2-2(得意分野を伸ばし、苦手分野を克服する)では、13.7ポイント事前学修時より増加した。「水準2」以上の学生は平均して15ポイント程度増加しており、全体では6割強の学生が事後学修時に「水準2」以上となっている(図5参照)。事後学修時に「水準2」以上と自己評価した理由として、例えば、次のような具体的な事例を記載している。

【具体的説明】
- 語学学校で、最初の数日間は授業中に発言することはほとんどなかった。しかし、間違いを気にせず積極的に発言する他国の学生を見て、自分も同じように積極的に発言するようにした。
- 現地で見つけ出した課題を、その後も継続的に学び、活かそうとするか、そこで終わらせてしまうかという点で、自分は周囲の人より劣っていると感じ、克服すべきことだと思わされた。
- 一緒にネパールへ行った3人と2週間ともに過ごしてきて、僕になく、彼女たちにはあるものを多く知ることができ、その中から自分に合うものを吸収し、自分の行動や考えを考え直すことができた。この他人の良さを自分に取り入れるということは、それこそ苦手分野の克服にもつな

がってくると思う。
・得意分野を伸ばし、苦手分野を克服するための方法というのは、今、現在実践し始めたところである。今回の事後学修を機に、先日、一度自分を見つめ返した。その時に予想よりもあまり時間をかけずに方法を考えることができた。今まで真剣に自分について見つめることがなかったので、このようなことになかなか気づかなかったと思う。

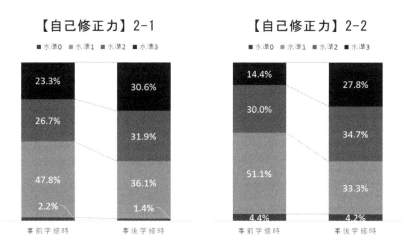

図5　ルーブリック指標に基づく自己評価＜自己修正力＞
（2017年度参加学生）

③　課題挑戦力

　事前学修時において「水準3」と回答した学生が11ポイント、また「水準2」以上の学生が16ポイント増加した。全体では約55％の学生が事後学修時に「水準2」以上となっている（図6参照）。その根拠として、例えば、次のような具体的事例を記載している。

【具体的説明】
・もともと寝る前に振り返り、課題を抽出することは癖のようにやってい

たが、それを翌日、外国語で挑戦することで、課題解決により積極的になった。小さなことから何でもやってみることを大切にするようになった。
・マレーシアでのフィールドワークで課題となる疑問点を見つけ、解決するために工夫することができた。
・自分を客観的に見つめ、その課題がなんなのかを理解することは出発前からできることであった。ネパールを訪れ、普段しない行動をすることで新たに課題を見つけることができた。

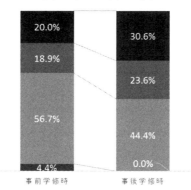

図6　ルーブリック指標に基づく自己評価＜課題挑戦力＞

(2017年度参加学生)

⑸　ルーブリックに基づく自己評価の経年変化

　プログラム参加後の自己評価の経年変化については、どのようなことが観察できるのだろうか。2016年度の参加学生が、1年後の3つの「チカラ」について、どのように自己評価しているのか見てみよう。**図7**は、プログラム参加年度(事前学修時・事後学修時)と1年後の自己評価結果を示したものである。

　3つの「チカラ」のいずれにも共通して言えるのが、「水準3」の割合が、

2017年度末では、1年前の事前学修時より増加していることである。しかし、事後学修時と比較してみると、「チームワーク力」については、平均8.3ポイントの増加が見られるが、「自己修正力」「課題挑戦力」については、事後学修時よりも低い結果となっている。

「水準2」の割合について言えば、「チームワーク力」と「課題挑戦力」では、事前学修時よりは高いが、事後学修時よりも低い。また、「自己修正力」につ

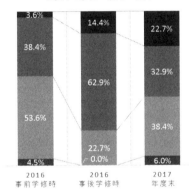

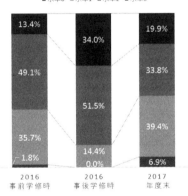

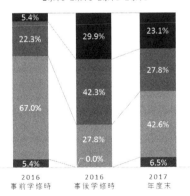

図7　ルーブリック指標に基づく自己評価の経年変化

(2016年度参加学生)

いては、事前学修時、事後学修時のいずれよりも低い結果となっている。

　こうした結果については、改訂前のルーブリックにおける各水準の違いが若干分かりにくかったことや、学外学修参加直後の学生が具体的な根拠に基づくことなく、自らの水準を高く評価していたのではないかといったことが原因として推測される。2017年度末の自己評価の集計結果は、より客観的なルーブリックへと改訂したことにより、学生が根拠に基づき自己評価を行った結果が反映されたものであり、ルーブリックの改善を試みたことに対する一定の成果の表れとも言える。特に、「自己修正力」について、「水準2」と回答した割合が、プログラム参加前よりも低い結果となっている点を見ると、神戸GCP参加から1年を経過して、学生はより高い水準のチカラが必要であると認識し、自己を厳しく評価するよう変化していることの結果であると受け止めることもできよう（神戸大学, 2018）。

（阪野智一）

4　神戸GCPフェア

　学外学修成果の報告機会として、毎年4月と10月の最終週の一週間を「神戸GCPフェア」（初年度は「神戸GCP週間」としていたが、2017年度より現名称に変更）とし、全体報告発表とパネル展示を実施している。

　4月は前年度参加学生の活動成果報告会を組み込んだ本プログラムの全体説明会を行い、主として新入生が本プログラムの具体的な活動を知る機会としている。

　また、10月は前期実施コースの活動報告を行い、学内に広く学修成果をアピールするほか、例年10月末に開催されるホームカミングデイの記念式典で、神戸GCPを代表して2名の学生が参加コースの活動報告を行い、本プログラムの実施意義を学外にも発信している。

　神戸GCPフェアは、本プログラムの学修効果を学内外に広く伝えるだけでなく、参加学生が個々の取組を振返りながら、第三者に伝える作業を通じ、学外活動の学修成果を再認識する有効な機会となっている。　　（友松史子）

事例 3　神戸グローバルチャレンジプログラムと学びの動機付け　117

　　　全体説明会の様子　　　　　　　　パネル展示の様子

5　海外同窓会ネットワークの活用

　神戸 GCP の学外学修活動コースを実施するにあたり、各コースとも現地諸機関との連携が欠かせない。連携先として本学海外協定校を始め、現地 NGO など様々な組織があるが、神戸 GCP のコース運営形態を大きく特徴づけるものとして、本学の海外同窓会ネットワークの活用がある。

　本学を卒業(修了)した元留学生及び現地駐在する卒業生から構成される海外同窓会が、欧州及びアジア地域 15 ヶ国にあり(2018 年 9 月現在)、それを拠点とするネットワークが形成されている。

　もともと海外同窓会ネットワークを活用した海外プログラムは、2012 年度から 2016 年度まで本学で実施されていた「経済社会の発展を牽引するグローバル人材育成支援」事業の取組の一つである「海外インターンシッププログラム」で行われていた。

　神戸 GCP もこれを引き継ぎ、欧州及びアジア数ヶ国で行われるインターンシップ型、フィールドワーク型のコースが、海外同窓会ネットワークの協力・支援を受け展開している。特にアジア地域では、学外学修活動だけでなく、滞在期間中の生活面、安全管理面で海外同窓会の支援を得ているところが大きい。

　本学を卒業した日系企業駐在員や本国で活躍する元留学生と本プログラム

参加学生が世代を超え、学外学修で関わり合いを持つことは、同窓会という共通軸を通じ、学生にとって遠い存在である海外の第一線で働く人たちを一瞬にして身近な存在に引き寄せ、身近なロールモデルとして、各自が今後のキャリアを形成していく上で、貴重な学びの機会になっていると言えよう。

　また、海外同窓会ネットワークとの連携は、神戸 GCP の学外学修活動コースの運営を持続可能なものとする上でもキーエレメントであると考える。

（友松史子）

参考文献
神戸大学・神戸グローバルチャレンジプログラム委員会 (2018) .「2017 年度神戸グローバルチャレンジプログラム自己点検・評価報告書」.
瀬口郁子 (2016) .「グローバル人材育成事業と神戸大学海外同窓会との連携－海外インターンシッププログラムを事例として－」『留学生交流・指導研究』Vol.19,27-33.
正楽藍、吉田実久 (2018) .「学士課程教育における海外体験の学習成果―成果測定の意義と可能性―」『大学教育研究』第 26 号 , 59-78.
友松史子 (2017) .「神戸グローバルチャレンジプログラムの取組報告と今後の展開」『大学教育研究』第 25 号 ,121-132.

執筆者一覧
阪野智一 (神戸大学国際文化学研究科　教授)
友松史子 (神戸大学大学教育推進機構　特命助教)

資料1：神戸 GCP 学外学修コース実施一覧（2016 〜 2018 年度）

2016 年度

実施時期	実施コース	学外学修国・地域	実施部局
前期	ハンブルク異文化理解コース	ドイツ	国際文化学部
前期	カナダ・トロントの多文化社会研究	カナダ	国際文化学部
前期	アジア・フィールドワークコース	インドネシア	発達科学部
前期	Lawyering in Asia コース	マレーシア	法学部
前期	国際産官学連携スタートアップコース	日本	経済学部
前期	国際産官学連携アドバンストコース	ベトナム	経済学部
前期	UPLB 農学英語コース	フィリピン	農学部
前期	インターンシップチャレンジコース	ミャンマー	大学教育研究推進室
前期	ボランティアチャレンジコース	ネパール	大学教育研究推進室
後期	EU フィールドワークコース	ベルギー・フランス・ドイツ・イギリス	日欧連携教育府
後期	グローバルチャレンジコース	ネパール	大学教育研究推進室
後期	フィールドワークチャレンジコース	ミャンマー	大学教育研究推進室
後期	フィールドワークチャレンジコース	タイ	大学教育研究推進室
後期	ボランティアチャレンジコース	ラオス	大学教育研究推進室

2017 年度

実施時期	実施コース	学外学修国・地域	実施部局
前期	ニューヨークのアートとファイナンスのフィールドワーク	アメリカ合衆国	国際文化学部
前期	ハンブルク異文化理解コース	ドイツ	国際文化学部
前期	アジア・フィールドワークコース	中国	発達科学部
前期	理学 UPLB コース	フィリピン	理学部
前期	理学 Nanyang/Sci コース	シンガポール	理学部
前期	ギャップターム海外協定校派遣コース	スウェーデン	工学部
前期	UPLB 農学英語コース	フィリピン	農学部
前期	グローバルチャレンジコース	スイス	大学教育研究推進室
前期	グローバルチャレンジコース	カナダ	大学教育研究推進室
前期	グローバルチャレンジコース	メキシコ	大学教育研究推進室
前期	インターンシップチャレンジコース	モンゴル	大学教育研究推進室
前期	インターンシップチャレンジコース	ベトナム	大学教育研究推進室
前期	フィールドワークチャレンジコース	マレーシア	大学教育研究推進室
前期	ボランティアチャレンジコース	ネパール	大学教育研究推進室

実施時期	実施コース	学外学修国・地域	実施部局
後期	EUフィールドワークコース	ベルギー・フランス・イギリス	国際教育総合センター *
	グローバルチャレンジコース	オーストラリア	大学教育研究推進室
	グローバルチャレンジコース	フィリピン・ドイツ	大学教育研究推進室
	フィールドワークチャレンジコース	ミャンマー	大学教育研究推進室
	フィールドワークチャレンジコース	タイ	大学教育研究推進室
	ボランティアチャレンジコース	ラオス	大学教育研究推進室

2018年度

実施時期	実施コース	学外学修国・地域	実施部局
前期	グローバル都市ニューヨークのコミュニティと文化を学ぶ	アメリカ合衆国	国際人間科学部 **
	ハンブルク異文化理解コース	ドイツ	国際人間科学部
	カナダ・トロントの多文化社会研究	カナダ	国際人間科学部
	リアウプログラム	インドネシア	国際人間科学部
	スラウシプログラム	インドネシア	国際人間科学部
	理学UPLBコース	フィリピン	理学部
	理学Nanyang/Sciコース	シンガポール	理学部
	ギャップターム海外協定校派遣コース	台湾	工学部
	UPLB農学英語コース	フィリピン	農学部
	グローバルチャレンジコース	アメリカ合衆国	大学教育研究推進室
	グローバルチャレンジコース	ベトナム/ホーチミン	大学教育研究推進室
	グローバルチャレンジコース	ベトナム/ハノイ	大学教育研究推進室
	グローバルチャレンジコース	カナダ	大学教育研究推進室
	グローバルチャレンジコース	アイスランド	大学教育研究推進室
	インターンシップチャレンジコース	インド	大学教育研究推進室
	インターンシップチャレンジコース	ベトナム	大学教育研究推進室
	フィールドワークチャレンジコース	マレーシア	大学教育研究推進室
	ボランティアチャレンジコース	ネパール	大学教育研究推進室
後期	EUフィールドワークコース	ベルギー・フランス・イギリス・ドイツ	国際教育総合センター
	フィールドワークチャレンジコース	ミャンマー	大学教育研究推進室
	フィールドワークチャレンジコース	タイ	大学教育研究推進室
	ボランティアチャレンジコース	ラオス	大学教育研究推進室

*2017年4月、組織改編により「日欧連携教育府」から改称。
** 国際文化学部と発達科学部を再編統合し、2017年4月より「国際人間科学部」が設置された。
注）2018年度後期実施のグローバルチャレンジコースは、10月以降に実施が決定するため、この表には記載していない。

事例3　神戸グローバルチャレンジプログラムと学びの動機付け　121

資料2：神戸GCPルーブリック指標（2016年度版）

		水準0	水準1	水準2	水準3
			一参加者としての段階	周辺的立場から運営に関わる段階	リーダー一役やマネージャー役を果たす段階
チームワーク力 他者とともに学ぶ		水準1に達しない段階	● 自分の意見を他者に分かるように説明することができる。 ● 他者の意見を理解するために、質問をすることができる。（＝問いかけは観ずない） ● 他者の意見、姿勢、感情に共感することができる。	● 他者の個性や特質をふまえて接することができる。 ● 困っていることがないか、声掛けなどをして他者をサポートできる。	● 質問や観察などを通して、他者の意見を引き出すことができる。 ● 他者の個性や特質をふまえて、適切な課題を提示することができる。 ● 他者を励まし、他者の意欲を高めることができる。
自己修正力 他者から学びとる			他者からの指摘に耳を傾ける段階 ● 他者に意見を求めることができる。 ● 他者から自分に対する反対意見や批判的意見を、感情的にならずに聞くことができる。	指摘の意味を把握し自分のものとする段階 ● 自分の考え方（思考パターン）や行動の仕方（行動パターン）を知っている。（＝自己パターンの把握） ● 他者からの指摘を、自己パターンに当てはめて解決策・修正策を考えることができる。	自己の思考や学修方法を適切に修正できる段階 ● 自己の解決・修正に向けた取り組むべき課題を知り、その優先順位を付けることができる。 ● 自分で設定した課題と、その優先順位に従い（課題に）取り組むことができる。 ● 修正プロセスに間違いを見つけたら、そのプロセスを修正することができる。
課題挑戦力 目標を見極める			与えられた問題の解決に必要な能力を見極める段階 ● 複数の課題に優先順位をつけることができる。 ● 取り組むべき課題について理解し、課題解決に向けて必要な知識や技術を選択することができる。 ● 優先順位に沿って、必要な知識や技術を用いて、課題に取り組むことができる。	挑戦する価値のある課題を設定する段階 ● （課題解決に向けた）選択した知識や技術を組み合わせて、課題解決を組み立てることができる。 ● データ・事実・既知の事例をもとにして、未知の事柄を最大量にすることができる。（＝推論）また、それを言語化（文字・言葉）することができる。	課題を解決するための方略を策定し不断に挑戦し続ける段階 ● 失敗したことのある解決すべき課題に、再度（再々度、何度も）取り組むための意思を持続できる。 ● 長期間にわたって感情のコントロールができる。 ● 想定外の事態に対処できる。

資料3：神戸GCPルーブリック指標（改訂版）（2017年度以降）

3つのチカラ	構成要素	【水準0】意識していない	【水準1】気づき	【水準2】分析・理解	【水準3】行動・成果	記述（左の選択について、具体的に説明する。）
1 チームワーク力 ※	1-1．学内外の活動へ参加し、自分の役割を担う	水準1に達していない。	活動に参加する際、自分の役割について意識し、理解しようとしている。	活動に参加する際、自分の役割に基づいて発言や行動をしている。	チームの活動において自分の役割を遂行し、それが成果へと繋がっている。	水準2、水準3と回答した人は具体的な内容を書いて下さい。【記述】
	1-2．メンバーと協力し、チームの目標を達成する	水準1に達していない。	メンバーの意見や立場を尊重し、チームの目標を理解している。	メンバーの意見や立場を尊重し、意思疎通を図りながらチームの活動に取り組んでいる。	メンバーと協力し、チームの目標を達成している。	水準2、水準3と回答した人は具体的な内容を書いて下さい。【記述】
2 自己修正力	2-1．自己を認識し、他者への理解を通して、自分の考えや行動を見直すことができる	水準1に達していない。	自分の考えや行動について認識している。	自分以外の人の考えや行動を理解し、自分の見直すべきことについて理解している。	自分以外の人の考えや行動を参考にして、自分の考えや行動を見直している。	水準2、水準3と回答した人は具体的な内容を書いて下さい。【記述】
	2-2．得意分野を伸ばし、苦手分野を克服する	水準1に達していない。	自分の得意分野や苦手分野について理解している。	自分の得意分野を伸ばす方法、苦手分野を克服する方法を模索している。	自分の得意分野を伸ばすため、苦手分野を克服するための実践を行っている。	水準2、水準3と回答した人は具体的な内容を書いて下さい。【記述】
3 課題挑戦力	3-1．課題を見つけ、解決をはかる	水準1に達していない。	解決すべき課題を見つけることができる。	見つけた課題を解決する方法を模索している。	見つけた課題の解決に向けて取り組んでいる。	水準2、水準3と回答した人は具体的な内容を書いて下さい。【記述】

※ この「チームワーク」とは、神戸GCPで参加したコースにおけるチーム活動も含めますが、それ以外のチーム活動を想定した回答でも結構です。
（例えば、クラブ活動、ゼミ活動など）

事例 4　地域貢献に資する人材づくりとインターンシップ
―― Expanding Your Horizons プログラム ――
福岡女子大学

大学基本情報

　福岡女子大学は、1923 年に我が国最初の公立女専、福岡県立女子専門学校として設立され、その後、100 年近く、女性の教育に力を注いできている。2011（平成 23）年には、「国際性」「感性」「リーダーシップ力」「独創性・創造性」を持つ人材育成を目標として、文理を統合した教育を推進し、次代の女性リーダーの育成を目指す「国際文理学部」（1 学部制）へと再編された。この国際文理学部は、3 学科から構成され（図 1）、学生数は 1 学年あたり、240 名（定員）である。国際文理学部では、学部共通科目（共通基盤科目等）による俯瞰的教育、自分の所属する学科以外の専門科目の履修（単位認定）、さらには、副専

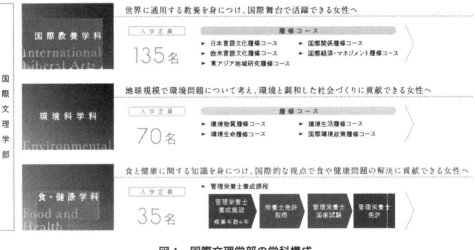

図 1　国際文理学部の学科構成

攻の認定制度などによって、幅広い分野にわたる教養を身につけるカリキュラムが組まれている。一方で、初年次の1年間は、「国際学友寮なでしこ」で外国人留学生とルームシェアしながらの全寮制であり、さらに1・2年次には「学術英語プログラム（AEP）」による集中的な英語教育（15科目分の英語授業）が実施され、国際的なコミュニケーション力の育成に力が注がれている。これに加えて、1年次にはファーストイヤー・ゼミの少人数教育の中で、大学の学びにおいて何が重要なのかについて学ぶとともに、様々な学習のスキルを身に付ける学修が行われる。これらの教育プログラムを通して、グローバル人材としてのコミュニケーション力や主体的に学ぶ姿勢が育成されることを目指している。

取組事業の概要

学生が主体的な学びを獲得し、社会において真にコミュニケーション力やリーダーシップ力を発揮できる人材となるためには、学内の教室での学修だけでは不十分であり、学生が学外での多様な経験を通してその中で自分を成長させることが重要となる。国際文理学部では、学部設置当初からこの点にも注目し、学外学習を実施する体験学習科目や語学研修科目をカリキュラムに組み込むとともに、単位互換が可能な交換留学制度の充実も図ってきた（**表1**）。しかしながら、学外学修のプログラムに参加する学生数は、2013〜2014年で横ばい状態となり、学外学習プログラムの更なる充実を図る必

表1　福岡女子大学が掲げる7つの特色

1	外国人留学生と日本人学生が共に暮らす学生寮：ルームシェアを通して日常で海外体験ができる
2	グローバル人材としての活躍を目指す英語教育を重視したカリキュラム
3	海外大学との提携、留学生の受け入れ
4	国内・国外での充実した体験学習
5	共通基盤教育の充実
6	ファーストイヤー・ゼミによる初年次教育
7	アカデミック・アドバイザーシステムの活用

要性が議論された。

このような背景のもと、国際文理学部における下記のような学外学修プログラムに関する取り組みが文部科学省の大学教育再生加速プログラムテーマIV：長期学外学修（ギャップイヤー）に採択された。

(1) 長期学外学修プログラムを新規に構築

交換留学を除くと、国際文理学部で実施されてきた学外学修は、期間が4週間未満、あるいは、週に1回などの活動を継続的に実施するもので、長期にわたって大学を離れてインターンシップなどの学外学修を連続的に実施するプログラムはなかった。そこで、長期にわたるインターンシップやサービスラーニングなどを実施するプログラムとして「Expanding Your Horizons (EYH) プログラム」を新たに構築した。この新たなプログラムによって、国際文理学部における学外学習プログラムは、図2のような多様なプログラム体系を整えるに至っている。

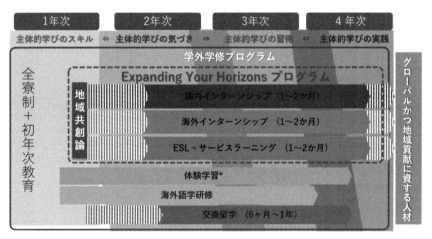

図2　学外学修プログラムと主体的学びの涵養

(2) クオーター制の導入

長期の学外学修を学生が体験する時期を確保するために、セメスター制からクオーター制への移行を実施した。このクオーター制の導入にあたっては、次のような変更がなされた。

- 【セメスター制】講義15週＋試験1週（2セメスター／年）
  →【クオーター制】講義7.5週＋試験0.5週（4クオーター／年）
- 講義は原則として週に2コマを開講し2単位を認定する。ただし、語学科目等は週に1コマで0.5単位を認定、および実験・実習等は週3コマで1単位を認定する。

(3) EYHプログラム学外学修の単位認定について

長期学外学修EYHプログラムでは、4週間以上の連続する学外学修に加え、15時間以上の事前・事後学修が行われる。このプログラムに参加することで、学部共通科目の「体験学習Ⅰ〜Ⅳ」の科目の中で、2単位が認定されるようにした。(2)で説明した通常の講義や実習科目と比較すると、学修する時間数（事前事後学修＋4週間以上の学外学修）の割に、2単位という単位数はかなり少ない。それにもかかわらず、このプログラムに参加する学生は増加傾向にあり、本プログラムの重要性は学生にも浸透しつつあると言えよう。

(4) 既存プログラムの充実

新規の長期学外学習EYHプログラムの構築を図る一方で、既存のプログラムについても4週間以上の長期学外学修として提供できるものは、そのプログラムの拡大・充実（下記参照）を図っている。

- 交換留学先の拡大
- 文化・語学研修の期間の長期化
- 私費留学で単位互換を可能とする制度（認定留学制度）

1 Expanding Your Horizons プログラム

(1) EYH プログラムの目的

福岡女子大学における長期学外学修プログラムの開発と導入には、本学の抱えてきた問題点が出発点としてある。

本学の特徴として、グローバルな視点と多様な視点を獲得する多文化共生・理解、および主体的学びを身に付ける教育プログラムの推進をかねてより実施してきた。しかしながら、卒業時点において、社会が必要とする能力である、コミュニケーション能力、リーダーシップ能力の不足が指摘されてきた。それは、社会における実体験、自ら考え抜く場面に遭遇する機会の少なさに由来するという調査結果である。その結果を踏まえ、改めて整理した本学の描く育てたい学生の将来像は、以下の4点に集約される。

・新しい知識と経験を自発的に身につける
・これまで自分が得てきた知識と実際を結びつけ、さらに深い学びにつなげられる
・自分自身を柔軟に、どのような状況でも対応できるようになる
・自ら考え、行動できるようになる

それを実現するために必要な教育内容を含むプログラムをめざし、できあがったのが「Expanding Your Horizons（EYH）プログラム」である。

"Expanding Your Horizons" という言葉には、「新しいことを経験し、学ぶことにより自分の可能性を広げる」という意味がある。

この名前を持つ長期学外学修プログラムにおいて、言葉や文化が異なる環境で、新しい仲間と学び、働く経験を通して、学生自身の可能性をさらに広め、どのような環境でも柔軟に対応できるようになれるような機会を提供することを大きな目標として、プログラムの構築を図り、2017年より本格的に開始した。

(2) EYH プログラムの概要

EYH プログラムは、基礎科目「地域共創論」と、海外でボランティア活動

等を行いながら、実践的な学びを得る「海外サービスラーニング」、海外の企業で 1 〜 2 か月の就業体験をする「海外インターンシップ」、そして日本国内で、これまで学んできたスキルや時に語学力を生かして 1 〜 2 か月にわたり就業体験をする「国内インターンシップ」といった長期学外学修、その前後の「事前事後学修」から構成されている (**図3**)。

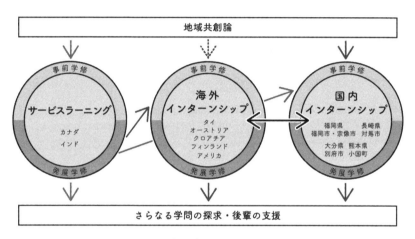

図3　EYH プログラム　フローチャート

　地域共創論、事前事後学修、現地での EYH プログラムのサービスラーニングやインターンシップは、学生の力を伸ばすだけでなく、大学に戻ってから何を勉強するべきか、就職するまでに自分に必要なスキルは何かがわかり、今後の学修計画を立てることも可能になることを期待してデザインした長期的な学修プログラムとなっている。

⑶　**基礎科目「地域共創論」**

　EYH プログラムに参加する学生の学外での学びと経験を最大限に活かすため、「地域共創論」という科目が設けられている。これは、学生の長期学外学修への動機付けとして、もしくは現地での活動から戻ってからの学問的背景の確認のために作られたものである。この科目が作られた背景には、地域

を支える人材育成という地方大学のもつ大きな責任と役割がある。もちろん現地に出て、実体験から学ぶ学生を増やすことは大切であるが、仮に長期学外学習にいかなかったとしても、自らの居住する地域に関心を持つ学生が育つことは重要である。

「地域共創論」は、持続可能な開発（SDGs）に焦点を当てながら、身近な地域、もしくは日本だけでなく海外でも起きている問題を理解し、なぜそれが起こるのか、様々な角度から基礎的な理論を学ぶ科目である。また、この科目の特徴としては、ゲストスピーカーによる講演と野外調査を取り入れていることが挙げられる。

ゲストスピーカーを招いての講義は、様々な立場から地域のために活動している人々の話を聞くことで、インターンとして働くことや、大学卒業後のキャリアパスも含め、学生が外に目を向ける機会を提供することを目的として導入している。これまでの講演者は、フィンランドで、日本向けにデザイン製品を輸出する一方で、地域貢献事業を行っている起業家、長崎県対馬市で地域おこし事業を行っている公務員、大分県別府市においてアートで地域振興を行うNPOを運営している芸術家、熊本県小国町で温泉街の再生を地域の人々と行っている住民、地域おこし事業をいくつも手掛けてきたコンサルタント、福岡県庁の職員など、多彩な顔ぶれであり、インターンの受け入れ先で、地域に関連する活動をされている方を中心に、実際に現場で行われていることについて講演していただいている。

野外調査は、学生たちにとって身近な地域を、あるテーマに合わせて観察することで、見慣れた地域を別の視点から見て、新たな発見をしたり、再確認したりする経験を通じて、さらなる学問探究心を育てることを目的とする。またこの時、学生たちにとって身近なツールであるスマートフォンを用いて、調査データを収集するという取り組みを導入しており、インターンシップに行く時のヒントを与えている。これまでの調査対象地域は、福岡市の中心部の天神・博多のエリアと、学生たちがよく行く場所を選び、観光やバリアフリーなどをテーマに調査を行ってきた。

「地域共創論」は、こうした取り組みを通じ、講義から理論を学ぶだけで

ない、実際に自分たちの目で現地に行き、活動することの大切さを伝えるなど、学生たちの将来の学修へとつなげる役割を果たしていると言えよう。

⑷ 海外・国内での活動

EYH プログラムでは、海外サービスラーニング、海外インターンシップ、国内インターンシップに分かれる。それぞれ、以下の通り異なる性質を有している。

① 海外サービスラーニング

このプログラムは、受け入れ先は海外の大学や国際的非政府組織（NGO）であるが、4 週間から 7 週間、地域の人々とともに活動するプログラムである。学校の中だけで英語を学ぶのではなく、ボランティア就業体験や、高齢者施設、貧困者の支援、地域の小中学校訪問などを通じて、その地域社会で暮らす人々と交流しながら、さらにコミュニケーション能力を高め、地域の現状や問題点を知ることができるという性質を有している。

② 海外インターンシップ

海外でのインターンシップの受け入れ先は、海外に拠点を置く企業や教育機関である。新しい環境で、約 2 か月にわたり、主に英語でコミュニケーションをとりながら、インターンとして責任感をもって業務をこなすという大きなチャレンジが求められるプログラムである。

③ 国内インターンシップ

日本の企業や、地域振興を行っている NPO、地方自治体などで、1 ～ 2 か月の間、インターンとして働く。長期間にわたり受け入れ先で業務に携わることになるため、単なる就業体験にとどまらず、計画だけでなく実際にプロジェクトを実施するまで関わるなど、学生でありながら、責任のある業務を任されることも多い、大きな学びが得られるプログラムである。

⑸ インターンシップの受け入れ先

学生の受け入れ先については、このプログラムの大きな目的である、地域の抱える問題を知る機会につながること、地域貢献の活動を行なっていることを基準として、受け入れ先を広げてきた。2018年9月現在、受け入れ先の数は海外で9つ、国内は12の企業、自治体、NGO、NPO等に及び、派遣時期や受入可能人数も2018年度は年間を通じて80名ほどに増えてきた（表2・3）。

表2　EYHプログラム海外インターンシップ・サービスラーニング受入先（2018年度）

国名	研修先	インターンシップの内容	実施予定の期間	受入可能人数
サービスラーニング				
カナダ	The University of Winnipeg	ウイニペグ大学での4週間の集中英語研修と3週間の地域ボランティア就業体験	7月〜8月 1月〜2月	1名〜
インド	WAGGGS Sangam World Centre	貧困の状態にある女性や子供たちのための地域支援活動	8月〜9月 2月〜3月	各6名
インターンシップ				
クロアチア	プーラ大学	大学における日本語教育に関係する研修（教育実習）	9月〜12月	2名
オーストリア	H.I.S. Austria Travel GmbH	海外における、旅行企画・旅行業務に関するインターンシップ	7月〜9月	1名
フィンランド	Förlags Ab/ Lindan Kustannus Oy	新聞社で、キミト島に暮らす人たちへの取材、記事作成	6月〜8月 8月〜10月	各1名
フィンランド	0.7 design Ltd	デザインエージェント、フィンランドのデザイン関連製品の日本への輸出、日本でのフィンランドデザインの紹介業務補助	8月〜9月 9月〜11月 12月〜2月 2月〜3月	各1名
フィンランド	Orava Consulting	別荘貸出に関するサービス業の体験。貸別荘に関連する新しい分野でのマーケティング状況を調査、新規プラン提案や実践を経験	8月〜9月	1名
アメリカ	Trinity Valley School	小中学校でのティーチングアシスタント	2月〜3月	1〜2名
タイ	Full Advantage Co., Ltd	環境リサーチコンサルタントでのリサーチアシスタント	2月〜3月	1名

表3　EYHプログラム国内インターンシップ受入先（2018年度）

県名	研修先	インターンシップの内容	実施予定の期間	受入可能人数
熊本県	チーム背戸屋	海外のお客さんへの対応ができるツールの企画制作・アクティビティの企画・杖立温泉の魅力と不足部分の調査	8月〜9月	2〜4名
長崎県	対馬市	環境保全と地域振興に関する調査・企画	8月〜9月 2月〜3月	各2名
福岡県	福岡県人づくり・県民生活部 私学振興・青少年育成政策課	県庁における地域政策や地域支援に関する業務に関するインターンシップ ・県民生活部文化振興課 ・県民生活部スポーツ振興課 ・ラグビーワールドカップ2019福岡催推進委員会事務局 ・青少年育成局青少年育成課	9月〜10月 8月〜11月 8月〜10月	1名 1名 2名 1名
大分県	NPO法人BEPPU PROJECT	広報活動補助・アート作品制作補助・イベント会場スタッフ・ワークショップ補助・インフォメーションセンタースタッフ等	10月〜11月	1名
福岡県	株式会社 コンテンツ	IT技業におけるWEBサイト制作に伴う打合せ、企画立案に関するインターンシップ	8月〜9月	2名
福岡県	株式会社 海千	食品メーカーの役割の把握と自社イベントの企画提案・運営補助、および宗像市地島における地域支援活動等	9月〜10月	1名
福岡県	宗像市コミュニティ協働推進課	宗像市が実施している地域のコミュニティ活動に関するインターンシップ	6月〜7月 10月〜11月	各1名
福岡県	UR都市機構	URが行っている住民のコミュニティ活性に関するインターンシップ	6月〜7月	1名
福岡県	Fukuoka DC	福岡地域戦略推進協議会が実施している、地域の成長戦略の策定から推進までの業務に関するインターンシップ	7月〜8月	2名

⑹　事前事後学修

　学外学修で、学生が様々な場面に遭遇し、その中でそれらの経験を生かして、自分の学びに結びつけていくためには、学外学修（インターンシップ）先の社会・地域における課題やその企業・団体等が実施している活動についての知識や理解（事前学修）が必要である。さらに、学外学修後に学修成果を振り返り、その成果を今後の学修や自分の成長に結びつけるためには、事後における学修活動が重要となる。このため、EYHプログラムでは、現地での

活動とは別に、15時間以上の十分な時間を事前・事後学修のために確保するようにしている。特に事前学修は、それぞれの研修先ごとに必要な学修の内容が異なるため、基本的には学外学修先ごとに分かれて実施している。このため、指導にはかなりの時間を費やすことになるが、4週間以上の長期にわたる学外学修だからこそ経験して学べることを学生が十分に把握し、それぞれの研修先での体験を成果に結びつけていくためには、事前学修に時間をかけることは必要である。

実施している事前学修においては、2段階の学修を設定している。第一段階は、インターンシップ先の地理・歴史・文化や現在の社会状況などについて、あるいはインターンシップ先の企業・団体などが行っている活動などについて調べ、それをまとめて発表を行う。次いで、第二段階は、事前に受け入れ先からインターンシップ中の課題として設定されているテーマがある場合は、その内容と関連する課題、もしくは学生が実施するインターンシップに関して事前に学んでおく、あるいは把握しておく方がよいと思う課題（テーマ）を学生ごとに設定し、それに関する調査研究および発表を行う。このように、インターンシップに行く前に、しっかりとした事前調査・研究を実施することで、インターンシップ先で学生はより積極的な活動や取り組みをすることができ、その成果を得ることができる。

なお、将来的には、このような事前・事後学修活動の一部は、学生の主体的な活動として、すでに学外学修を実施した学生から、次に学外学修を行う学生へのサポートあるいはアドバイスという形で実施される仕組みが学内に構築されることを目指している。こうした学生同士の相互学習は、EYHプログラムをデザインした時点で、これからこのプログラムに挑戦しようとする学生に対して、事前学修の時にアドバイスするなど、後輩たちにつなげる仕組みとして取り入れている。

実際に本プログラムが動き出して二年目に入り、事前準備の段階で、前年参加した学生から体験談を聞き、質問できる時間を設けた。中には、前年の参加者が、今年の実習中に自発的に現地を訪問し、活動中の学生たちの相談にのる例も国内外で見られた。そうした経験を経た学生は、今度は逆の立場

で、新たに参加する学生の相談に乗り、ノウハウを共有することが期待されるわけだが、大学側が期待する以上に、このプログラムの参加学生同士のつながりによる好循環が生まれつつある。

2　派遣実績

　先述の通り、新規のEYHプログラムの開始は2017年度からであり、初年度の2017年度には13件のプログラムが準備された。この年は、クオーター制の導入がまだであったこと、また、学生への周知にあまり時間がなかったこともあったが、9名の学生から応募があった。学内およびインターンシップ先の選考（書類審査および面接）の結果、5名の学生が最初のEYHプログラムの参加学生として選定され、長期学外学修に派遣することとなった。このように、EYHプログラムでは、応募すなわち参加ではなく、応募書類や面接を通して、本人が目的としているインターンシップが実施できるかどうかを、大学側とインターンシップ先の両方で見極めた上で、参加を認めるようにしている。

　2018年度のEYHプログラムでは、表2・3にあるように、21件のプログラムが準備され、21名からの応募があった。

　なお、EYHプログラムの構築に加えて、国際文理学部の既存のプログラムの充実化を図った結果、現地で4週以上の継続した学外学修を体験する学生数は増加する傾向にあり、また、様々な学外学修のプログラムの中で4週間以上の連続した長期学外学修を選択する学生の割合も増加している。

3　EYHプログラムにおける実践例

⑴　国内インターンシップ：杖立温泉・チーム背戸屋

　本プログラムは、熊本県阿蘇郡小国町にある杖立温泉でのインターンシップである。小国町杖立温泉は1800年の歴史があり、温泉街の中央に杖立川が流れる。この温泉には、地域の活性化のために地元のメンバーが主となっ

て活動しているチーム「チーム背戸屋」がある。チーム背戸屋の背戸屋とは、杖立でいう昔ながらの細い路地裏のことで、杖立温泉は、路地裏が残る昭和を思わせるレトロな雰囲気の温泉街であり、チーム背戸屋では、この背戸屋も含めて温泉街を魅力的に楽しめる企画や活動に取り組んでいる。このインターンシップでは、チーム背戸屋のメンバーとともに地域の活性化に向けた取り組みを実施する。

　このプログラムには、2017年に2名、2018年に3名の学生が参加した。2017年のインターンシップでは、現地のイベント運営のサポートに加えて、インバウンド対応ツール(杖立温泉マップ・指さし会話帳)について現地の方々との意見交換を行いながらその案を作成し、その後、それが実際に杖立温泉で使用されることとなった(図4)。また、2018年のインターンシップでは、現地での旅館業務のサポート等に加えて、杖立温泉で旅行客が体験できるアクティビティの企画を考案し、それを提案するに至った。このように、本インターン

図4　学生が企画・作成した杖立温泉マップ・指さし会話帳

シップでは、杖立温泉での様々な就業体験だけでなく、杖立温泉の活性化にむけた企画を、現地での調査や現地の人々との意見交換をもとに作成して提案するという経験をすることができるインターンシップとなっている（**図5**）。

2017年に参加した学生からの報告には、少子高齢化や過疎化といった、日本が抱える問題の解決のために必要な取り組みについて学ぶことができたといったような内容の文面もあり、この長期インターンシップが、学生にとっての高い学修効果と本人の成長に大きく寄与していることが評価できる。

図5　これまでの成果発表と地元の方々との意見交換の様子（熊本県阿蘇郡小国町にて）

⑵　国内インターンシップ：福岡県文化振興課・スポーツ振興課

本プログラムは、福岡県（自治体）でのインターンシップで、2018年に2名の学生が参加した。1名は文化振興課において、福岡県が実施している文化イベント等の企画運営や情報発信に関する業務に携わった。ここでは、障がい児者美術展やふくおか県民文化祭などの広報や運営活動に加え、県内文化資源を活用したイベントの企画を若者の視点からの提案を行った。また、もう1名は、スポーツ振興課が協力しているラグビーワールドカップ2019福岡開催推進委員会事務局でのインターンシップで、大会開催1年前イベントの企画、準備、実施のサポートを行った。さらに、女子大学生の視点を

生かして、女性や若者(特に大学生)のラグビーファン獲得に向けた取組みの企画や運営を行った(**図6**)。

このように、本プログラムも、自治体での業務を単に体験するだけでなく、若者あるいは学生という立場から、それぞれのインターンシップ先で企画の提案やその実施が求められており、長期のインターンシップだからこそ、達成できる内容が組み込まれている。

EYHプログラムでは、他の地方自治体におけるインターンシップも福岡県でのインターンシップのように、単なる就業体験ではなく、長期インターンシップだからこそできる企画や運営を経験できるよう、各自治体の特性を生かしつつ、協働しながらプログラム内容を充実させている。

 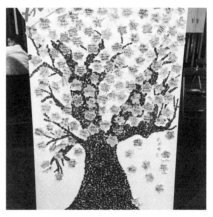

図6 JR博多駅構内でのラグビーのPRイベントの様子(左)および本学学生の企画によるメッセージボード(右)

⑶ 海外サービスラーニング：インド(NGO＋現地NPO)

本学は、国際教養学科があることから、外国語、国際協力や、途上国支援に興味があり入学している学生も多い。「サービスラーニング」のコースは、英語力をさらに伸ばすことと同時に、地域貢献に興味を持つ学生のために考えて導入したプログラムである。ここでは、その一つとして、ガールガ

イド・ガールスカウト世界連盟（World Association of Girl Guides and Girl Scouts: WAGGGS）の施設であるサンガム・ワールドセンター（Sangam World Centre、以下サンガム）において行なっている、貧困の状態にある女性や子ども達を支援するなど、様々な地域課題のために活動する「コミュニティ・プログラム（Community Programme）」を紹介する。

　サンガムは、インド・マハーラーシュトラ州プネー市に位置している。このセンターは、60年以上に渡り、世界中の若い女性たちのために教育プログラムを提供しており、プネーにおける地域支援を長年にわたり行なっている。今回、本学学生が参加したコミュニティ・プログラムには、10代後半から20代前半の、イギリス、アイルランド、オーストラリア、ドイツなど、多くが欧米の英語圏、もしくは英語が堪能な女性たちが参加しており、非常に国際的な環境で、ボランティア体験を行うこととなった。

　現地での活動は、参加者の興味関心に合わせて割り当てられる。2018年8月に参加した本学学生は、異なる子どもたちの教育を支援する施設に、それぞれ派遣された。学生たちは、日々の活動において、子どもたちとの触れ合いや、派遣先の組織で働く人々から聞くことを通じ、インドの子どもたちの置かれた現状や取り巻く環境や、現地での女性や子どもへの支援について学ぶことができた（図7）。

図7　コミュニティ・プログラムで子どもたちと活動する学生（インド・プネー市にて）

また学生たちは、現地での活動やセンター内の日々の暮らしにおける他の参加者とのネイティブの英語話者とのコミュニケーションの難しさを体験するだけでなく、英語も日本語も知らない現地の子どもたちと意思疎通を図る経験を通じて、言葉も大切だが、言葉だけに頼らないコミュニケーションの重要性を知るなど、貴重な経験をしてきた。さらには、将来の目標も見つけられ、今後に向けた学修意欲も高まったという。

(4)　海外インターンシップ：フィンランド（地元企業）

　少子高齢化、過疎化は、世界中どこの地域でも起きつつある問題である。他の国において、日本にも共通する問題を抱える地域において、地域支援や地域振興と関連するインターンシップを行うフィールドとして選んだのが、フィンランド南西部の島嶼地域にあるキミト島（Kimitoön/ Kemiönsaari）である。さらに、インターンシップ先は、小さな会社であり、日本での働き方、生活の仕方と大きく異なる。この島でインターンシップを行うことは、職業体験を通じて、自らが生活する地域を考えることにつながるだけでなく、卒業後の進路として、企業で働くことだけを目標とするのではなく、自分で就業機会を生み出すという起業家精神を養うことにつながることが期待されている。

　学生たちは、フィンランドにありながら、スウェーデン語話者が多数派のこの島を拠点に、日本向けにフィンランドのデザイン製品を輸出しながら、地域の高齢者の雇用創出事業や新進気鋭のデザイナーを支援する活動をしている女性や、フィンランドで多くみられるコテージの賃貸を中心にした観光業を営む女性、地域の情報を発信する新聞社においてインターンとして約2か月、様々な経験を積んできた（図8）。

　実際に現地での活動を行った学生たちは、それぞれ与えられたタスクを、責任をもってこなす経験を経て、自分の持つ性質や能力を発見し、コミュニケーションや自分自身で考えることの重要性を知り、ビジネスとは何か、キミトという地域の良さを発見し、多くの人に発信することの意味を学んできた。さらに、フィンランドでインターンシップを経験した学生は、交換留学

図 8　新聞社におけるインターンシップの様子（フィンランド・キミトにて）

や、ほかの国にさらに長期でインターンシップに行くなど、大学生の間に得られる大きな機会を手にして、さらに学びを深めている。

4　プログラムの継続に向けた今後の展望

　現在、日本で進められている教育の見直しの中でも、自ら課題を見出し、周囲と協力して解決する力が求められている。本学で 2017 年度よりスタートした EYH プログラムは、そうした力を育てるだけでなく、本学学生が実社会での経験をもとに、主体的な学びを実践し、真に社会に貢献できる人間に自分を成長させることのできるプログラムである。今後、本学の学部教育の中でより重要な役割を果たすとともに、EYH プログラムに参加した学生たちの経験が、日本社会に還元されることが期待される。

　このため、EYH プログラムの継続と内容の充実を図る必要があることは言うまでもない。これまでも国内外で本学の学生を受け入れていただき、学生たちは多くの学びを得ているが、受け入れているこの地域は、本学学生から何を得られるだろうか、ということを必ず考えておく必要がある。どちらか一方のみが利益を享受するのではなく、学生、受け入れる地域の双方に利

益があるように常に意識すること、これはインターンシップ事業を持続可能なものとしていく上で大きな課題であろう。

(池田宜弘・湯田ミノリ)

執筆者一覧
池田宜弘(福岡女子大学国際文理学部　教授)
湯田ミノリ(福岡女子大学国際文理学部　准教授)

事例5　ハイブリッド留学の挑戦
工学院大学

大学基本情報

　工学院大学は、1887（明治20）年に日本最初の私立の工科系専門教育機関である工手学校として開学して以来、産業界を支える専門技術者の育成に努めてきた。4学部15学科を擁する工科系総合大学となった現在も、豊富な知識・社会で生きる力・自己実現を志す意識を備えた、質の高い人材を育成することを使命に掲げ、グローバル化がますます進展する21世紀社会においても、建学時からの「社会・産業と最先端の学問を幅広くつなぐ『工』の精神」を深化・発展させ、「無限の可能性が開花する学園」をめざしている。

　本学は、新宿区と八王子市に校地を有し、新しい型の複眼構想の都心型大学を目指している。高度技術社会が要求する人材を育成するために、都心であるがゆえにもつことができる新宿キャンパスの特性を活かし、それに相応しい教育と研究ならびにサービスを提供するとともに、八王子キャンパスにおいては、緑豊かな広い校地に適した教育と研究ならびにサービスを提供している。すなわち、複眼構想の都心型大学として、こうした都心の特性を意識的、主体的、積極的に活用し、両キャンパスの有機的な連携を前提に、新たなる発展を目指している。

　また、付加価値の大きい大学、学生が自信を持って社会に巣立てる大学を志向し、特色ある工科系大学としての魅力を高めるため、①リメディアル教育の導入、②社会性、文化性、美的感性を備えた技術者の養成、③グローバル化・情報化時代への対応、④実学重視の教育の展開、⑤多様な個性化時代への対応について重点的に取り組んでいる。

取組事業の概要

　日本の理工系大学においては、グローバルに活躍できる真の国際人育成が大きな課題である。この目標に到達するための第一歩として、工学院大学では「ハイブリッド留学」プログラムを独自に開発した。その最大の特徴は、「語学の習得から」というこれまでの留学スタイルを脱却し、「まず海を渡る」ことを最優先させ、海外で暮らしながら国際感覚を養成することを最大の目的としている点である。

　この「ハイブリッド留学」プログラムに様々な改良を加えながら、海外で主体的な共同学修経験を積むことで、より大きな飛躍へとつなげられるようにすることが本事業の大きな目的である。留学に参加しなかった学生にも海外協定校学生と交流ができる機会を提供する CAP（Campus Attending Program）を実施するなどしている。

（吉田司雄）

1　ハイブリッド留学とは何か

　「まず海を渡る！ 全てをそこから始める」ことをうたったハイブリッド留学プログラムを工学院大学が開始したのは、2013（平成25）年9月である。2015年度の「大学教育再生加速プログラム（AP）」に採択されて以後、その深化と発展に努めてきた。

　本学が独自に開発したハイブリッド留学の最大の特徴は、英語以外の本学授業は本学教員を現地へ派遣して日本語で実施、日常生活は全て英語で過ごすというハイブリッド環境を学生に提供したことである。大学時代に留学しようとする場合、留学中の授業の遅れや単位不足による留年を防ぐためにも、現地協定大学等の開講する専門科目を現地言語にて履修し、帰国後その単位を認定してもらう形をとるのが一般的である。そのため留学に際しては、まず協定大学への入学必須条件として語学力判定テスト（TOEFL や IELTS など）での一定以上の基準点獲得が必要となる。さらに協定大学での授業料も徴収

されるため、特別な奨学金等を受けることのできた学生以外には、参加するためのハードルが高く、留学を身近なものとして捉えるのは困難であった。

　しかし、ハイブリッド留学では学生が海外経験によってグローバルな素養を身につけることを第一目的とし、参加にあたっては語学力を問わず、かつ経済的負担を軽減し、「まず海を渡る！」ことを最優先とした。近年日本の若者は内向き志向が顕著であり、積極的に海外に出ていこうとしないという指摘がよく聞かれる。文部科学省でも2013年10月から留学促進キャンペーン「トビタテ！留学JAPAN」を実施するなど、留学支援に乗り出してはいるが、劇的に状況が変わったとは言い難い。また、海外に眼を向けている学生がいても、そのニーズは多様である。けれども大学単独で幾つものプログラムを用意することは容易ではない。それゆえ工学院大学では一点突破を企図し、まずはハイブリッド留学を前面に出すこととしたのである（**図1**）。

これまでの留学プログラム

英語力の確認
（TOEFL61点、
IELTS6.0点。）

留学
現地提携校にて
・専門科目を英語で受講
・＋現地大学授業料も必要
（半年で60万〜100万程度）

工学院大学のハイブリッド留学

本学で定められた
参加条件の充足。
英語力不問

留学
現地協定校にて
・本学の授業を日本語で受講
・現地での授業料は不要

図1　ハイブリッド留学の特色

　2013年度はイギリス・カンタベリーで建築学部3年生を対象とした実施であったが、2014年度は建築学部に加え、前期にアメリカ・シアトルで工学部および情報学部の1年生を対象とするプログラムを実施した。2015年度には後述する春期プログラムも実施、2016年度はさらにアメリカ・オーバーン（シアトル近郊）で先進工学部2年生を対象とするプログラムを実施した。前年度に新設されたばかりの先進工学部ではクォーター制を採用してお

り、学事暦の変更にあわせて1クォーターを丸々海外で過ごすという方向性が明確となった。この年はまた、情報学部で学科再編・カリキュラムの大幅変更がなされ、先進工学部同様2年次の第2クォーターでハイブリッド留学を実施することになった。それゆえ、2016年度は情報学部での実施はなかったが、2017年度からアメリカ・シアトルで先進工学部と情報学部の2年生、アメリカ・オーバーンで工学部の1年生、イギリス・カンタベリーで建築学部の3年生が参加するプログラムを実施することとなり、ハイブリッド留学の全学化が一つの完成形に達したと言える。各年度の参加学生数は**表1**の通りである。

表1　ハイブリッド留学参加者数

年度／学部	先進工学部	工学部	情報学部	建築学部	春期特別	年間総数
2013年	—	—	—	21	—	21
2014年	—	32	8	35	—	75
2015年	—	21	15	25	20	81
2016年	14	27	—	32	13	86
2017年	31	2	9	19	20	105
2018年	21	23	19	29	30	122

　ハイブリッド留学が多くの学生に受け入れられた理由の一つは、留学先の選定にあったと言える。

　イングランド南東部ケント州にあるカンタベリーは、有名なカンタベリー大聖堂を始め、イングランドで現存する最古の教区教会である聖マーティン教会やローマ教皇の命で6世紀末キリスト教布教のためにやってきた聖アウグスティヌスが作った修道院跡がユネスコの世界遺産に登録されている。城壁跡に囲まれた市内中心部には多くの歴史的建造物が残り、学生たちはキリスト教と深く結びついたイギリスの歴史や社会を直に学ぶことができる。また、鉄道を利用すれば2時間程度でロンドンに行くこともできる。こうした環境を生かし、ロンドンの著名な建築物を見学したり、郊外の田園都市を訪れたりといったフィールドワークが授業の中に組み込まれ、また、カンタ

ベリーにあるケント大学での合同授業も行われている。

一方、シアトルは航空機産業やIT産業で有名であり、ボーイング社エバレット工場と航空博物館、マイクロソフトオフィスとリビングコンピュータ博物館の見学バスツアーがプログラムの中に組み込まれている。タコマのアメリカ自動車博物館を訪れたり、アマゾンゴーでショッピングをしたりと、工学部、先進工学部や情報学部の学生たちにとって興味深い施設が幾つもある。自分の将来とつながりにくい場所であったら、関心を引き出すのは難しかっただろう。

現地には1～2週ずつ本学の教員が滞在し、日本語で授業を行う。それ以外の週は、英語の授業が中心となる。実際のスケジュールは大体**表2**から**表5**のような感じであるが、随時フィールドワーク等が織り込まれている。

表2 工学部ハイブリッド留学スケジュール（2018年度）

第1週	グローバル事業部	現地ガイダンスなど
第2週	国際キャリア科教員	ロジカルライティングなど
第3週	現地協定校教員	英語
第4週	基礎・教養科教員	微分積分、線形代数など
第5週	現地協定校教員	英語
第6週	機械システム工学科教員	機械工学基礎演習、情報処理入門など
第7週	現地協定校教員	英語
第8週	基礎・教養科教員	物理学、物理学演習
第9週	電気電子工学科教員	電気電子工学序論など
第10週	現地協定校教員	英語

表3 先進工学部ハイブリッド留学スケジュール（2018年度）

第1週	グローバル事業部	現地ガイダンスなど
第2週	現地協定校教員	英語
第3週	応用物理学科教員	無機・有機材料概論
第4週	現地協定校教員	英語
第5週	機械理工学科教員	微細加工技術
第6週	現地協定校教員	英語
第7週	生命化学科教員	くらしの化学、分析化学演習

第8週	現地協定校教員	英語
第9週	環境化学科教員	安全化学、物理化学演習
第10週		帰国

表4　情報学部ハイブリッド留学スケジュール（2018年度）

第1週	グローバル事業部	現地ガイダンスなど
第2週	現地協定校教員	英語
第3週	現地協定校教員	英語
第4週	現地協定校教員	英語
第5週	システム数理学科教員	アーキテクチャ、科学レポートの書き方
第6週	現地協定校教員	英語
第7週	情報通信工学科教員	情報学実験
第8週	現地協定校教員	英語
第9週	情報デザイン学科教員	アルゴリズム、科学レポートの書き方
第10週		帰国

表5　建築学部ハイブリッド留学スケジュール（2018年度）

第1週	グローバル事業部	現地ガイダンスなど
第2週	国際キャリア科教員	芸術学
第3週	現地協定校教員	英語
第4週	現地協定校教員	英語
第5週	現地協定校教員	英語
第6週	建築デザイン学科教員	建築デザインA（ケント大学と合同）
第7週	建築デザイン学科教員	建築デザインA（ケント大学と合同）
第8週	現地協定校教員	英語
第9週		ブレイクウィーク（自由行動日）
第10週	まちづくり学科教員	まちづくり調査法
第11週	まちづくり学科教員	まちづくり調査法
第12週	建築学科教員	建築計画
第13週	建築デザイン学科教員	建築デザインB
第14週	建築デザイン学科教員	建築デザインB（現地講師招聘）
第15週		帰国

参加学生の感想も紹介しておきたい。
- ハイブリッド留学に参加して多くの人と携わることができました。友達も増え、シアトルの人と話すことで自分の価値観や目標が変わったりしてとても良い経験になりました。(先進工学部)
- ハイブリッド留学に挑戦していなかったら、こんな失敗しなかった。と思うことも多々あったけど、挑戦したから失敗したのだと思えるようになり、これからの大学生活もたくさんの挑戦をしたいと思った。失敗を恐れない強さがついた。(先進工学部)
- 人に話しかけることで行動力の向上に繋がりそこからの会話でコミュニケーション能力が、そしてホームステイで自立心が芽生えて国際感覚も身についた。(先進工学部)
- プログラムに参加することで学部や学科の壁を越えて様々な人と交流することが出来たことに満足している。また、ホームステイなどを通して現地の人と交流し、自分の価値観の幅を広げることができた。(先進工学部)
- 海外に興味あれば、来た方がいい。とりあえず海外にでる！というコンセプトはその通りだった。(建築学部)
- 自分の将来のことを考え直す、すごくいい機会。こちらでは自分のことをきちんと考える時間がある。(建築学部)
- ディスカッションとプレゼン能力が上がった。プレゼンは、本当に苦手で、見ていられないものだった（と自分は思っている）が、なんとかものになるようになった。今までは原稿を用意して、それを読むだけだったが、それでは相手に伝わらないと分かった。要点を箇条書きで書いて整理し、それを文章にして伝えることで、相手に伝わるプレゼンになると思った。そこに気付けたし、大分できるようになった。(建築学部)
- 自主性が求められる。例えば、どこに旅行にいくのか？どうプレゼンするのか？自分で意思決定することが多い。(建築学部)
- イギリスで活躍されている日本人建築家の先生による特別授業では、建築に関する哲学的な問いかけをいただけた。

最初は、ワークショップの内容を聞いた時には「大学生になって版画？」と驚いた。しかし、実際にやってみると制作が面白かったのはもちろんだが、その後のプレゼンで頂いたコメントが、哲学的であった。(例えば、装飾はどこから建築に入るのか？等)日本に帰っても考え続けられる（考えるべき）命題を沢山いただいた。3日間忙しく課題に取り組んだが、それでも時間が足りなかったくらいである。

　「何とか制作物を完成させました」という感じで終わってしまったのは残念だった。もっと深く考えたかった。先生の求める、考察の部分にもっと取り組みたかったし、もっと深めてブラッシュアップさせたかった（自分たちはその求めるレベルに達せていなかった）。(建築学部)

- 少しでも興味があるなら説明会に行って、いろんなことを聞けば、安全だし楽しいことがわかる。こっち来て損することはない。こっちでしかできないことはたくさんある。日本の授業でやる授業も実践的で少人数で親身。異文化を学べて、日本の授業もしっかりできる。(情報学部)
- 日本にいるより濃い時間が過ごせる。積極的に自分から行動する必要があるため。(情報学部)
- 2ヶ月の留学を経験して将来の考え方が変わった。色々なグローバル企業を見学し、自分もグローバルに活躍できる人材になりたいと10年後の未来を想像するようになった。(工学部)
- 最初は英語や文化を学ぼうと思って留学に参加したが、いざ来てみるとそれだけじゃなく対応力や人間の在り方を学べる。これからの生活に役立つ力が身につく。(工学部)
- 日本にいると、親が家事をしてくれたり、学校で友達と話すことが平凡で当たり前な日常と思っていたが、アメリカという異文化の地で、当たり前の大切さを知ることができた（特に親のありがたみ）。留学中は自分で行動しないとどこにも行けないし、全て自分の力で動かないといけない。そういった日常は日本では味わえないので、絶対に来るべき。(工学部)
- 絶対にお勧め！単位が取れて尚且つアメリカの文化を学べる。コミュニケーションの不安は、英語が出来なくても何とかなる。ジェスチャーで

も伝わる。そんなに心配しなくて大丈夫！将来の視野が広がる。海外で働きたいと思った！グローバル企業で働きたいという夢ができた！（工学部）

(吉田司雄)

2　ハイブリッド留学の深化

　実施年数を重ねるにつれ、ハイブリッド留学中だけでなく留学前後のプログラムも充実したものとなっていった。

　具体的には、歴史的背景を押えておくために参加学生に対して事前授業を毎週実施し、事前学習で、留学後にどんな自分になっていたいか、そのためにどんな力が必要か、そのために意識していることなどを目標設定シートに記入させ、学生の留学中の意識の改善を図るとともに、2年生以上にはキャリア支援プログラムとして、滞在中にFacebookを利用した「観察日記」を執筆するよう義務付けた。せっかくの留学体験であっても、例えば就職活動の中で自らの体験を深化させつつ言葉化できないのではもったいない。実際初期の感想には「楽しかった」「よかった」というものが多かったのだが、もっと学外研修の意味を明確化する必要があると考えたのである。「観察日記」を現地で執筆させ、さらにそれを元にしたハイブリッド留学ポートフォリオファイルという目に見える成果物を作成させることで、学生にとって留学が一過的な体験ではなく、将来へとつながるものであることをより強く意識させることができるようになったと思う。

　また、工学院大学では2015年4月の先進工学部創設、2016年4月の情報学部改編にあわせ、全学的なカリキュラムにも大きな変更を加え、工学部を含む3学部では自校教育科目「工学院大スタディーズ」を新設、その中で自分の将来を考えさせるために、全1年生にPROGを実施することとした（建築学部は既存の「建築入門」という初年次科目で実施）。PROGとは、河合塾とリアセックとが共同開発した、大卒者として社会で求められる汎用的な能力・態度・志向―ジェネリックスキルを育成するためのプログラムであ

り、PROGテストでは知識を活用して問題解決する力（リテラシー）と経験を積むことで身についた行動特性（コンピテンシー）の2つの観点から現時点でのジェネリックスキルを測定することができる。ハイブリッド留学参加学生には帰国後にも再度PROGテストを受験してもらい、結果を学生にフィードバックするとともに、解説会を開催し、自覚していない自分の強みや弱みを認識する機会とした。

　さらに、2015年度の「大学教育再生加速プログラム（AP）」に採択されたことで、授業期間に実施するハイブリッド留学とは別に、春休み中に実施する春期特別ハイブリッド留学を開始した。各学部のハイブリッド留学とは違い、参加者募集にあたって学部学年は不問とし、専門を異にする学生との交流をはかるほか、ハイブリッド留学プログラム改良のための実験的な試みを行うこととした。例えば、英語以外に「海外総合文化B」と「現代の物理学」という文系・理系の教養科目の単位を取得できるようにしたが、両授業の関連性を深め、多彩なフィールドワークとコミュニケーション力の育成を目的としたグループ共同学習とを軸に、まったく新しい文理融合型のプログラムを構築することとした。

　春期特別ハイブリッド留学は2017年2〜3月にシアトル、2018年2〜3月にニュージーランドのオークランドで実施されたが、特にニュージーランドでの実施は今後のグローバル戦略の展開を見据え、新たな実習地の開拓を期したものであった。自然環境に恵まれたニュージーランドでのプログラム構築は、これまでの都市型のプログラムとはまた違った可能性を感じさせるものであった。

（吉田司雄）

3　春期特別ハイブリッド留学での試み

　さらに、参加学生にFacebookによる「観察日記」を始めて課したのも、2015年度に実施した第1回春期特別ハイブリッド留学である。日本との違いに気づくこと、まずは違いを実感し、違いの良し悪しではなく、背景にあ

ることに目を向けさせ、「気づき」を深めること、つまり「観察力（視て感じる力）」を「異文化理解」において育成する目標とした。

　松尾睦（2006）が説明するコルブの学習モデルでは、「具体的な経験（concrete experience）→ 内省的な観察（reflective observation）→ 抽象的な概念化（abstract conceptualization）→ 積極的な実験（active experimentation）のサイクルを展開することで、「学習」が成立する」とされる。「気づき」を深めるためには内省させることが重要である。留学前の事前学習、留学時の中間振り返り、留学後の事後学習で内省を促すものの、いわゆるゼミ形式のように、見たもの、感じたことに対し随時、適切な問いかけを行って内省を促すことが求められる。

　そこで、留学先という遠隔地間で双方向のコミュニケーションを実現するためにSNSを活用した。「観察日記」には、システム構築費用をおさえることができ、クローズドな投稿機能を比較的簡易に実現できるFacebookの「秘密のグループ」機能を利用し、遠隔地間で「学生による投稿→教職員の投稿への反応（「イイネ」等）・問いかけ→学生による内省」の双方向コミュニケーションを随時とることで、「気づき」を深めさせていく。またFacebookの記事や画像投稿の気軽さにより、自己表現することの楽しさを実感してもらうこともねらいとした。Facebookの「観察日記」には、4名1チームの各チームの必ず1名が「気づき」を毎日投稿することを義務づけた。投稿には、本文の他に画像や見出しをつけさせ、この投稿は何を伝えたいのか、見出し、画像と本文により読み手に伝えたいことが端的に伝わる表現としての「表現力」育成も目指した。

　学生による「観察日記」の投稿に対し、中心となる教員が気づきを深める問いかけをしていく他に、投稿への動機付けとするため、オーディエンスとしての参加協力を関係教職員に依頼した。SNSという身軽なコミュニケーションツールを利用することで、学生が身構えずに思ったことや感じたことを文章で表現していくという、学生の文章作成への心理的障壁をさげることができたのではと考える。

　さらに、ルーブリック評価、アンケート結果と学生の成果物からハイブリッド留学の学習成果を確認してみることとした。

ルーブリック評価では、ハイブリッド留学で磨く力として設定された「①観察力　②関係構築力　③チーム協働力　④表現力　⑤対応力」の中で、「②関係構築力」を「関係構築」「関係維持」の 2 項目に、「③チーム協働力」を「チーム関係構築」「話し合い」「作業協働」「チーム成果物作成」の 4 項目に、「④表現力」を「端的に伝える」「説得力をもって伝える」の 2 項目に分割し、計 10 項目を評価観点として設定。評価尺度は 4 段階で評価基準を設定し、学生が各段階で迷った場合につけられるようにそれぞれの間の段階の中間値を含めて 7 段階で設定。測定は留学前後で実施した。

「観察日記」の教育効果を測る評価項目「①観察力」は、留学前後で平均 3.6 から 4.7 にレベルアップ（**図 2**）。「まわりのものを意識して観察することはよく行う」（レベル 3）から「違いを見つけたり感じたりして、その違いを言葉にすることができる」（レベル 5）に近づいたことが確認できる。

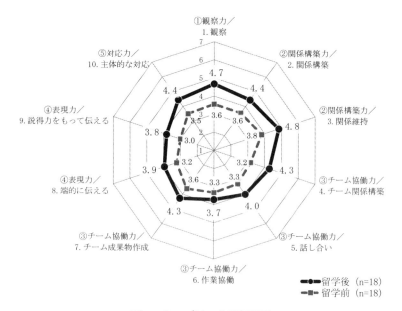

図 2　ルーブリック評価結果

さらに、「①観察力」のレベル分布 (**図3**) から、レベル5として「違いを見つけたり感じたりして、その違いを言葉にすることができる」学生が増加し、レベル5とレベル7の中間であるレベル6、「違いを見つけるだけでなく、パターン化や推測原因を考え、仮説を立てる」ことが時々できると回答した学生が留学前にはいなかったが留学後には現れ、「観察日記」による教育効果としての「観察力」の向上が認められた。

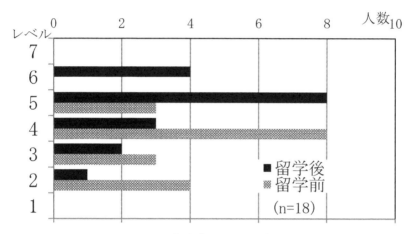

図3 観察力のレベル分布

また、「観察日記」に関するアンケートの質問項目「観察日記をとおして周りのものや人を意識してみるようになりましたか？」に対し、「5. 意識するようになった」「4. ある程度は意識するようになった」「3. どちらでもない」「2. 今までとあまり変わらない」「1. 今までとほとんど変わらない」の5択による回答結果を**表6**に示す。質問項目「観察日記はどうでしたか？」に対し、「5. 観察日記を書くことで気づきが深まった」「4. 文章で表現することが訓練された」「3. 気づきが深まったり書けるようになってくる自分の成長を実感した」「2. (大変だったが)表現することが意外と楽しかった」「1. 特になし(2～5以外)」(複数回答有り) の回答結果を**表7**に示す。

表6　観察意識の変化

Q 観察日記をとおして周りのものや人を意識してみるようになりましたか？（n=18）	5. 意識するようになった	4. ある程度は意識するようになった	3. どちらでもない	2. 今までとあまり変わらない	1. 今までとほとんど変わらない
	9	7	1	1	0
	89%			11%	

表7　観察日記の効果

Q 観察日記はどうでしたか？（複数回答可） (n=18)	5. 観察日記を書くことで気づきが深まった	4. 文章で表現することが訓練された	3. 気づきが深まったり書けるようになってくる自分の成長を実感した	2.（大変だったが）表現することが意外と楽しかった	1. 特になし（2〜5以外）
	11	10	5	4	1
	61%	56%	28%	22%	6%

　観察意識の変化では、「5．意識するようになった」「4．ある程度は意識するようになった」と回答した学生はあわせて89％であり、観察意識が高まったと言える。「観察日記」の効果として、1名以外の学生が何らかの効果を感じており、特に「気づきが深まった」「表現することが訓練された」と回答した学生はそれぞれ61％、56％であり、半数以上の学生において効果が認められた。

　さらに「観察日記」の投稿内容を気づきの内容によって、「レベル1：事実にとどまる（気づきにふれられていない）」「レベル2：（気づきにふれているが）気づきが漠然としている」「レベル3：気づきが具体的」「レベル4：気づきに独自性があり気づきが深い」の4段階に分けて評価を行った。留学前半期と留学後半期の比較結果を**表8**に示す。

　レベル3・4（気づきが具体的または独自性があり、気づきが深い）投稿は、留学前半期は26％であったが、留学後半期は52％と気づきが深まった投稿が増えた。

表 8　観察日記の投稿内容

	レベル 1	レベル 2	レベル 3	レベル 4
留学前半期間	60%	14%	20%	6%
留学後半期間	17%	32%	40%	12%

　投稿開始当初は事実のみの投稿や、多くの人が目につくような気づきであり、漠然とした気づきの投稿が多かった（投稿例1）。オーディエンスからの投げかけをとおし、気づきが日常生活などの細かいところに目がむくようになり、気づいたことに対し、自分で調べるようになった。そして、目にしたこと、実感したことを調べたことや自分のもっている知識と照らして自分なりの考えを述べた投稿（投稿例2）や仮説立てされた投稿（投稿例3）が増えた。異文化で感じた違いが良し悪しではなく様々な背景による違いであることに気づくようになったと言える。また自分の専門分野の視点で見ることで、改めて自分の専門分野への興味がわき、自分の進路を考えたり、日本の良さに気づいたりする投稿も見られ、異文化にふれることで自己や日本人としてのアイデンティティの確立に寄与したと言える。

●投稿例1『アメリカは何でもでかい』(画像は省略)
　普段なんとなくスーパーに入り買い物をしていたんですがこれだけはいつも驚いてます。コーラとか野菜を少しだけ食べたい時などいつも困ります笑
　全ての物がでかい!!アメリカって大きいのが好きですね＾＾
●投稿例2『アメリカでのエコについて』(画像は省略)
　今日はノースゲートのフードコートにある Panda Express という中華料理のファストフード店に行きました。注文方法は、プレートの大きさ（おかずの数）を選び、その数だけ好きなメニューを選ぶというシステムでした。このシステムは同じフードコート内の他の店でも使われています。容器は紙製で使い捨てです。紙の質感などから容器はリサイクル紙から作られた物だと思います。この容器のサイズもなかなかの大きさなのでゴミの量が増えてし

まうと感じます。しかし、人員削減や回転率では理にかなっていると思います。

　日本のフードコートでは陶器製かプラスチック製の皿を使っていることが多く、洗って再使用している店が大半だと思います。

　この様な違いも、文化の違いや人々の価値観の違いによるものなのかなと感じました。シアトルでの生活も残りわずかですが、アメリカのエコの考え方についてもっと観察していきたいと思います。

　●投稿例3『シアトル発展のkeypointは豊かな港』(画像は省略)

　今日はフィールドワークでMuseum of History & Industryに行きました。"INNOVATION"をテーマにして、シアトルの歴史や産業について、工夫を凝らした展示方法で紹介していました。

　その展示の中の一つにシアトル市の成り立ちに関するブースがありました。それによると、都市を置くにはシアトルのような土地は悪い場所であると書かれていました。なぜなら、シアトルの地形はとても急で、とても低く、とてもwetで、平らでない、そんな所だったからです。そこで技術者によって何度もリデザインされ、現在のシアトルが形成されていったと書かれてありました。

　そこで、疑問だったのが、なぜ土地的条件が悪いシアトルに都市は作られたのかということです。すこし、調べてみたのですが、文献があまりなく、ここからは推測です。都市はいろいろなことが複雑に絡み合って一概には言えないと思いますが、シアトルに都市が形成された理由として、港があったからだと思います。入り組んだ海岸線は豊かな漁場を生み出します。また、港は輸送するのにとても便利だったりします。なので、港によってシアトルは発展してきたと考えます。都市の形成に関する内容にはとても興味を持っているので、今後も調べていきたいと思います。

　このようにSNSの双方向コミュニケーションを活用し、「見たことや感じたことをまずは言葉にさせる→事実でとどまらずに気づきを意識させる→気づきに対し問いかけをする(別の視点で考えさせたり、背景や理由を考えさせたりする問いかけ)→問いかけに対して考えさせる」という気づきのリフレク

ションプロセスにより、「目にする事実をそのまま受けいれることから始まり、事実に対して気づきを意識するようになる。そこから細かいことに目が向き、自分の専門分野や勉強との関連で周りを見ることにより、知らないことや興味をもったことを自分で調べるようになる。そして自分のもっている知識と照らして考えることをとおし、仮説をたてるようになる」という気づきが深まっていくプロセスが明らかになった。また学生にとっても自分自身の観察意識の高まりを実感でき、異文化の違いに気づく異文化理解には効果があった。それゆえ、ハイブリッド留学では以後、入学間もない工学部の1年生を除くすべての参加者に「観察日記」を課題として課し、その改善に努めている。

※二上武生(2016) (公益社団法人 私立大学情報教育協会「平成28年度ICT利用による教育改善研究発表会」での口頭発表原稿の要旨原稿) を一部修正のうえ再録しています。

(二上武生)

4　ハイブリッド留学からの発展

　残念ながら、ハイブリッド留学には本学学生の全員が参加できるわけではない。費用面の問題もあるし、単位取得状況などから日本での授業を優先しなければならない場合もある。それでは、参加しない学生たちには、どういう形でグローバル化の進む社会で活躍するための資質を涵養すればいいのか。

　こうした理由から、工学院大学では学生を海外に派遣するだけでなく、本プログラム協定校の留学生を受け入れるというプログラムを同時に実施している。本学学生が留学生の生活面サポートを実施することにより留学ができない学生にも協定校学生と交流ができる機会を、CAP (Campus Attending Program) と称して提供しているのである。そして、相当数の学生がCAPに申し込んでくる。これもハイブリッド留学を推進し積極的に広報展開することで学内外にグローバル化の機運を高めた成果だと言えるだろう。

　CAPの参加学生数は**表9**にある通りだが、GRCはアメリカ・オーバーン

のグリーンリバーカレッジ (Green River College) で、2016 年からはハイブリッド留学で本学学生がそのキャンパスで学んでいる。NSC はシアトルのノースシアトルカレッジ (North Seattle College) で、やはり 2015 年からハイブリッド留学で本学学生が学んでいる。UWM はウィスコンシン大学ミルウォーキー校 (University of Wisconsin Milwaukee) である。これらの大学の学生が一定期間キャンパスで時間を共にする。学園祭にもグローバルブースを出店するなど、キャンパスは国際色に染められる。

表9　CAP (Campus Attending Program) 参加者数

協定校	協定校国	実施年度	実施時期	留学生数	本学学生数
GRC	アメリカ	2013	9/25-12/3 10 週間	19	106
	アメリカ	2014	9/25-12/3 10 週間	14	70
	アメリカ	2015	9/24-12/2 10 週間	18	77
	アメリカ	2016	9/26-12/5 10 週間	26	68
	アメリカ	2017	9/26-12/5 10 週間	19	82
	アメリカ	2018	9/26-12/5 10 週間	30	69
UWM	アメリカ	2014	5/24-27	14	22
	アメリカ	2016	6/17	16	11
	アメリカ	2018	6/7-9	11	11
NSC	アメリカ	2015	6/21-6/28	8	35
	アメリカ	2017	6/19-7/1	10	36

　また、工学院大学では従来から英語および中国語の海外語学研修を実施してきた。しかし、参加者数は年々減少し、存続さえ危ぶまれる状況にあった。日本にいても多くの外国人と接する機会の増えた今日、語学を学びにわざわざ海外に出るというだけでは魅力に乏しいということなのかもしれない。そこで、語学研修プログラムにもハイブリッド留学で積み重ねた手法を取り入れることで、その改良をはかっている。

まず、2017年2月〜3月に実施したアイルランド・リムリック大学での英語語学研修ではハイブリッド留学にならい、英語以外に総合文化科目（人文社会系の教養科目）の単位も取得できるようにし、事前・事後の授業を実施したほか、ダブリン歴史探訪というフィールドワークをプログラムに組み込んだ。ハイブリッド留学に比べ費用が高額なため、多くの参加者は望めなかったが、なかにはアメリカ・ハイブリッド留学の参加経験者もいた。ハイブリッド留学だけでは語学力の飛躍的な向上は難しい。しかし、ハイブリッド留学をきっかけに将来の本格的な留学を考える学生たちも出始めており、英語力強化を目的とする二度目の海外渡航機会を用意したいという意図に叶うものとなりつつある。

　また、2018年8月に実施した北京航空航天大学での中国語語学研修ではハイブリッド留学でのキャリア支援プログラムを意識しつつ、企業見学をプログラムに組み込んだ。幸い北京啤酒朝日有限公司（アサヒビールとの現地合弁会社）と中国国際放送局（China Radio International 略称：CRI）を見学することができ、現地で働く日本人社員から話を聴くこともできた。普段接することができない人たちから話を聞けたことで視野が広がり、新しい考えに触れて刺激を受けたことが、訪問後の感想からも見て取れる。今後は事前授業を充実させることで、就職志望学生による企業研究のケーススタディにもつなげていく計画である。

（吉田司雄）

引用文献

松尾睦（2006）.『経験からの学習－プロフェッショナルへの成長プロセス』同文舘出版.
二上武生（2016）.「留学における「異文化理解」の実質化〜SNSを活用したリフレクションの実践と成果〜」『平成28年度ICT利用による教育改善研究発表会資料集』, 公益社団法人 私立大学情報教育協会, 54-57.

執筆者一覧

二上武生（工学院大学教育推進機構国際キャリア科　教授）
吉田司雄（工学院大学教育推進機構国際キャリア科　教授）

事例 6　ギャップタームと女性のエンパワーメント
──津田塾大学における学外学修の取り組み──
津田塾大学

大学基本情報

　津田塾大学は西暦 1900 (明治 33) 年、津田梅子によりわが国初の女子高等教育機関の一つである「女子英学塾」として誕生以来、「津田英学塾」「津田塾専門学校」と変遷を重ねながら、1948 (昭和 23) 年に学制改革と同時に「津田塾大学」へと発展し、2010 (平成 22) 年には、創立 110 周年を迎えた。

　「all-round women の養成 (全人教育)」という創立者の先覚的で熱烈な理想に基づき、学生の個性を重んじる少人数教育と高度な教育研究を積み重ね、これまで 3 万 2 千人を超える有為の女性を社会の各分野に送り出してきた。

　男性と女性の真の共生の実現は創立者津田梅子の願いであり、津田塾大学が真摯に取り組んできた課題であるが、女性の地位向上は、今世紀にかなり進展をみせたとはいえ、まだまだ不十分であり、21 世紀にこそ、この理念が広く確立されることを目指し、性別や世代や国境を越えた交流、大学と地域との交流や「学び合い」を通して、より公正な社会の建設を目指している。

取組事業の概要

　津田塾大学による AP 事業は、これまで培ってきた女子リベラルアーツ教育の伝統を 2012 (平成 24) 年の中央教育審議会答申が求める「大学教育の質的転換」に重ね合わせ、留学、インターンシップやボランティア等の学外学修の機会をより多くの学生に与え、それら広義の社会体験活動と学内学修との間のシナジー効果により、学びを通じた女性のエンパワーメント・女性による社会のエンパワーメントのさらなる促進をその目的としている。長期

(1ヶ月以上)学外学修の制度化および学年暦の見直し(ギャップターム導入)を軸とする本事業は、女性のエンパワーメントをより強化・加速させ、学生たちが卒業後自立した女性として地域社会・日本社会、ひいては国際社会のエンパワーメントに寄与することを目指している。

　二学期制であった学年暦を2017年に4ターム制に改定し、第2タームと夏期休暇をあわせて「ギャップターム」として学外学修を推奨する期間とした(**図1**)。キャンパスをこえた学びは、これまでも多くの津田塾生が様々な機会を通して自発的に行っていたが、大学として学生たちの学外学修を支援するために「インデペンデントスタディ」「インターンシップ」「サービスラーニング」といった学外学修関連の科目を設置し、事前事後学習を行うことで体験実習のみにとどまらない体系的な学びの場を提供している。

　ギャップタームの導入及び学外学修制度の整備の結果、2017年度は初年度にも関わらず270人以上の学生が、国内外のボランティア、インターンシップ、サマープログラム等様々な活動に参加した。社会人基礎力を基に津田塾で独自に開発した「学外学修コンパス」を用いて、「共感する力」、「実社会の課題を分析する力」、「行動する力」、「伝える力」のカテゴリーに分類された12の能力(コンピテンシー)について自己評価を行い、自己の成長も含む目標を設定して活動に臨んでいる。

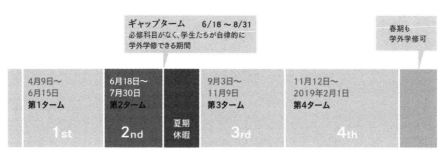

図1　津田塾大学ギャップターム

1　ギャップタームと教育の質的転換

　津田塾大学は2017年度よりクォーター制に完全移行した。それまでの二学期制（前期・後期）から、1、3、4タームを各9週間、2タームを6週間と区分し、必修科目がない2タームと夏期休暇をあわせて約2か月間を「ギャップターム」として学外学修を推奨する期間となった。

　そもそもなぜクォーター制を導入したのか、女子大である津田塾大学にとって、ギャップターム期間を設けて学外学修を推奨する意義はどのようなものか、そしてその効果はどのようなものであったか、本稿では実例を交えながら考察していきたい。

(1) 自立的な学びと学生の学修時間

　一般的に、ギャップターム導入の背景には「如何に学生たちの主体的な学びを促し、大学教育の質的転換を図るか」という問題意識がある。2014（平成26）年の学事暦の多様化とギャップタームに関する検討会議による報告書では、「豊かで安定した日本社会で育った今の学生たちは、「何のために学ぶのか」という動機付けが不足し、学修態度が受け身であるとの指摘や、主体的に考えて表現していく力、グローバルな視点や国際的なコミュニケーション力、自立心や競争意欲が不十分で弱いとの指摘がある」とし、「できるだけ早いタイミングで、世界や社会の現実に飛び込み、異なる価値観にぶつかる社会経験を通じて、心身ともに鍛えられ、自らの殻を幾度も脱皮することによって、広い視野と高い志を養い、そして主体的な学びのスイッチを入れていく過程が重要となる」と言及されている。

　そしてそのキャンパスをこえた学びの経験が、中央教育審議会が2012年にまとめた「新たな未来を築くための大学教育の質的転換に向けて～生涯学び続け、主体的に考える力を育成する大学へ」（以降「質的転換答申」）が求めるところの「学士課程教育の質を飛躍的に向上させるために、十分な質的充実を前提としつつ学生の学修時間の増加・確保を始点として、学生の主体的な学びを確立すること」に繋がるという。

質的転換答申は、主体的に考える人材を育成するには、従来のような知識の伝達、注入を中心とした授業（受動的学び）から、学生が自ら問題を発見し解を見出していく能動的な「アクティブ・ラーニング」への転換が必要であるとし、学生の主体的な学修を促す方策の一つとして、「インターンシップやサービス・ラーニング、留学体験といった教育外学修プログラム等の提供が必要である」と述べている。つまり、キャンパスをこえて学ぶことを通して、学生たちが主体性を涵養することを期待するのである。

　ここで注目したいのは、質的転換答申が、学生が主体的に考える力を修得するには、予習復習を含む、「質を伴った学修時間の実質的な増加・確保が不可欠」としている点である。ギャップイヤー発祥のイギリスにおいては、基本的に学生たちが大学入学前に猶予（ギャップ）を与えられ、その間海外で見聞を広めるなり、ボランティア活動に従事することが一般的であるが、その観点からはギャップイヤーそのものと学修時間との関連は薄いように思われる。ギャップイヤーに期待されているのは、大学入学後のバーンアウト（燃え尽き症候群）の回避や入学後の学修意欲の向上であり、ギャップイヤー期間中の学修時間は考慮されていない。ではなぜ日本ではギャップターム導入の議論に「学修時間の増加」が含意されているのはなぜであろうか。

　大学設置基準では、卒業の要件は原則として4年以上の在学と124単位以上の単位修得であることを踏まえると、学期中の一日あたりの総学修時間は8時間程度であることが前提とされている。しかし実際には日本の学生の学修時間はその約半分の一日4.6時間にとどまるとの指摘がされている。1単位は授業前後の主体的な学修を含めて45時間の学修を要するとしているが、現実的には日本の学生の学修時間は諸外国と比して短く、東京大学大学経営・政策センターが2007年度に実施した「全国大学生調査」や国立教育政策研究所が2014年に実施した「大学生の学習実態に関する調査研究」をみても、自律的学習時間の不足が顕著となっており、木村（2013）が指摘する通り、「日本の授業が、授業の出席を要求していても、学生の自律的学習を要求する構造にはなっていない」ことを示している。ここに、日本の大学において「ギャップターム」を導入する意義があるといえるだろう。つまり、従来の

ままでは、本来学生に求められている自律的な学修時間を確保することができないため、抜本的に大学のカリキュラムや学事暦を見直し、学生たちが主体的に学ぶ仕掛けを施す必要がある。そのための方策の一つとして、学事暦を柔軟に運用し、座学の授業ではない形で学生たちが学ぶ時間を設け、結果学生たちの学修時間の増加を促す仕組みがギャップターム導入の根幹であるといえる。

(2) 津田塾生の学修時間とギャップターム

では津田塾大学の状況はどうであろうか。2014年に実施した「学生生活実態調査」では、津田塾生の一日の授業時間が3.98時間、自習時間（図書館・コンピュータ室＋自宅）は1.74時間で一日の学修時間が5.72時間、週に換算すると28.6時間となっている。これは私大連平均と同等の数値であり、日本の平均4.6時間よりは少し上回っているものの、想定されている8時間には遠く及ばない。「課題が多い」、「授業が厳しい」といわれる津田塾は、勉強熱心で真面目な学生が多いが、それでも8時間の学修時間を確保することはアルバイト等をしていると難しいのが現状であろう。

他方、課外活動（クラブ、サークル活動、ボランティア）に充てる時間は0.94時間で、私大連の平均より若干低くなった。同生活実態調査では、「ボランティア活動など学外での活動も単位認定してほしい」という学生が21.3％となっていた。

上述の津田塾生の学修時間と課外活動への参加状況や関心を踏まえると、従来の学事暦やカリキュラムを抜本的に見直し、学内での学びの質を維持しつつ、学生たちが学外で学ぶ機会を確保し、自ら学ぶことを促進することは津田塾にとって必然であったことがわかる。

2 女性のエンパワーメントと津田塾

(1) エンパワーメントと津田梅子

ギャップタームを導入するにあたり、その目的を津田塾は「女性のエンパ

ワーメント・女性による社会のエンパワーメントのさらなる促進」と定めた。津田塾の掲げる「女性のエンパワーメント」、「女性による社会のエンパワーメント」とはどのようなものであろうか。

　エンパワーメントの概念は広義的であり、統一された定義が存在するわけではないが、例えば久木田（1998）はエンパワーメントを「社会的に差別や搾取を受けたり、自らコントロールしていく力を奪われた人々が、そのコントロールを取り戻すプロセス」としている。久保田（2005）は更に踏み込み、力を奪われた女性の問題を個人レベルに収斂させるのではなく、より良い社会を目指して、社会構造を変えていくことまで視野に入れる必要があり、女性のエンパワーメントを「ジェンダーの視点に立った社会関係の変革である」とした。

　津田塾大学の創設者津田梅子は、1871年、わずか6歳の時に日本最初の女子留学生として渡米し、10年以上にわたる米国滞在の後、日本の女性に高等教育を提供するために1900年「女子英学塾」を創設した。それはまさに高等教育の機会を奪われていた日本の女性たちに対するエンパワーメントであり、女子英学塾で学んだ学生たちが先頭に立って日本の女性地位向上を図る社会変革を意図したものといえよう。梅子が学生たちにかけた期待は1915年の卒業式辞に端的に表れている。

　「自分にかけているものを認識し、受けた教育の価値が認められ、尊敬に値する人になるよう努力してください。そして多くを受け取った者は、多くを他人に与えなければならないことを憶えていてください。これらのことを、たとえ部分的にでも、なし得たなら、皆さんは他の日本の女性の権利と名誉の道を拓くことになるでしょう。」

　そしてその創設者の理念は、110年が過ぎた現在でも津田塾大学の支柱として継承されている。2017年、津田塾大学は「TSUDA VISION 2030」を策定し、「変革を担う、女性であること」をそのモットーとして掲げた。

　「学外学修を通じた女性のエンパワーメント・女性による社会のエンパワーメントのさらなる促進」とは、言い換えれば「女性（学生）が成長し、将来社会の変革を担える人材になる」といえよう。

(2) エンパワーメントと学外学修

　久木田は、エンパワーメントを成しえるプロセスのなかで重要なのは「自己決定」が行われることと述べているが、学外学修はその自己決定や選択を意識化するうえで重要な仕掛けとなる。通常の大学生活の中では、卒業に必要な必修科目とその他の科目もあわせて履修計画を練る。その中で何を学ぶか、ということは自身の知的関心に委ねられているが、当然ながら学生は所属する大学が定めている要件の枠内で決定が可能となる。

　それに対し、学外学修は自分で決めていかなくてはならない範囲が格段に広くなっている。なかには大学内の授業で知識不足を痛感している学生、逆に講義だけでは飽き足らず、開講されている分野以外のことについて探求心が高まっている学生もいるであろう。その知的欲求をどこで満たすのか、そしてどのように学んでいくのか。学生たちがキャンパスやカリキュラムをこえて学びの機会を求めていくには、自ら考え、行動する必要がある。他の学期中は講義を受講しているため時間的余裕がないと感じている学生も、ギャップターム導入によって自らの学修計画を立てることが可能となった。勿論なかにはその期間なにもしない学生が出てくるおそれもあり、後述するように、実際にはギャップターム期間を効果的に活用できない学生もいると推測されるが、それを差し引いたとしても、エンパワーメントを実現するためのギャップタームには、自己決定や選択に関するオーナーシップが必要不可欠である。

　また、エンパワーメントは成長していくプロセスである。成長するためには、まず自己の能力や特性を理解する必要がある。社会に出て求められる能力は多岐にわたり、卒業後も学びは続いていく。勿論大学で全てを教えられるわけではないが、大学生活のなかで自己の成長を意識しながら試行錯誤する経験が、学生たちが大学を出てからも自己を高めていくための基礎を形作る。そのエンパワーメントのプロセスにおいて、社会全体を学舎とする学外学修は大学と社会を繋ぐ重要な架け橋となる。

3　津田塾大学の学外学修制度

(1) 自主性と大学の関与のバランス

　学生たちがキャンパスをこえて自己成長を成し遂げ、社会変革を担う女性たちになるためにはどのような学外学修制度にすべきか検討するにあたり、最も重視したのは「学生の自立性と大学による支援のバランス」であった。

　質的転換答申においても学生の自立的な学修時間の増加が重視されていると同時に、津田塾でも従来から自立的に学外で学修している学生が一定数存在していたことを考慮すれば、学生の活動に対する大学の過度な関与は避けたい。ギャップイヤー発祥の地であるイギリスにおいては、同期間中の学外学修を大学が義務化することには懐疑的な意見が寄せられている。藤田 (2014) の調査によれば、オックスフォード大学関係者は、「大学は学生に学外学修への参加を強いるべきではなく、その決定は学生自身の意思に任せるべきです。学外学修への参加は、学生自身が責任をもって行うべきであり、また、明確な目的をもって行わなければ意味がないからです」と述べている。

　他方で、日本の大学生の学修に関する調査では、近年学生の主体的な学びを養おうとアクティブ・ラーニングの導入が進んでいるものの、学生の意識は、自分で工夫するよりも「教員の指導・支援を受けたい」と考えている傾向が増加しているとの調査結果がある。その要因として川嶋 (2016) は、「現在大学や大学教員が提供しているアクティブ・ラーニングの機会が、真に学生の自発的な活動ではなく、グループ・ワークにしろ、ディスカッション重視の授業にしろ、学外での様々な体験的活動にしろ、全てが大学と大学教員がお膳立てをした「受動的アクティブ・ラーニング」になっているからではないか」と指摘している。学生の自立的な学修を促進する試みが、逆に学生の依存度を増加させているのであれば皮肉な結果であろう。

　学生が可能な限り自立的に行動することを奨励しつつ、単位化を含め大学としてどのように学生の学外学修に関与するか、一見相反する目的をどのように両立させていくかが学外学修制度を構築するうえで重要となった。

　まず、津田塾における学外学修を「主にギャップターム期間を活用し、自

律的に学外で学修する活動」と定義し、「学外学修」には、「キャンパスを超えて」もしくは「カリキュラムを超えて」学ぶことを含めることとなった。「主にギャップターム期間」としたのは、ギャップターム期間以外でも長期にわたってインターンシップ等に参加することも可能であることを示している。また、学外学修を物理的に「学外」で行う活動だけでなく、「カリキュラムを超えた」活動も含めることにしたのは、学外に出ずとも、正課の授業以外で学内で自由研究やボランティア活動に参加する学生も支援の対象としたためである。学内における学外学修を定義付けた上で、学生の自立性を後押しするための制度設計を行った。本稿では、その中でも学外学修の4機能、インデペンデントスタディ科目の導入、学外学修コンパスの設計の3点について紹介したい。

(2) 学外学修と学内の学びの循環

キャンパスをこえて自立的に学ぶことを推奨するとしても、それが大学での学びとどのように結びついているかを意識することが必要である。その繋がりを学生に意識させるよう、学外学修に「予習」「補完」「応用」そして「卒業に備える」といった4つの機能を設定した（**表1**）。

表1　学外学修の4機能

予習としての学外学修
(例)「国際協力論」や「国際交流論」を履修する前に、実際に同分野で活動しているNGO/NPOでインターシップを経験し、自らの問題意識を持って講義に臨めるようにする。
補完としての学外学修
(例)大学の授業ではカバーしきれない領域について、自主研究プロジェクトを企画する。
応用としての学外学修
(例)「翻訳の理論と実践」を履修した学生が、実践経験を積み重ねるために学外のボランティアに参加する。「Webテクノロジー」を履修した学生が学んだスキルを使って学外のハッカソンに参加する。
卒業に備えるための学外学修
(例)将来の職業選択をする前に、自分の適性を知り、各業界で求められているスキルや業界の最新課題を学ぶためにインターンシップやインデペンデントスタディに参加した後、発見した関心領域や理解不足の領域について大学で学ぶ。

学外での学びは刺激も大きく、なかには学外活動の比重が高くなって学内の学修が疎かになってしまう学生が増えてしまうおそれがある。本末転倒とならぬよう、学外学修を通して、学生が大学で学ぶことについて再認識してもらうことが大学の役目であろう。津田塾では、この4機能を示し、学生が活動の目的を意識し、学外学修を一過性のものとせず、大学での学びの延長線上にあることを意識させるよう設計を行った。活動を申請する学生たちは、事前に活動がどの機能に当てはまるのか選択をし、事後の振り返りでは、実際にどの程度目標が達成できたかと自己分析し、次のステップへの土台となることが期待されている。

(3) インデペンデントスタディ

学生の自主的な活動を推奨するために、科目として「インデペンデントスタディ」を新設した。同科目は、いわば「自由研究」で、その枠組みの中でどのような活動をするのかは学生自身が計画し、申請をする。インデペンデントスタディはハーバード大学ほか海外の大学でも導入されている枠組みであり、自主性を涵養するためには適した科目となっている。但し、申請にあたっては、その内容が大学での学びとどのように結びつき、学んだ成果がどのように活かせるのかを熟慮することを求めた。ハーバードのインデペンデントスタディガイドラインにも「企業で会計システムについて学ぶことはプロジェクトとして適しているが、単に企業で就労体験をするだけでは学術的な単位を付与することには適さない」と示されているように、体験だけにとどまらず、目的と成果の活用を意識した科目設計が重要であろう。そこで、本学ではPBL（課題解決型学修）をインデペンデントスタディの中に位置付けた。

学外学修としてインターンシップは一般的であるが、職場への受け入れが長期になると企業にとって負担は大きい。そのため2週間以上の受け入れを行う企業は限られてしまう。昨今多く見られる短期インターンシップの場合、仕事を経験する体験型実習が多く、仕事観の醸成においては一定の効果はあるが、長期インターンシップに比べ、学びの深化に至らず、自律的な学修の機会となりにくい。

この問題を解決する方策として、本学では企業他にとって受け入れ回数が限定されたPBLを導入することとなった。PBLは「一定期間内に、一定の目標を実現するために、自律的に、学生が自ら問題に取り組み、解決するために協働して取り組む創造的・社会的な学び」である。PBLは半期をかけて行うことが一般的であるが、本学ではギャップタームを活用し、企業や団体の協力を得て1か月程度で完結するプログラムを設計した。PBLの手順については下記のようになる。

　1) 参加学生が企業他で、課題提供を受ける。
　2) 背景等について調べ、課題抽出を行い、対策案を作成する。
　3) 中間発表を行い、講評と問題点の指摘を受ける。
　4) 指摘を受けた問題点等について対応策を練り直す。
　5) 最終発表を行い、企業他より講評を受ける。

　このスキームでは、企業他は3回程度学生を受け入れ、残りの時間は学生たちが自主的に活動することによって負担を軽減できる。また、PBLで提供される課題については、普段手付かずであった課題を検討する機会となると同時に、若い世代の視点を得ることが可能となる。

　企業から提供された課題に関し、学生たちは仮説を立て、検証し、考察するプロセスを経験する。この経験は、単なる就労体験ではなく、大学におけるリサーチメソッドにも通ずる学びとなり、実習後も学生にとって重要なスキルを得る機会となる。
　PBLを導入したことによって、本学と多くの企業との連携が実現した（実際の導入事例については後述）。

⑷　学外学修コンパス
　学生が自らの成長を意識するためにはどのような手段が適切かを検討し、どのような学外学修に参加するにしても共通の指標で自己成長を測れる「学外学修コンパス」を開発した。

「学外学修コンパス」は、「社会人基礎力」などを基に、学外学修で得られるコンピテンシーを「共感する力」、「実社会の課題を分析する力」、「行動する力」、「伝える力」の4類型に分類し、計12の指標を設定した(**表2**)。

学外学修に参加する学生は、事前学習時にこの学外学修コンパスを使って各能力について自己評価を行う。実習後の事後学習において再び自己評価を行い、各能力に対する自己認識の変化を確認し、成長できた点や今後の課題等について振り返りを行う。

以上のように、大学での学びと学外学修の関連性の意識化、自主性を重んじた科目の新設、そして自己成長を測るためのツールを提示し、学生たちが自ら考え学外学修するための環境を整えることができた。

表2　学外学修コンパス

分類		コンピテンシー (行動特性)	
共感する力	1	対人興味・共感・受容	人に興味を持つ/相手の話に共感し受けとめる
	2	多様性理解	多様な価値観を受け入れる
	3	相互支援	互いに力を貸して助け合う
実社会の課題を分析する力	4	情報収集/課題発見	必要に応じて、適切な方法を選択して情報を収集し、課題発見ができる
	5	本質理解	事実に基づいて客観的に情報をとらえ、本質的な問題を見極める
	6	目標設定	ゴールイメージを明確にし、目標を立てる
行動する力	7	シナリオ構築	目標の実現にむけた効果的な行動計画、シナリオを描く
	8	主体的行動	自分の意志や判断において自ら進んで行動する
	9	チャレンジ/モチベーションの維持	失敗を恐れずに、意欲を持続する
伝える力	10	情報共有	一緒に物事を進める人達と情報を共有する
	11	話し合い	どんな相手に対しても、相手に合わせて自分の考えを述べることができる
	12	建設的・創造的な討議	議論の活発化や発展のために自ら集団に働きかける

4　これまでの成果と課題

(1) 成果

　長期にわたる学内での議論を経て、2007年度から4ターム制に完全に移行した。学外学修については、2016年度に設立された学外学修センターが学生の相談、申請、事前事後学習、単位認定を担う。センターの大きな役割の一つは、様々な学外学修機会の情報提供である。学生たちが自主的に学修計画を立てるとはいえ、入学直後の新入生がいきなりインターンシップやボランティアの受け入れ先を見つけるのは難しい。センターは、津田塾生の関心に合うプログラムの情報収集を行い、学生に案内をする。また、大学が企業やNPOと連携し、独自の学外学修プログラムの開発も行った。いくつか事例を挙げる。

経済同友会版インターンシップ・プログラム

　経済同友会は、加盟企業が、プログラムに参画している大学の1、2年生を対象に、2週間～4週間職場に受け入れ、就労体験の場を提供するプログラムを2016年度から実施している。入学直後から長期間の就労体験の場を提供している企業は少なく、本AP事業を実施するにあたっては貴重な機会となるので、津田塾大学も2017年度から参画した。津田塾生は、2017年度は日本航空、三井住友銀行、パソナグループ、マニュライフ生命の4社、2018年度は上述4社に加え、野村證券、第一生命、オイシックスドット大地の3社計7社での受け入れが実現した。

プロジェクトベーストラーニング (PBL)

　課題解決型の研修として、PBLの開発も行った。PBLは、研修先の企業や団体が抱える課題に対し、参加学生たちが課題の検証を行い、解決案を提示するプログラムである。2017年度は朝日新聞、デロイトトーマツコンサルティング、セブン銀行、エシカル協会、国際協力NGOセンター (JANIC)、リディラバでの受け入れが実現し、2018年度にはパナソニック、日本総合

研究所、日本IBMが加わり、様々な企業や団体の課題に学生たちが取り組むことになった。例えば2017年度の朝日新聞での研修は、課題として「東京オリンピック、パラリンピックをメディアはどのように報道すべきか」という課題が提示され、参加学生たちが各自リサーチを行い、解決案を提示した。セブン銀行では「小銭の快適な利用法」、デロイトトーマツコンサルティングでは「コンサルティングによる社会課題の解決」といったように、各組織特有の課題提示がなされ、大学での講義ではあまり触れることのできないテーマに取り組むことになった。テーマは馴染みがなくても、解決案を導き出すのに必要とされるのは「仮説の設定」「仮説の検証」と「考察」といったロジカルシンキングであり、大学で学ぶリサーチメソッドとの共通点はある。その意味でPBLは、大学で学ぶ研究方法を応用できる場であり、PBLで得た経験や知識を大学の学びに循環させることができるプログラムとなっている。

海外サマープログラム

　ギャップタームが6月から始まることで得られた大きなメリットの一つに、海外の大学で開講しているサマープログラムへの参加が可能になったことが挙げられる。日本の多くの大学は8月からが夏期休暇となり、その期間に各大学の留学センター等で語学研修のプログラムを実施しているが、海外の大学が一般的に開講しているサマープログラムは6月から7月開始のものが多く、日本の大学は協定を結んでいる海外の大学において、当該大学の学生向けにカスタマイズされたプログラムに参加しているケースが多い。初めて海外に行く学生や、個人で応募することに不安を覚える学生にとっては、所属大学が提供しているプログラムで手続きも日本語でできることが安心材料となるが、日本人や大学の仲間と離れて一人で挑戦したいと考えている学生にとっては、やや物足りなさを感じるであろう。そのような学生にとっては、ギャップタームを最大限に活用し、海外の大学で他の日本人学生が少ない6月〜7月に開講されているサマープログラムに参加することが有益となる。また、家庭の事情などで4年間で大学を必ず卒業したい学生は、留

年する必要がある長期留学には挑戦できないが、それでもできる限り長期留学に近い体験を求めている学生にとっては、2か月間というギャップタームを活用して海外サマープログラムに参加することも一つの選択肢となる。

津田塾は海外志向が強く、語学に関心が高いことを鑑み、学外学修センターでは学生の関心に合い、且つプログラムの質も勘案し、海外の名門大学と協力関係を結び、学生たちに情報提供を行った。

北米ではアメリカの南カリフォルニア大学、ワシントン大学や、通訳・翻訳の分野でトップレベルを誇るミドルベリー大学国際大学院モントレー校、カナダのトップ校の一つであるブリティッシュコロンビア大学、欧州ではスイスのジュネーブ国際開発高等研究所、オランダのユトレヒト大学などでのプログラムに学生たちが応募できる環境を整えた。但し、大学主催の語学研修プログラムなどと違い、応募する学生たちは基本的に出願から渡航の準備まで各自で行う必要があり、大学の支援は事前の情報提供や実習中の安全管理が中心となっている。あえて出願の手続き等を自ら行うことを学生たちに課したのは、出願プロセスも学びの一環であり、自立的に行動してもらうことがその理由であった。

以上の挙げられたプログラムを学生に情報提供し、2017年度には276人が単位申請を伴う学外学修に参加した。うち海外渡航者は23か国・地域に84人(最多はアメリカで25人)。1年生の参加が最も多かったのが特徴的であった(全体の51％)。要因としては、1年生は学事暦改定と同時に入学しており、第2タームに学外学修を行うことに違和感を覚えることがなかったことが大きい。2年生以上は、在学途中に学事暦が改定になったことで、それまでの履修計画通りにいかなくなり、戸惑いが生じていた可能性が高い。活動種目については、インデペンデントスタディが最も多く(116人)、次いでインターンシップ(104人)となった。活動期間は4週間以上が全体の約68％を占めた。学生が自ら情報収集して研修先を決めた(学生企画)ケースは92件(33％)であった。

この結果は、クォーター制への移行が成功し、多くの学生たちが自らキャ

ンパスをこえて学ぶことを実現できた証である。学生たちが事前事後学習で測った学外学修コンパスによる自己成長の結果を見ると、12の全ての指標で有意な上昇がみられ、自己成長を認識できたとともに、自己肯定感が高まったことを示している。この結果から、学外学修が女性のエンパワーメントに資することを確認できたといえよう。学外学修を経験した学生たちが、将来「社会のエンパワーメントのさらなる促進」を担えるかは卒業後の活躍を待つしかないが、変革を担う人材になることが期待できる結果となったことは、大学として大きな成果となった。

(2) **課題**

大きな成果を生んだ津田塾大学の学外学修の取り組みであるが、同時に課題も見えてきた。最後に幾つかの課題を示しておきたい。

ギャップタームの過ごし方

学事暦改定後の2017年度以降、学内でギャップタームの過ごし方に関する学生アンケートを実施しているが、回答者のうち60％を超える学生がアルバイトに従事していた。これはある程度予見できた結果でもあり、津田塾特有の傾向とはいえないであろうが、ギャップターム期間に学外学修を行うことによって学修時間を増加させることが全学的にはまだ達成できていないことになる。経済的な理由でアルバイトをしないと生活が成り立たない学生も多く、学外学修をしたくてもできないケースもあるだろう。大学としては、学生たちの経済的事情にも配慮しつつ、学外学修の意義を学生に感じてもらう方法を考案していかなくてはならない。

また、ギャップターム導入後、学生にとって大きな懸案となったのは9月以降に実施される就職活動に関連するインターンシップの参加が困難になったことである。企業による採用活動は近年変化しており、インターンシップがこれまで以上に重視されているといわれる。企業側が例年9月にインターンシップを実施するケースが増えており、8月に夏期休暇が終わる津田塾生にとっては、インターンシップの参加と授業の両立が難しくなってきてい

る。海外大学の周期と併せてギャップタームを導入したことにより海外での活動は格段に選択肢が増えたが、国内での活動は困難な面が生じており、学生からは困惑の声も聞こえてくる。就職活動に関連したインターンシップは5日間未満のものが増え、津田塾においては学外学修の対象とはならないが、大学による就職支援の観点からは大きな課題となっている。企業側の実施時期がどのように変化していくかは予測ができず、クォーター制を導入する大学が今後増え行くのかも不透明ななか、柔軟な学事暦の運用を大学が行っていくことは必要であるものの頻繁にカレンダーを変えることはできず、日本におけるギャップターム期間の最適解はまだ見い出せていない。

一か月以上のプログラム参加

また、上述の企業インターンシップの実施時期に加え、実施日数が年々短期化していることも大きな影響を及ぼしている。経団連が実施日1日のワンデーインターンを容認したこともあり、5日間未満のインターンシップが急激に増加している。学外学修推進検討会議における議論の際、「多くの大学・企業が高い実習効果を挙げるためには1か月以上の期間が必要と考えている反面、実際は1か月以上のプログラムは1割にも満たず、長期インターンシップの普及は進んでいない」との認識は示されていたが、現状はさらに短期が進んでいる。このような状況下では、学生の意識も長期学外学修よりも短期で体験できるものに向いてしまっている。津田塾の取り組みも主には入学直後の1、2年生が対象となってはいるが、企業側の受け入れが短期化している中で、就職活動に関連のない学生たちの長期受け入れが拡大することは期待できないであろう。この点は大学だけで解決できる問題ではなく、大学と受け入れ企業及び政府による検討と歩み寄りが求められている。

(敦賀和外・小山裕子)

引用文献
藤田明子 (2014).「大学支援型ギャップイヤー等の学外学修の実施及び学修を生み出す仕組みの構築に向けて―英国大学の取り組みに関する調査―」, 日本学術振興会ロンドン研

究連絡センター学術調査報告 http://www.jsps.org/information/pdf/2014_report_Fujita.pdf
古木宜志子（1992）．『津田梅子』清水書院, 167.
学事暦の多様化とギャップタームに関する検討会議（2016）．「学事暦の多様化とギャップイヤーを活用した学外学修プログラムの推進に向けて意見のまとめ」http://www.mext.go.jp/b_menu/shingi/chousa/koutou/57/toushin/__icsFiles/afieldfile/2014/06/02/1348334_1.pdf
秦由美子（2009）．「英国におけるギャップイヤーなど、学生または入学予定者に対する長期に渡る社会経験を可能とする取組に関する調査研究」http://www.mext.go.jp/a_menu/koutou/itaku/1296718.htm
川嶋太津夫（2016）．「教育改革の四半世紀と学生の変化」，ベネッセ教育総合研究所編『第3回大学生の学習・生活実態調査報告書』15-16 https://berd.benesse.jp/koutou/research/detail1.php?id=5259
久保田真弓（2005）．「エンパワーメントに見るジェンダー平等と公正 ‐ 対話の実現に向けて」『国立女性教育会館紀要』9, 27-38.
久木田純（1998）．「エンパワーメントとは何か」久木田純・渡辺文夫編『現代のエスプリ』11, 10-34.
東京大学大学経営・政策センター（2007）．http://ump.p.u-tokyo.ac.jp/crump/cat77/cat82/post-6.html
津田塾大学学生委員会（2014）．「学生生活実態調査」http://www.tsuda.ac.jp/about/disclosure/lifestyle/hak1k3000000bh5e-att/gakuseiseikatu_2014.pdf
中央教育審議会（2012）．「新たな未来を築くための大学教育の質的転換に向けて〜生涯学び続け、主体的に考える力を育成する大学へ」（答申）http://www.mext.go.jp/b_menu/shingi/chukyo/chukyo0/toushin/1325047.htm

執筆者一覧
敦賀和外（津田塾大学学外学修センター　特任教授／副センター長）
小山裕子（津田塾大学学外学修センター　特任教授）

事例7　グローバル創造力の養成を目指して
＜梅春学期（うめはる）＞の新設とその展開
文化学園大学

大学基本情報

　文化学園大学は、大正12(1923)年に設立された文化裁縫女学校を基礎とし、昭和25(1950)年に文化女子短期大学(現　文化学園大学短期大学部)として発足、昭和39(1964)年に大学を設置した。半世紀以上に及ぶ歴史と伝統を礎に、服装学・生活造形学両分野のパイオニアとして、独自の教育理念を培ってきた。

　「新しい美と文化の創造」を建学の精神とし、学校教育法の定めるところにより、広く知識を授け深く専門の学芸を教授研究するとともに、社会に貢献し得る知的・道徳的及び応用的能力を持った有能な人材を育成することを目的としている。

　服装学部は、服装学全般にわたる総合的かつ体系的な理論と高度な技術の教育と研究を推進するとともに、広く社会や産業界に有為な人材を育成することを目的としている。

　造形学部は、生活に関わるモノづくりやデザイン並びに住環境の観点から「造形」をとらえ、生活の質の向上に貢献できる人材を育成することを目的としている。

　現代文化学部は、人間文化を多様な観点から捉える教育研究を通じて、国際社会の中で活躍できる人材を育成することを目的としている。

取組事業の概要

　クリエイティブ・ファッション分野はグローバル化が急がれる領域であ

る。文化学園大学は、「新しい美と文化の創造」を建学の精神とし、日本国内にとどまらずグローバルに活躍できる人材の育成を目指している。このため

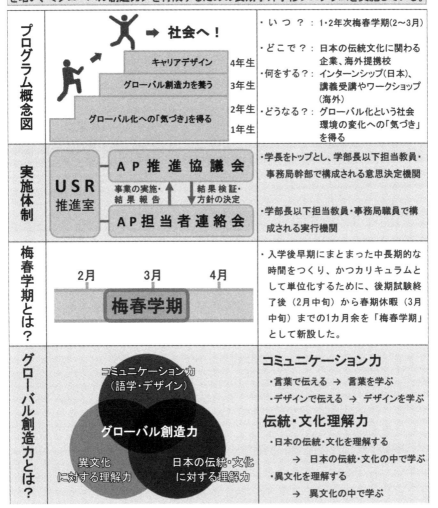

図1 ＜梅春学期＞の新設とその展開

には、グローバル意識を持たせるような教育が不可欠であり、大学入学後早期(1・2年次)に中長期にわたる異文化を知る海外学外学修や日本の伝統や文化を理解する国内学外研修が有効である。しかし、中長期期間をとり、カリキュラム化することは既存の学事暦では困難であることから、文化学園大学のAP事業(以下、文化AP)においては、学事暦を考慮した上で、後期試験終了後(2月中旬)から春期休暇(3月中旬)までの期間約1カ月を＜梅春学期＞として新設した。文化APは、1年次及び2年次を中心に集中的な学外体験プログラムを提供し、3年次におけるより専門的な学外学修プログラムに役立て、結果としてファッション分野における＜グローバル創造力＞を養成できるようにするものである(図1)。

なお、学期名称は、梅が咲く時期に売り出される春服をファッション業界では「梅春もの」と呼んでいることにちなんでつけられたものである。

(橋本智徳)

---

1 「グローバル創造力」とは何か？

グローバル化の進展に対応するために学生が大学生活を通して身につけるべき能力を文化APでは「グローバル創造力」と呼んでいる。これは「コミュニケーション力」と「異文化理解力」と「伝統・文化理解力」という三つの能力の総体として捉えられる。

「コミュニケーション力」とは他者に伝える能力を指す。英語等の語学力がグローバル化に対応するために必要であることはこれまでも指摘されてきた。これに加え、文化APでは、デザインによって表現し伝える能力を今後必要となる非言語的コミュニケーション力の一つとして位置付けている。

伝える能力だけではなく理解する能力も必要である。グローバル化への対応に際しては、自文化中心主義的な態度をとらずに異文化を理解することが必須となる。その一方で、自分たちが属する文化を相対化しながら理解することも必要である。この二つを「異文化理解力」と「伝統・文化理解力」と呼んでいる。

なお、「異文化」が日本文化以外を指すわけではない、という点は強調しなければならない。文化学園大学における留学生割合は14.6%（学部学生）であり、留学生にとっては「日本の伝統文化」は「異文化」である。また、日本出身学生の多くにとっても、なじみのないものであるだろう。

このように、「異文化理解」と「伝統・文化理解」は対として位置付けられるものではなく、「伝統・文化理解」は「異文化理解」の延長線上に位置付くものであり、文化APが日本での学外学修プログラムに力を入れている理由もここにある。

文化APにおいては、1・2年次を対象とする「梅春科目」で「グローバル化への気づき」を得ることで、3年次プログラムでは「グローバル創造力」の涵養に結び付けることを目指している。学生自身が自律的にこの能力を培っていくためにも、特に卒業後のキャリアデザインを学生に意識させることを重視している。

（工藤雅人）

2　1・2年次プログラム「梅春」について

(1) 「梅春科目」の趣旨

「気づき」を目標として設定しているのは、第一に「グローバル化」という現状の一端に触れることで、自らが置かれた状況を理解するきっかけを提供するためである。

そして第二に、こちらがより重要であるが、学生が「梅春科目」を通して、1～2年間の学びを振り返り、自らの学修の意味や意義を考え直す機会を提供するためである。

自分たちを取り巻く状況に触れ、さらに、自分たちが積み重ねてきた学びを見つめなおすことは、3年次以降の主体的な目標設定を可能にし、自律的に学び続ける動機付けとなりうる。

このような考えに基づき、2017年度は下記の科目（**表1**）を開講した。

(2) 国内・海外梅春科目の事例

本項では、文化APの1・2年次対象科目である「梅春科目」の詳細を見ていく。

表 1　2017年度＜梅春科目＞一覧

国内梅春科目
〈梅春〉和紙と漆でものづくり(飯山)―日本の伝統工芸を見て、知って、体験する
〈梅春〉オーダーファッション(東京岩手)―個対応の服づくり、店頭と工場
〈梅春〉ファクトリーブランド(東京山梨)―工場がつくったブランドの全貌
〈梅春〉カットソーの製造現場(東京山形)―カットソーの先端技術を学ぶ
〈梅春〉染めによる着物デザイン(新潟)―着物の総合加工技術を学ぶ
〈梅春〉素材からの商品企画(東京新潟)―素材から学ぶ服作り
〈梅春〉ハイブランドの製造現場(千葉)―高級フォーマルウェアの仕立て技術を学ぶ
〈梅春〉メイドイントウキョウのものづくり―OEMの製造現場で考える(東京)
〈梅春〉ハイブランドの製造現場(東京)―高級既製服の仕立て技術を学ぶ
〈梅春〉ファッション企業研修(東京)―ファッション企業の現場を学ぶ
海外梅春科目
〈梅春〉イタリアインターンシップ実地研修―生地メーカーで生産から営業までを学ぶ
〈梅春〉ブリスベン研修―提携校での語学研修＆スタディツアー
〈梅春〉香港研修―提携校での語学研修＆スタディツアー
〈梅春〉ハワイ研修―語学研修＆スタディツアー
〈梅春〉ニューヨーク研修―語学研修、企業研修、NYコレクション見学

① 「和紙と漆でものづくり」(長野県飯山市)

a) 科目概要

「和紙と漆でものづくり(飯山)」は、「内山紙」と「飯山仏壇」の二つの「国指定伝統工芸」がある長野県飯山市において実施されている。学生は、紙漉きや仏壇づくりに用いられる漆芸、蒔絵、彫金といった伝統工芸の技法を職人に直接指導を受け、これらの技法を用いた商品等のデザインにチャレンジしていくプログラムとなっている。

期間は、都内での事前研修(1週間)、飯山市での現地研修(2週間)、都内での事後研修(1週間)の合計4週間である。

b) 実施内容

実施内容は「和紙と漆でものづくり2017実施スケジュール」(**表2**)の通りである。全体は大きく、「事前研修」・「現地研修」・「事後研修」の三つに分けられる。

表2　和紙と漆でものづくり2017 実施スケジュール

	日にち	内　容
1週目　事前研修（都内）	2/13（火）	国内プログラム参加者との合同事前授業
		シェアアトリエ coromoza 見学とディスカッション
	2/14（水）	国内プログラム参加者との合同事前授業
		文化ファッションテキスタイル研究所（八王子）見学と講義
	2/15（木）	飯山事前授業　都内フィールドワーク
		紙の博物館　見学（王子）　浅草仏壇通り見学（上野）　アンテナショップ銀座ながの
	2/16（金）	事前授業のまとめと現地研修にむけた準備
2週目　現地研修（飯山）	2/19（月）	移動日　自宅→飯山
		現地案内　宿泊施設（文化北竜館）チェックイン
	2/20（火）	仏壇技術研修　【箔押し体験】
	2/21（水）	仏壇技術研修　【彫金体験】
	2/22（木）	仏壇技術研修　【蒔絵体験】
	2/23（金）	仏壇技術研修　【木彫体験】
	2/24（土）	自由行動
	2/25（日）	自由行動
3週目　現地研修（飯山）	2/26（月）	内山紙研修　【紙漉き体験】
	2/27（火）	内山紙研修　【紙漉き体験】
	2/28（水）	内山紙研修　【紙漉き体験】
	3/1（木）	企画づくり
	3/2（金）	企画プレゼンテーション
	3/3（土）	移動日　飯山→自宅
4週目　事後研修（都内）	3/5（月）	現地学習のふりかえりと報告書の作成
	3/6（火）	現地学習のふりかえりと報告書の作成
	3/7（水）	現地学習のふりかえりと報告書の作成
	3/8（木）	国内プログラムとの合同報告会

　「事前研修」では、日本という地域でものづくりを行う意義についての議論や履修目的の確認、ものづくりの現場での講義を他の国内梅春科目履修者と合同で受講し、その後、現地研修に向けた準備を「和紙と漆でものづくり」の履修学生のみで実施した。

　「現地研修」では、職人の指導を受けながら「箔押し」、「彫金」、「蒔絵」、「木

彫」、「紙漉き」という伝統工芸の技術を体験し、この体験をもとにして、「「COOL JAPAN」を世界にむけて発信できるデザイン企画」という課題に沿った企画プレゼンテーションを行った。

「事後研修」は、「現地研修」での体験や学びを振り返ることを中心とし、最終日には他の梅春科目との合同報告会で研修全体についての報告を実施した。

c) 科目設計の工夫

前述の通り、「梅春科目」は履修学生に「グローバル化への気づき」を得させることを目的としている。「和紙と漆でものづくり」において、伝統工芸技術の体験とそれらを用いたデザイン企画発表が行われたが、この二つは主体的な学びとは何かを気づかせるための工夫として設けられている。

まず、学生には、体験を通して伝統技術とそれが受け継がれてきた地域の文化的な背景を理解することが求められる。そして、商品企画に際しては、消費者に訴求するものは何かを考える必要がある。

2週間という短い期間内でこの経験をさせることにより、最終的なゴールは商品企画であり、技術の理解・習得はそのための手段であるという当たり前のことを学生自身が気づくように、科目が設計されている。これにより、「学び」それ自体を目的化することなく、「何のために学ぶのか」という問いを携えることの重要性を学生に自覚させ、学修意欲の向上につながることが期待される。

それぞれ1週間の「事前研修」と「事後研修」はこの効果を高めることを意

図している。

　d）学生の反応
　参加した学生は、報告書において「研修を通して気づいたこと・学んだこと」を次のように書いている。仏壇・和紙の技術を活かした商品企画をする際に「多くの人が欲しいもの」がどのようなものかが分からず、沢山の人が手に取るものを考え悩んでいたという。
　この悩みを抱えていた時に、商品企画に関わった方から「自分の欲しいものでいいんだよ」と助言を受け、これをきっかけに「『自分が欲しいもの』でなければ、自信を持ってPRすることもできなければ、同じように欲しいと考える人が現れるわけもない。自分が一番に欲しいと思うものを全力で作り、それを自信を持って発信することでそれに同調してくれる人が現れたら、それほど幸せなこともないということに気づいた」と書いている。
　消費者に届けることを放棄して自分の好きなものだけを作る自己満足的な姿勢ではダメだ、という意見もあるだろう。しかし、ここで重要なのは、「気づき」の内容それ自体ではない。
　この学生は、報告書の「今後の学生生活に活かしたいこと」の最後を、「学生のうちはまず『自分の欲しいもの』から『自分と、友人など近しい人が欲しいもの』というように対象となる範囲を広げていき、最終的には『少数でも、欲しい人が確実にいるものをつくること』を目指そうと考えている」という文章で締めている。
　「気づき」の内容が必ずしも十分ではないことは学生自身が充分に自覚している。重要なのは、「気づき」をきっかけに、残された大学での学修をどのように行うべきかを自発的に考えられているか、という点である。
　この点においては、充分な教育効果が見られたと考えられる。

② 「素材からの商品企画（東京新潟）」
　a）科目概要
　「素材からの商品企画（東京新潟）」はアパレル業界における布地の製造、企

画、生産、販売までの一連の流れについて、実際の現場を学び体験し、その成果としてオリジナルのテキスタイルで商品企画を行うプログラムである。

b) 実施内容

実施内容は下記の通りである。

第1週目は、東京のマツオインターナショナル株式会社で企業やブランドについての概要説明、企画・生産・営業・管理部門についての研修を受け、その後、実店舗見学をし、アパレル企業の仕事内容や販売の現場の全体像の把握を行った。

第2週目の研修は新潟の株式会社匠の夢で実施した。ここでは、素材からテキスタイルに関する講義を受け、その後布地が織られている現場を見学し、糸から反物への製造過程を学んだ。さらに、オリジナルデザインの布地製作や新潟県のニット製造業や整理加工専門の企業等の工場見学を行った。

第3週〜4週は、東京に戻り、マツオインターナショナル株式会社において、企画書、商品製作、プレゼンテーション資料の作成を通して商品企画を行った。

c) 科目設計の工夫

デザインをコミュニケーションとして見た場合、そこで目指されるのは(広い意味での)「問題解決」であり、ファッションデザインでは、「体型を隠すこ

とのできる服」(太って見えるという「問題」を解決する服)が例として挙げられるだろう。

　服作りを学ぶ学生であれば常にこの目的を念頭に置いておく必要がある。しかしながら、技術習得や知識習得のために様々な科目を履修するなかで、学生はこの目的を忘れがちである。

　梅春科目に期待される学習効果の一つが、1～2年間の学びを学生自身が振り返り、自らの学修の意味や意義を考え直すことである。「素材からの商品企画」はこの効果を最大化し、前述の目的を学生に改めて自覚させることを意図して科目が設計されている。

　4週間の研修は、知識の習得(第1週目)、技術の習得(第2週目)、習得した技術を踏まえた成果物の作成(第3-4週目)という三つの過程から構成されている。前二者は講義(知識の習得)、実習(技術の習得)という大学の科目構成に類するものであり、後者は「問題解決」の実践であり、卒業後につく可能性のある仕事を体験するものとなっている。

　4週間という限られた時間のなかで、大学での学びが卒業後の仕事につながることを学生は体感できるよう、このように科目が構成されている。

d) 学生の反応

　商品企画の提案を兼ねた報告会において参加した学生の多くが口にしていたのは、「大学で学んだことが役に立たなかった」というものであった。このような感想に対して、報告会に参加した研修先企業の方からは、「大学で学んできたからこそ足りないものを感じられたのだ」という趣旨のコメントが出された。

　服づくりを学ぶ際に、特に1・2年次学生に求められるのは、基礎的な技術の習得である。基礎的な技術とは、文字通り、服づくりの土台をなすものであるが、基礎のみで十分でないことは云うまでもない。学生は基礎的な技術を習得したのちに、より専門的な技術の習得に進むことになる。

　しかし、大学内での指導のみで、学修段階を学生自身に自覚させることは容易ではない。技術の習得が重視されるため、その技術が実際にどのように

使われるのか、という視点を学生に持たせにくいからである。何のためにある技術を習得しているかを意識させづらいのだ。

まだ基礎的な技術しか学んでいないという点において、「大学で学んだことが役に立たなかった」という学生の意見は、半分正しい。他方で、このような意見が出されたことは、学生たちがこれまではどのように役立つのかを考えながら技術の習得にのぞんでいなかったことをあらわすものでもある。

そして、「素材からの商品企画（東京新潟）」での研修を通して、漫然と学ぶのではなく、「何のために」や「なぜ」という問いを携えながら自主的・自律的に学ぶ必要性に学生たちが気づいたことの証左でもある。

③ 「ニューヨーク研修」

a) 科目概要

「ニューヨーク研修」は、ニューヨークで語学研修と企業研修、美術館（メトロポリタン美術館、FIT 服飾博物館、MoMA）やニューヨークコレクションの見学、学生との交流からなるプログラムである。

b) 実施内容

実施内容は「ニューヨーク研修 実施スケジュール」（**表3**）の通りである。

4週間のニューヨーク滞在中、語学研修は月曜日から木曜日まで週4日 New York English Academy（NYEA）で実施した。事前のクラス分けテストに

事例7 グローバル創造力の養成を目指して ＜梅春学期＞の新設とその展開 189

表3 ニューヨーク研修実施スケジュール

Monday	Tuesday	Wednesday	Thursday	Friday	Saturday	Sunday
2/5	2/6	2/7	2/8 16:00 最終説明会 １６：４５ ＲＡＬＰＨ ＬＡＵＲＥＮ 交流	2/9	2/10 8:30 羽田 -11:00 出発 9:45 NY 着 15:00 92Y Residence 着 20:00 NYFW 観覧	2/11 自由 週報作成・送信
2/12 8:30-13:15 NYEA 15:00-16:30 Macy's 市場調査 18:00-19:00 VK 見学	2/13 10:00-13:30 NYEA 15:00 Chelsea Market 市場調査	2/14 10:00-13:30 NYEA 12:00-15:00 Parsons 15:00 FIT Museum 16:00 FIT 学生交流	2/15 10:00-13:30 NYEA 15:00-17:00 BF+DA Incubation 見学	2/16 １０：００ Internship 12:00-15:00 Parsons 15:00 市場調査	2/17 自由 市場調査 レポート作成	2/18 自由 週報作成・送信
2/19 Presodents Day 自由 レポート作成	2/20 10:00-13:30 NYEA 15:00-16:00 AllSaints SOHO 見学	2/21 10:00-13:30 NYEA 12:00-15:00 Parsons １５：００ Internship	2/22 10:00-13:30 NYEA 15:00-16:00 GAP 見学	2/23 10:00-11:00 MET Costume Institute Tour １５：００ Internship	2/24 自由 市場調査 レポート作成	2/25 自由 週報作成・送信
2/26 10:00-13:30 NYEA １５：００ Internship	2/27 10:00-13:30 NYEA 16:00 FIT 学生交流 18:00 FIT 学生と Pizza + Karaoke PARTY	2/28 10:00-13:30 NYEA １５：００ Internship	3/1 10:00-13:30 NYEA 15:00-17:00 VF Nautica 見学	3/2 １０：００ Internship 12:00-15:00 Parsons 15:00 市場調査	3/3 自由 市場調査 レポート作成	3/4 自由 週報作成・送信
3/5 10:00-13:30 NYEA １５：００ Internship	3/6 10:00-13:30 NYEA 15:00-17:00 MoMA	3/7 10:00-13:30 NYEA １５：００ Internship	3/8 10:00-13:30 NYEA 15:00-17:00 ＲＡＬＰＨ ＬＡＵＲＥＮ 見学	3/9 9:00 92Y Residence 発 12:05 NY 発	3/10 16:15 羽田着	3/11
3/12	3/13	3/14	3/15 10:00 レポート提出 プレゼン	3/16	3/17	3/18

よって学生のレベルに合わせた研修を受けることができ、さらに、英語を学ぶだけではなく様々な国の学生との交流が可能となっていた。また、FITの学生との交流会は、自らの英語力を知り、英語力を身につけるきっかけとしても位置付けられていた。

企業研修は5社で実施し、ブランドの歴史や店舗ディスプレイなどを学んだほか、ニューヨークで実際に働いている日本人から話を聞くことで、学生は海外で働くことの意義を学んだ。

c) 科目設計の工夫

語学研修では、参加学生すべてをまとめて受け入れるプログラムではなく、各学生のレベルに合わせた内容となるプログラムを採用し、教育効果が最大化されるように工夫を行った。

また、単なる英語研修とならないように、履修者以外の学生との交流の機会を設け、講義を受けるということを通して文化の違いを感じうるという点も、研修プログラムの設計においては重視した。

企業研修は、当初、インターンシッププログラムを計画していたが、実現が難しかったことから、現地で働く日本人にその経緯等をきくプログラムで実施した。自ら質問することで主体的な発見が可能となると考えられたため、働く意義をたずねる形式を採用した。

d) 学生の反応

4週間の研修を終え、多くの学生が自らの英語力の不十分さを実感していた。1・2年次を対象とする科目であるため、英語力の向上よりも、向上させる必要性を学生自身に自覚させ、自主的・自律的な学修を促すことが、本プログラム（および「梅春科目」全体）では目指されている。この点において、十分な成果を挙げられたといえるだろう。

また、企業研修を現地で働く経緯をたずねるという形式にしたことが、結果的に、学生に自分のキャリアデザインを再考させるきっかけにもなっていた。

「研修を通して気づいたこと・学んだこと」として、ニューヨークで働いている人たちの仕事についたきっかけが「コネクション」や「人との繋がり」であったという話を多くの学生が驚きとともに挙げていた。日本の大学生の多くは、会社説明会の参加やエントリーシートの提出から始まる「就活」を、仕事につく主たる経路としてイメージするだろう。そして、自らのキャリアの「入口」である「就活」に向けて、大学時代の活動（≒学修）もイメージされる。

研修に参加した学生が目にしたのは、「人との繋がり」という「入口」であり、この「入口」において自分たちの学びや経験が試されるということである。ある学生は「自分にしかない強みを見つけ知識・経験を積むことで、私でなければいけない（できない）仕事をする必要があると思う」と述べている。選考に耐えうる相対的な優秀さではなく、自分だけの強みを育てていくことが自らのキャリアデザインにつながるという気づきをこの学生は得られたと云えるだろう。

⑶ 3年次プログラムの趣旨

大学における4年間を大きく分けると、1・2年次は基礎的な学修段階であり、3・4年次がより専門的な技能や知識を身につける段階となる。しかし、多くの学生にとって4年次は就職活動を行う年次となるため、3年次が卒業後のキャリアデザインを念頭に置きながらじっくりと学びうる1年間となっているのが現状である。

文化APにおける3年次対象科目では、「グローバル創造力」を涵養していくことが目標とされているが、学生自身が自律的にこの能力を培っていくためにも、特に卒業後のキャリアデザインを学生に意識させることを重視している。

2018年度時点で、ファッションクリエイション領域とファッションマネジメント領域でそれぞれ1科目が開講されている。

紙幅の都合上、プログラムの詳細について本稿では言及しない。

⑷　各プログラムの成果と課題：気づきと築き
　① 成果
　文化 AP の梅春科目において期待される効果は、学生が「グローバル化への気づき」を得ること、および、2 (or1) 年間の学びを振り返りその意義を自覚することで主体的な学びにつなげることの二つである。
　梅春科目で目指される「グローバル化への気づき」をより簡潔に云い替えるならば、日本という地域のローカルな価値観やルールが相対的なものであるということを、実感をもって体験することである。「ニューヨーク研修」における学生の「気づき」は、「就活」を通して仕事につくという日本的なシステム以外の可能性への実感であった。
　2 (or1) 年間の学びを振り返りその意義を自覚することで主体的な学びにつなげることは、ものづくりの「技術」やデザインを教える大学であることに由来する成果だと考えられる。実践的な技術教授において、その「実践性」を学生に伝えることはできても、体感させることは難しい。学外学修プログラムが学生に与えるのはこの「実践性」である。
　「素材からの商品企画（東京新潟）」に参加した学生から「大学で学んだことが役に立たなかった」という感想が出されたことはすでに述べた。否定的にも感じられる感想であるが、この感想が 2 年間の大学での学び（技術の習得）を振り返るきっかけとなっていた。
　「和紙と漆でものづくり（飯山）」を履修した学生はその後、自らの作品を出展するイベントに積極的に参加している。
　大学 4 年間の学生の学びは、大学内に限定されるものではない。重要なのは主体的に学ぶ姿勢を身につけているかどうかであり、学ぶ目的を自覚しながら、学内での学修と学外での学修の往還関係を築いていくことは学習効果の最大化につながっていく。
　このように、標準修業年限が 4 年間である大学にとって、学修の振り返りをきっかけとした自律性・主体性の習得の試みを実施するには、1・2 年次学生が最も適切であると考えられる。

② 振り返りの効能――「気づき」を築き上げるための工夫

文化 AP の「梅春科目」では学生が「気づき」を得ること、そして、「気づき」を通して自らの学びを振り返り、自主的・自律的に学修出来るきっかけ与えることを目標としてきた。事例紹介で詳述したように、最低限の目標は充分に達成できたと考えられる。

それぞれの科目設計上の工夫の効果があることは間違いないが、「梅春科目」の全科目で実施した学修の「振り返り」が効果的だったことも強調すべきである。より具体的には、事後研修として実施した報告会がそれにあたる。

企業などでの経験が重要であることは云うまでもないが、体験を一度客観的に見直して、自分は何を経験して、どのように感じたかを他者に向けて言語化することは、経験それ自体と同じく重要である。

「素材からの商品企画（東京新潟）」の「学生の反応」で挙げた例をもう一度取り上げたい。「大学での学んだことが役に立たなかった」と述べた学生に対して、受入先企業の担当者からは「大学で学んできたからこそ足りないものを感じられたのだ」という指摘がなされた。この指摘は、自分たちが何を学んできたのかを考え直すきっかけとして機能し、研修という経験を 2 年間の学びという経験に結び付けながら振り返る契機となっていた。

「気づき」のきっかけを与えるのは、企業担当者や教員等の「教育的立場」にある存在だけではない。他の学生の発表を聞いたことにより、まったく別

の地域で研修を受けていた学生が「そういえば…」と自分の経験を捉えなおす場面も多々見られた。

このように、経験を言語化するだけではなく、それを教員や他の学生達と共有し意見や指摘をもらうことにより、一度言語化した自らの経験を客観的に見直すことができ、自らの経験を捉えなおすことができるのである。「気づき」が生みだされるのは、このような瞬間であり、報告会は「気づき」をつくりだす機会となっていた。

③ ルーブリック評価

学生の学修の成果をどのように見取り評価していくか、その方法の確立は重要な課題である。文化 AP においてはルーブリック評価の導入を試みた。

ルーブリック評価とは「評価指標（評価規準＝ criteria ＝学習活動に応じたより具体的な到達目標）と、評価指標に即した評価基準（standards ＝ scales ＝ description ＝どの程度達成できればどの評点を与えるかの特徴の記述）のマトリクスで示される配点表を用いた成績評価方法のこと（沖裕貴, 2014）」であり、学生の示したパフォーマンス（レポートや作品、プレゼンテーション等）を評価することに有効とされる。

文化 AP は、「グローバル創造力」の養成を目的としており、これは、コミュニケーション力（語学力＋デザイン表現力）、伝統・文化理解力、グローバルキャリアデザイン志向の 3 つの要素から構成されるものと位置づけた。したがって、ルーブリック評価の「評価指標」にこの 3 つ観点からなる到達目標をおいた。評価基準は、十分満足できる（A）／満足できる（B）／努力を要する（C）の 3 段階とし、さらに評価の対象とする素材（レポート、ワークシート、プレゼンテーション等）を明示したルーブリックを科目ごとに作成した（ルーブリックの一例は**資料 1** に示す）。履修学生には、ルーブリックの概要について事前に全体説明会を行ったうえで授業ごとのルーブリックは事前研修の中で担当教員がガイダンスを行った。

2017 年度の文化 AP 終了後に、授業担当教員からルーブリック評価を試みての意見を求めた。「学生、企業の方にプログラムのねらいがうまく伝わっ

たので良かった」「どのような評価方法で誰が評価するか学生が事前に確認することができたため、科目の狙い・目的を意識させる面で効果的であった」というように評価の透明性を肯定的に捉える意見が見られた。また「学生がプログラムが進むにつれて、ルーブリックで提示されていることがどのようなことかを考えながら、実現できるように努力する姿が見られた」というように学修の羅針盤として有効であるとの見解もあり、ルーブリックの有効性・有用性が確認できた。

　一方で、「教員が引率しないため、研修現場での学生の学びについて直接的な評価を下すことができない。そこで、日報の提出を課し、研修の実施状況の把握を図った。日報は学生に学びの振り返りをさせるという役割を果たしたが、学生の主観的な記述であるため、本年度利用したルーブリックの素材には適していないように感じられた。来年度は、日報にルーブリックの評価項目を組み入れ、日報がルーブリック評価の適切な素材となるように工夫する必要がある」といった意見や、コミュニケーション力、伝統・文化理解力、グローバルキャリアデザイン志向の3つの指標だけでなく「研修内容の専門的知識の有用性・活用性に関する評価項目を設定していれば、より効果的だったのではないか」といった改善の必要性に関する意見も見られた。現在のルーブリックの枠組みは、グローバル創造力の育成という人材養成目標からのトップダウン型に構築しているが、研修科目固有の到達目標や経験価値がある。これをどうルーブリックに反映していくか、あるいは評価指標・評価基準・評価素材の適正化といった点に関して次年度に向けて改善が必要である。

　ルーブリックの短所として「教育者にとっては、生徒のレベルにあったルーブリックを作成することが煩雑な作業となる」(薫陽子, 2018)という見解やルーブリックの最適化には3年程度かかるという指摘があるが、公平かつ客観的な評価をめざし改善に取り組んでいきたい。

（工藤雅人）

3　プログラム全体の成果と課題、事業終了後の方向性について

　最後に、プログラム全体の成果と課題、事業終了後の方向性に言及しておこう。これまで述べてきたように、現時点においても成果は出ているといえるだろう。

　しかし、一方で長期学外学修の実施には、教職員の多大な労力が必要とされ、成果に対する労力として妥当なものかを精査する必要がある。

　学生の選択肢を広げるために、2017年度から様々な科目を開講している。受入企業の要望や学修効果を考えれば、5名以下の参加学生によるプログラムが最も望ましく、各プログラムの参加学生数も多くが5名程度となっているが、科目担当教員の負担は控えめに云っても小さくない。プログラム開発や運営以外の負担の増加の要因としては、宿泊施設や移動手段の手配等、研修内容以外の事務的な手続きを含め、研修に関わる全てを担当教員がおこなっていることがあげられる。教育内容の改善のためには、効率化が必要である。

　負担の増加は教員だけではない。文化APは文化学園大学のグローバル化への取組の一つとして、「改革」の一歩として位置付けているが、それゆえに、これまでの慣例に照らして事務的対応が「例外」的なものとなることもあり、教務部などの事務職員の負担も増加している。今後、発展的に展開させていくためには、大学全体の「改革」と歩調を合わせて、対応を標準化・効率化していくことが求められる。

　そのためには、学外学修に関する専門的組織の構築や既存組織の効率的な取り組み、専門的人材の採用など、教育的および事務的側面の両者において持続可能な方法を模索する必要がある。

（工藤雅人・栗山丈弘・田中直人）

資料1:「和紙と漆でものづくり」(研修地:長野県飯山市) ルーブリック

1 授業概要

長野県飯山市は日本のふるさとの原風景が色濃く残る地域であり、飯山市には「内山紙」と「飯山仏壇」の二つの伝統工芸品がある。この授業では、紙漉きや仏壇づくりに用いられる漆芸、蒔絵、彫金といった伝統工芸の技法を職人に直接指導してもらうとともに、これらの技法を用いた商品等のデザインにチャレンジする。伝統の技や職人のものづくりに対する考えに触れ、グローバル化が進む中で「COOL JAPAN」を世界にむけて発信できる力を身につけたい。

2 評価の素材・方法

・最終作品(企画)　→　伝統工芸を活用した地域PRのための商品を企画
・課題作品　→　体験活動において制作した作品
・ワークシート　→　事前課題／活動記録(研修ノート)／プレゼンテーション原稿／ふりかえり
・プレゼンテーション　→商品企画のプレゼン
・観察法　→　活動の様子

3 ルーブリック(評価指標及び評価基準)

グローバル創造力＝コミュニケーション力(語学力＋デザイン表現力)＋伝統・文化理解力＋グローバルキャリアデザイン志向

コミュニケーション力	努力を要する(C)	満足できる(B)	十分満足できる(A)	評価の素材
伝統工芸の技術を活用した地域PR商品を提案することができる。	地域PR商品は提案できたが、伝統工芸の技術が活用されないなど課題への理解が不十分である。	課題に則り、地域PR商品を提案できている。	課題に則り、実現可能性の高い、地域PR商品を提案できている。	最終作品(企画)
自分の企画についてプレゼンテーションすることができる。	企画の内容について、十分にプレゼンできなかった。	自分の企画を自分の言葉でプレゼンすることができた。	自分の企画を他者に適切にプレゼンし理解された。	プレゼンテーション(ワークシート／観察法)

伝統・文化理解	努力を要する(C)	満足できる(B)	十分満足できる(A)	評価の素材
飯山仏壇の特徴や伝統技法を理解できる。	体験活動への取り組みが消極的で飯山仏壇の特徴や技法を理解できなかった。	真摯に体験活動に取り組み飯山仏壇の特徴や技法を理解することができた。	積極的に体験活動に取り組み飯山仏壇の特徴や技法を理解することができた。	ワークシート(事前課題／活動記録)課題作品
内山紙の特徴や伝統技法を理解できる。	体験活動への取り組みが消極的で内山紙の特徴や技法を理解できなかった。	真摯に体験活動に取り組み飯山仏壇の特徴や技法を理解することができた。	積極的に体験活動に取り組み内山紙の特徴や技法を理解することができた。	ワークシート(事前課題／活動記録)課題作品

グローバルキャリアデザイン志向	努力を要する(C)	満足できる(B)	十分満足できる(A)	評価の素材
自分自身のキャリアデザインを考慮し目的意識をもって参加することができる。	目的意識が曖昧なままプログラムへ参加した。	目的意識をもって参加することができた。	十分に目的意識を明確に参加することができた。	ワークシート(事前課題)
APプログラムでの経験を通じて、今後の大学での学びへの応用や卒業後のキャリアについて考えることができる。	APプログラムでの経験を通じて、今後の大学での学びへの応用または卒業後のキャリアのいずれかについて考えることができなかった。	APプログラムでの経験を通じて、今後の大学での学びへの応用または卒業後のキャリアのいずれかについて考えることができた。	APプログラムでの経験を通じて、今後の大学での学びへの応用と卒業後のキャリアについてともに考えることができた。	ワークシート(ふりかえり)

4　学生Aに対する評価及びコメント

● コミュニケーション力

伝統工芸の技術を活用した地域PR商品を提案することができたか。

→A：内山紙を用いた紙製加湿器を考案し、デザイン試作や既存販売商品の調査も踏まえて提案することができた。

自分の企画についてプレゼンテーションすることができたか。

→A：現地での企画提案プレゼンテーションおよび、事後学習での学内プレゼンテーションにおいて自身の地域PR商品について堂々とプレゼンテーションをすることができた。

● **伝統・文化理解**

飯山仏壇の特徴や伝統技法を理解できる。
　→ B：仏壇に用いられる木彫、彫金、蒔絵などの技術を職人の指導のもと真摯に学び理解することができた。

内山紙の特徴や伝統技法を理解できる。
　→ A：内山紙の特徴や技法について、積極的に職人と関わり学ぶことができた。

● **グローバルキャリアデザイン志向**

自分自身のキャリアデザインを考慮し目的意識をもって参加することができる。
　→ A：ファッションに関する学科で学んでいる学生であるが、自身の視野を広げるという目的意識のもとファッションと直接かかわらない本授業を選択し参加した。

APプログラムでの経験を通じて、今後の大学での学びへの応用や卒業後のキャリアについて考えることができる。
　→ A：伝統工芸の職人たちとの交流を通して単に技術を学んだだけでなく、産業と生活環境との関わりにふれ、ものづくりのあり方として「自分がほしいもの」をつくっていくことの大切さに気づくことができた。

資料 2：報告書

所属学部学科	現代文化学部　国際ファッション文化学科
氏名	

▶ 履修の目的・目標

ファッションに関する学びはファッションとは全く異なる分野からも得られる。興味を持ったあらゆることについて掘り下げてみようと思い、履修した。ここで学んだことが直接将来の仕事に結びつかなくとも、自身のキャリアデザインにつながることを見つけることが大切であると考えており、その発見を本プログラム履修の目的・目標とした。

▶ 研修で最も印象にのこったことについて

まず、伝統工芸を学ぶことを通じて、土地で働く人々との繋がりを実感できたことである。体験でお世話になった方々はみな親切で、職人と聞いて思い浮かべるようなとっつきにくさは無かった。お菓子やお茶を出していただいたり、お土産を沢山もらったり、一緒に昼食後に仮眠をとることもあった。次に伝統工芸を支える地域特性を理解できたことがある。飯山の伝統工芸は、雪に覆われ農業のできない冬の時期に農家の副業として始まったものである。和紙を白くするための技術として、原料の楮を雪の上で日光にさらす技があるが、これは雪に覆われた土地ならではのものであることを学んだ。また、これら技術の魅力をより引き出すためには何が必要かを考えることができたことも印象深い。すでにあるもののなかで競争することには限界があるが、「欲しかったけど、なかったもの」を補うことで新しい製品や仕事がうまれていけば良いと思った。

▶ 研修を通して気づいたこと・学んだこと

飯山の伝統工芸である、仏壇・和紙の技術を学び、最終的にそれを活かした商品企画をするまでが今回の授業課題であった。そのため、はじめて『多くの人が欲しいもの』とはなんだろうと考えたが、全くわからなかった。また、なるべく沢山の人が手に取るであろうモノを考えると、自分が欲しいものではなくなっていく。その時に、商品企画の際にお世話になった方に、「自分の欲しいものでいいんだよ」と言われ、納得した。結局、「自分が欲しいもの」でなければ、自信を持ってPRすることもできなければ、同じように欲しいと考える人が現れるわけもない。自分が一番に欲しいと思うものを全力で作り、それを自信を持って発信することでそれに同調してくれる人が現れたら、それほど幸せなこともないということに気づいた。

▶ 今後の学生生活に生かしたいこと

ファッションを含む娯楽品はそれが無くても生きていけるものである。だが、私たちがそれら娯楽品市場の中で今後も生きていくだろうことは間違いない。そうした娯楽品を扱う分野において、今後自分が作ったもので収益を上げて生活できるかどうか、今はまったくわからない。そもそも、生活することで精いっぱいになり、ものづくりがおろそかになることだって考えられる。しかし、今回のプログラムに参加して、職人さんの生活を垣間見る中で、これはもしかして、「抜け道」かもしれないと思った。ものづくりを続けるゆとりを持って生活したいのなら、この職人さんたちのようにそれが可能となるよう知恵を絞らねばならない。学生のうちにはまず『自分の欲しいもの』から『自分と、友人など近しい人が欲しいもの』というように対象となる範囲を広げていき、最終的には『少数でも、欲しい人が確実にいるものをつくること』を目指そうと考えている。

引用文献
薫陽子 (2018).「学生の学外活動に対するルーブリック評価を用いた評価手法の検討」文教大学国際学部紀要 29 (1),85-92.
沖裕貴 (2014).「大学におけるルーブリック評価導入の実際 / 公平で客観的かつ厳格な成績評価を目指して」立命館高等教育研究 14,71-90.

執筆者一覧
工藤雅人 (文化学園大学服装学部　助教)
栗山丈弘 (文化学園大学現代文化学部　准教授)
田中直人 (文化学園大学服装学部　准教授)
橋本智徳 (文化学園大学事務局教務部学事課)

事例 8　武蔵野フィールド・スタディーズ（長期学外学修プログラム）の取り組み
武蔵野大学

大学基本情報

　武蔵野大学は 1924 年、世界的な仏教学者である高楠順次郎博士によって、仏教精神にもとづいた浄土真宗本願寺派の宗門関係学校として設立された。

　1997 年度まで文学部のみの女子大学であったが、1998 年以降、次々に新たな学部や学科・大学院を設置し、2004 年の全学部男女共学化、2012 年の有明新キャンパスの開設など、大学改革を推進し総合大学へと発展してきた。2019 年 4 月より、新たにデータサイエンス学部・経営学部・経営学研究科・工学研究科が誕生し、11 学部 19 学科 12 大学院研究科および通信教育部を擁することとなる。また、ディプロマ・ポリシー（学位授与方針、以下 DP）として「『アクティブな知』を獲得し、創造的に思考・表現する力を備えて、世界の課題に立ち向かう」人材の養成を掲げ、教育の質の充実にも取り組んでいる。2016 年度には学修の質向上と学外学修の推進のため 4 学期制を導入し、2017 年度は 1 年次における「武蔵野フィールド・スタディーズ」（長期学外学修プログラム、以下武蔵野 FS）を全学的に本格稼働した。2018 年度は入口から出口まできめ細かな教育をおこなうため、全学的に「初年次ゼミ」も導入した。それぞれの学科が養成するべき人材像と出口の目標を明確にした学科ブランドビジョンを策定し、PDCA サイクルに基づいて検証を進めながら教育の充実に努めている。

　さらに、建学の精神である「生きとし生けるものが平和で幸せに」という仏教の願いを今日的に具現化していくため、2016 年 4 月より「世界の幸せをカタチにする。」（Creating Peace & Happiness for the World）という新ブランドステートメントを宣言した（**図 1** 参照）。武蔵野大学に集う学生・教員・職員・

本学に関わりのあるすべての人々がこの願いを自らの願いとして感じ取り、その願いの実現のために知恵を開き合い、「響創力」を高め合い、「アクティブな知」を獲得し、手を携えて世界の直面する諸課題の解決に取り組むことを目指している。

図1　「世界の幸せをカタチにする。」

取組事業の概要

　武蔵野大学では、社会のパラダイム・シフトに対応する①自発自燃型人材②グローバル人材③地域貢献型人材を育成するため、全学的に4学期制を導入し、アクティブ・ラーニングの軸として武蔵野FSを学士教育課程に配置している。

　武蔵野FSは第2学期から夏休みを中心に、学生の能力や志向等に応じて1か月間程度、学外でフィールド・ワークや地域活性化支援等の活動をおこなう。学生が自ら課題を見つけ、その解決に向け果敢に挑戦する本学独自の

実習型教育プログラムである。さらに 2 年次以降は、1 年次での学びや能力を昇華させるため、メインメジャー及びサブメジャー (学部横断型ゼミ) による専門的な長期学外学修プログラムも配置している。これにより、体系的かつ実質的な教養と専門の連続した学びを実現する。なお、武蔵野 FS では地方創生支援活動や活動先への貢献を到達目標の一つに設定している取り組みが多い。活動先に根付いた特有の文化や産業を学び、それらの継承や発展などを通じて地方の課題理解や地域の活性化に貢献することも大切な目標の一つである。

1 武蔵野 FS 受講者の成長性検証

(1) 武蔵野 FS とは

① 武蔵野 FS の狙い

現在の社会では人工知能 (AI)、ビッグデータ、Internet of Things (IoT)、ロボティクス等の先端技術が高度化してあらゆる産業や社会生活に取り入れられ、社会の在り方そのものが劇的に変化している。また、AI やロボットの発達により、定型的業務や数値的に表現可能なある程度の知的業務は代替可能になると考えられ、多くの仕事が自動化されることが予想されている。今後求められる人材とは、これらのパラダイム・シフトに対応でき、知識や技能、思考力・判断力・表現力を基礎として、自己の主体性を軸に、世界や地域の課題を発見し、答えを導き出し、解決に向け果敢に行動できる人々であろう。さらに、"人"と"人"との繋がりや結び付けていく等の濃厚なコミュニケーションから生み出される、いわば"人"だからこそ出来る新たなアイディアやイノベーションを引き起こす力、協働作業により何かをクリエイティブ (創造) する力等も必要不可欠となるだろう。

本学は DP として「アクティブな知の獲得」と「思考力・表現力を備えて世界の課題に立ち向かう」人材の育成を掲げており、武蔵野 FS はそのための重要なファースト・ステップである。学生たちは、国内外でのフィールド・ワークや地域活性化支援、復興支援、自治体でのインターンシップ、農業体

験などを通じて、様々なことを「経験」し帰ってくる。事後講義等により、それらの「経験」が「学び」であることに気づかせる。そうして、大学生活におけるあらゆる機会には「学び」の「きっかけ」が潜んでおり、全ての講義に「気づき」と「繋がり」があることを体感させたい。武蔵野 FS は 1 年次のみで終わるのではなく、2 年次以降もより深く学べるよう体系的な学びの機会を用意している。学生たちは他者との協働を通して、思考力や判断力、表現力を培い、人や社会に興味を持ち、専門の学びを通じて課題を見つけ、リーダーシップを発揮しながら課題を解決していく。活動を通して、常に高感度のアンテナを張り、自らアクティブに学修のできる人材を育成したい。なお、本学の武蔵野 FS の取り組みによる学生の成長イメージは、**図 2** の通り専門の学びを通した概念化やゼミの実践によって形成される。

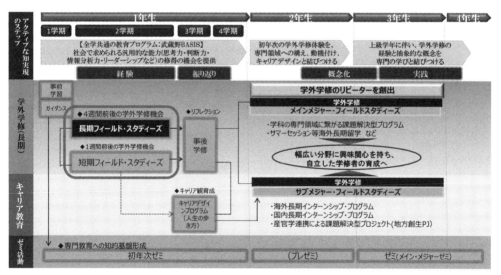

図 2 「アクティブな知」の獲得に向けた成長イメージ

② 実施プログラム

2017 年度の武蔵野 FS は、薬学部を除き 1 年次の必修として実施した。学外学修期間が 20 日以上の長期 FS を 32 プログラム（参加学生 184 人）、学

外学修期間が 5 日間程度の短期 FS を 25 プログラム（参加学生 1,757 人）を実施し、合計 57 プログラム 1,941 名の学生が学外で学修した。また、2 年次以降に実施するメインメジャー FS では 6 プログラム 65 人、サブメジャー FS では 13 プログラム 69 人が学修した（プログラム一覧は**資料 1 〜 2** 参照）。

資料 1：2017 年度長期フィールド・スタディーズ実施一覧

タイプ	プログラム	概要	期間	実働日数	参加学生数
宿泊	宮城県石巻市にじいろクレヨンプロジェクト（子どもと作るイベントの企画と運営、学童保育ボランティア）	子ども企画サポーター、児童館施設の運営サポート、アート作品の制作などの活動を通じ、地域との触れ合いについて、学生が学ぶ。	7/23 〜 8/19	20	9
宿泊	宮城県石巻市牡鹿半島暮らしを辿る創造型ツーリズム構築プロジェクト	山の家や周辺フィールド開拓（農業、林業の充実、山の整備、木材を使ったものづくり）など、様々な選択肢の中から自ら考えて達成目標を定め、実行する。おしかリンク提供の創造型ツーリズムのデザイン活動も実施。	7/9 〜 8/5	22	8
宿泊	新潟県三条市観光資源活性化プロジェクト	いい湯らてい、越前屋ホテルの業務補助などを中心に、それぞれ 2 週間活動し、郊外と街中、2 つの観光資源・地域活性化のための取組を学び、学生が改善点や集客への提言を行う。	6/26 〜 7/23	20	5
宿泊	新潟県十日町市　A 班（十日町市観光協会、道の駅クロステン、ゲストハウス・ハチャネ）	観光協会での観光案内や観光客を迎える準備作業、クロステンでの物産の販売や温泉施設の作業、ゲストハウスでのお客様を迎えるための作業や、十日町市の観光資源を観察し、学生なりの観光ルートを提案する。	7/1 〜 7/30	20	3
宿泊	新潟県十日町市　B 班（あてま高原ベルナティオ）	リゾートホテルでのお客様歓待、朝食提供等の体験を通じて、ホスピタリティーを学ぶとともに、毎月特集される「あてま　森と水辺の教室　ポポラ」プログラムの開発や、リゾートホテルの改善提案を行う。	1 班 6/11 〜 7/8 2 班 7/14 〜 8/10 3 班 8/18 〜 9/14	20	11

事例8 武蔵野フィールド・スタディーズ（長期学外学修プログラム）の取り組み　207

タイプ	プログラム	概要	期間	実働日数	参加学生数
宿泊	長野県信濃町 都市部と地方がつながる関係構築プロジェクト	信濃町の産業に携わっている、地元の方との交流、イベント運営補助(ﾄﾚｲﾙﾗﾝﾆﾝｸﾞﾚｰｽﾄﾗｲｱｽﾛﾝ大会)など、若い視点で「いなかまち」を見て・体験し、都市部と地方とのつながりを構築するために考察する。	6/11～7/9	21	5
宿泊	長野県長野市 JAながのインターンシップ	JAながのにて、農産物の生産活動(栽培・収穫)・出荷(梱包)・販売(製品管理・販売)を体験し、農産物の製造から販売までの工程を学ぶ。	8/5～9/1	21	6
宿泊	東京都八丈島 離島の保育園インターンシップ	待機児童がほぼゼロの八丈島で、島内の保育所2箇所でのインターンシップを通して、離島での保育・子育て・医療について考える。また八丈島住民との交流や暮らしを体験し、都会生活との違いを体験する。	6/11～7/11	21	4
宿泊	鳥取県大山町 テレビ×住民力×地域活性プロジェクト体験	アマゾンラテルナ社は、中国地方最大の大山山麓の大山町で、テレビを活用した地域創生に取り組んでいる。「映像のチカラで地域を変える」をコンセプトに出演者、ナレーター、カメラマンまですべて大山町民という住民参加バラエティ番組や、スマホを活用したプロモーション動画などを制作。学生はテレビの制作方法を学びながら、大山町の仕事体験、暮らし、人に触れ、作り手として町が抱える課題や魅力を探り、地域活性化のアイディアを発表する。	6/12～7/10	21	12
宿泊	福岡県大川市 TERRAZZAイベント企画立案プロジェクト	2017年に開業した『TERRAZZA』(観光案内所)で観光案内業務を手伝い、家具が有名な大川市の家具作業見学や職人にインタビュー行い、様々な魅力を感じながら、大川市の振興に協力するプログラム。	6/12～7/9	20	6
宿泊	鹿児島県徳之島町 ふとり農園インターンシップ	東京から約1,300km南にある「徳之島」において、マンゴーやドラゴンフルーツ、シマトウガラシなど、新しい農作物の生産にチャレンジしている「ふとり農園」。約1カ月の住み込み農業インターンシップを行い、農業の厳しさと生産の喜びの両方を体感し、消費を日常とする生活を見直す。この体験から、生命を生み出す根本である農への理解と世界の多様性に触れる。	7/17～8/11	20	5

タイプ	プログラム	概要	期間	実働日数	参加学生数
通学/宿泊	山梨県 西桂町インターンシップ（地域福祉推進プロジェクト）	西桂町の地域福祉計画及び地域福祉活動計画の策定に向け、地域住民のニーズを明らかにするため、アンケート調査、ヒアリング調査、住民座談会の手法によって、地域課題の抽出や問題解決の提案、サービス開発に取り組む。またアクションリサーチ（フォトボイス等）の手法を活用。このプロセスを通して、地域住民の地域福祉計画及び地域福祉活動計画策定への参加意識を高め、地域の問題解決に向けて地域住民の力が発揮されるように働きかけ、「地域住民のエンパワメント」を目指す。	8/8～9/7	23	12
通学/宿泊	山梨県 西桂町インターンシップ（おるdeつむdeプロジェクト）	地域の活性化に向けた町の取り組みの全般に参加・協力する。特に、古くから織物が盛んな西桂町において、新しい名産品を生み出すことを支援し、西桂町地域おこし協力隊の堀田氏が運営する「おるdeつむde」の運営の手伝い、西桂町ではじめて取り組む亜麻の栽培（茎から繊維をとり糸を紡ぐ）の手伝いと記録の作成に取り組む。	8/8～8/29 ※上記に加え9～11月の土日	22	5
通学	江東区役所（江東区文化コミュニティ財団）文化事業施設インターンシップ	公益財団法人 江東区文化コミュニティ財団の各施設で、イベント・講座等の運営補助、配付物準備・アンケート集計等の事務作業、窓口や電話等のお客様対応を実施し、各施設での業務を学ぶ。業務を学ぶ中で、各施設をより利用してもらうために、どのような改善を行えば良いか、学生から各施設に提案を実施する。	①江東公会堂 6/13～7/12	20	1
			②芭蕉記念館 6/16～7/13		1
			③亀戸文化センター 7/6～8/3		2
			④中川船番所資料館 7/7～8/5		1
通学	墨田区役所観光・行政インターンシップ	観光課では、イベントの事前準備・運営事務補助・一般事務補助などを体験し、観光協会では、墨田区内観光案内実習、イベント手伝い実習、墨田区産品販売実習、まち歩きコースの設定及び実習などを体験する。最終日には、両受入先に対して『墨田区の観光振興を図るためには何をするべきか』というテーマに対して、振興策を墨田区に提案する。	①区役所 8/15～9/14	21	2
			②観光協会 7/10～8/9		2

事例8 武蔵野フィールド・スタディーズ(長期学外学修プログラム)の取り組み 209

タイプ	プログラム	概要	期間	実働日数	参加学生数
通学	西東京市役所（幼稚園児保護者への補助金交付事務補助）	西東京市では、幼児教育の振興と充実、保護者の負担軽減を図るため、私立幼稚園等に在籍する幼児の保護者に対して、保育料の一部を補助。実習では補助金申請書の受付と内容審査等の事務補助業務を行う。	7/10～8/4	20	5
通学一部宿泊	西東京市役所（サマー子ども教室、児童館キャンプ）	小学1～4年生の約30名に対し、遊びと企画体験事業、生活指導補助・簡易な学習指導の補助。また、山梨県北杜市で実施される児童館キャンプに参加し、小学4年生～高校生の約70名の自主的な活動が円滑に行われるよう、市職員とともに指導・サポートを行う。	7/27～8/29	15	5
通学	吉祥寺美術館インターンシップ	『所蔵作品調査の補助』『展覧会の準備及び運営の補助』『その他一般事務・一般作業の補助』 等の運営サポートや事務補助を体験し、より効果的な広報活動について、学生が提案を行う。	① 6/12～8/5	38	3
			② 8/7～9/17	29	
通学	武蔵野市福祉公社 高齢者福祉支援インターンシップ	社会活動センターの各種講座の運営を中心に、在宅介護支援・補助器具センター、デイサービスセンター等の実務補助等を行い、高齢者福祉支援を行う武蔵野市福祉公社の活動を学ぶ。	6/23～8/2、8/17	29	1
通学	武蔵野市子ども協会 0123施設インターンシップ	ひろばで利用者親子と関わり、武蔵野市全市域の子ども育成活動全般を横断的、効率的、包括的に支える機関として、市の長期計画や子どもプランの実現に向かう。安心して子どもを生み育てることができる環境づくり、育児等における子育ての支援を行い、地域と協働した子育てや子どもの育成活動を促進し、活力ある地域社会の形成に寄与することを目的とする。	① 8/8～9/2 ② 6/13～7/8 ③ 6/18～7/13	20	3
通学	武蔵野生涯学習振興事業団 生涯学習としての野外活動支援	市民向けの登山・アウトドアスポーツ・キャンプ活動支援や野外活動・キャンプの準備・運営補助に携わり、生涯体育の視点からスポーツ振興事業を行うことで健康と体力の増進を図り、豊かで潤いのある市民生活の形成に寄与する武蔵野生涯学習振興事業団の外郭団体としての運営をサポートする。	① 6/16～7/31 ② 8/18～8/20	33	1

タイプ	プログラム	概要	期間	実働日数	参加学生数
通学	小金井市役所インターンシップ	企画政策課の業務補助（会議開催の運営補助）を体験し、平成30年に市制施行60周年を迎えるにあたってのロゴマーク・キャッチコピーの募集等の企画運営にも携わる。	①行政 7/10〜8/6	20	2
		小金井市の保育環境を学ぶため、保育課、市内保育園、子ども家庭支援センター、児童館、保育所でインターンシップを行い、保育環境がより良くなるための提案を実施する。	②保育 8/1〜8/31 8/7〜9/6	23	2
通学	小金井市観光まちおこし協会インターンシップ（まちと遊びまちから学ぶインターンシップ）	商店街の夏まつりイベントの運営に参加、商店主やボランティアとの交流でまちの今を体験し、協会HPやSNSによる地域情報受発信の運営補助を行う。現場取材やネットラジオで、振興事業に携わる人と触れ合い、まちおこし協会の活動を学ぶ。	7/3〜7/31	20	3
通学	小金井市観光まちおこし協会インターンシップ（地域のもうひとつのおうち）	赤ちゃんからお年寄りまで、小中高生や地域の人も立ち寄る「地域のもうひとつのおうちまた明日」で活動し、子どもからお年寄りまで参加する地域コミュニティーの活動をサポートする。	7/3〜7/31	20	2
通学	JA東京むさし都市型JAインターンシップ	小金井市に新設された地域センターで、市内北西部にお住まいの皆さん待望の図書館や公民館を中心とした複合施設の運営を学ぶ。運営のサポートを通して、公共施設のあり方や、より有効的な利用について勉強する。	7/3〜7/28	19	3
通学	小金井市貫井北センター（NPO法人図書館・公民館こがねい）インターンシップ	小金井市に新設された地域センターで、市内北西部にお住まいの皆さん待望の図書館、公民館を中心とした複合施設の運営について学ぶ。運営のサポートを通して、公共施設のあり方や、より有効的な利用について勉強する。	7/16〜8/12	21	2
通学	アマゾンラテルナ（本社）テレビ番組制作インターンシップ	テレビの制作現場は派手なイメージとは違い、リサーチと会議が中心。番組を制作し、放送するまでをスタッフと共に体現してもらうことで情報を発信することの責任の重さ、多角的思考の必要性、プレゼンテーションの重要性、オリジナリティを出す楽しさなどを学ぶプログラム。	① 6/23、6/24〜7/22 ②7/1〜8/7 ③ 7/14〜8/14 ④ 7/17〜8/23 ⑤ 8/1〜9/1	20	6

事例 8　武蔵野フィールド・スタディーズ (長期学外学修プログラム) の取り組み　211

タイプ	プログラム	概要	期間	実働日数	参加学生数
通学	千川福祉会社会福祉施設サポートインターンシップ	社会福祉施設で、障害者や幼児と接することによって、障害のある方と一緒に『働くこと』『暮らすこと』の大変さを学ぶ。また、現場での活動を通して、障害者に対する支援体制について考えるきっかけを得る。	①就労支援 7/3〜7/28	20	6
			②障害児学童 7/24〜9/1	24	3
通学/宿泊	エリアマネジメント入門プログラム[経営限定]	『プロモーション戦略』『フィールドワークスキル』『特定エリアに関する知識』『Webページ構築の基礎知識』等のスキルを学び、エリアが抱える課題に経営学的な視点を持って解決策を提案する。	7/22、8/17〜8/25、9/10〜9/13、9/16	16	17
海外	留学プログラム(イギリス)グロスターシャー大学	英国で最も美しい村があるコッツウォルズ地方に本部を置く公立大学で、リーディング、ライティング、スピーキング、リスニングの4技能に加え、ボキャブラリーの練習を行うコースに参加し、英語力を磨く。	6/24〜8/20	40	7
海外	留学プログラム(カナダ)ビクトリア大学	カナダ、ブリティッシュ・コロンビア州の州都ビクトリアにある総合大学の付属語学学校で、授業に加え、文化体験、文化活動を通し、英語の4技能を磨き、語学力だけでなく、異文化コミュニケーション力を養う。	7/2〜9/9	45	4
海外	留学プログラム(オーストラリア)ディーキン大学	メルボルン最大の語学学校の一つ。10段階に分かれたレベル及び実践重視のカリキュラムにより、発音、語彙、スピーキング、コミュニケーション力を向上させるプログラムに参加する。	7/11〜8/20	25	9

資料2：2017年度メインメジャーFS・サブメジャーFS実施一覧

	タイプ（学科）	プログラム名	概要	期間	実働日数	参加学生数
メインメジャー・フィールド・スタディーズ	海外（日本文学文化学科）	中国FSプログラム	中国の悠久な歴史、古くて新しい多様な文化、成長を続ける経済のスケールの大きさや溢れる活気に触れ、日中共通の問題を考え、自分自身の振返りをする。著名大学や企業訪問など多彩な工程を実現。	8/21～9/9	20	8
	海外（日本語コミュニケーション学科）	ロサンゼルスイマージョンスクールアシスタントプログラム	ロサンゼルス及び近郊において開校されているイマージョンスクールのうち、日本語・英語イマージョン校におけるアシスタントを経験する。国際的な環境を体感し、グローバルな視点を身につける。	2/19～3/19	29	6
	海外（児童教育学科）	保育・教育海外（カナダ協定大学）研修	『Thompson River University（カナダ協定校）』にて、カナダにおける保育・教育現場の視察や、カナダにおける保育・教育の環境（法律や制度など）を学ぶ。2年生以降の専門教育に繋げる。	2/18～3/11	22	26
	宿泊（環境システム学科）	地域資源発掘ゼミ	木材の名産地と知られる長野県天龍村を対象に、地域おこし協力隊と共同で「環境学」、「ものづくり」の視点から、地域資源発掘（木材、農産物、観光資源等）の「Ⅰ．思考の場」と「Ⅱ．実践の場」を元に、課題発見能力及び創造的思考力、実践力を身につける。	7/15～7/17 8/7～8/9 8/16～8/28 9/29～10/1	22	16
	通学（人間科学科）	東京YWCAインターンシッププログラム	公益財団法人東京YWCAのインターンシップに参加し、『DV被害者への支援者に対する支援事業』のスタッフとして事務局の補佐を体験する。その業務貢献を3年次以降の研究につなげる。	6/1～12/31	20	6
	通学（建築デザイン学科）	オープンデスク	JIA（公益財団法人日本建築家協会）の"オープンデスク制度"を活用し、建築デザイン関連の各企業にて研修を行う。学生が希望する企業において「実務経験」を積み、就職活動の備えとする。	夏休み期間中	20	3

事例 8　武蔵野フィールド・スタディーズ（長期学外学修プログラム）の取り組み　213

タイプ (学科)		プログラム名	概要	期間	実働日数	参加学生数
サブメジャー・フィールド・スタディーズ	海外	国際関係論ゼミ	21世紀の国際秩序や国家主権のあり方について検討するとともに、現在国際情勢にどのような変化が起こっているかを分析し、国際紛争をどのように平和的に解決するかを議論する。	8/27 ～ 9/10	15	1
	宿泊	自然・ひと・自分とつながるホリスティックな暮らしの実践ゼミ	ものづくりや植物栽培を通じて、自然やひと、いのちのつながりを感じることを目的とする。学生たちが一から（木からスプーンや器をつくる、種から野菜を育てることから）カレーをつくるプロジェクトなどを行う。その他、田植え、稲刈り体験や夏休みに遠野市で里山暮らし体験フィールドワークなどの経験を通じて、幸せで持続可能な暮らしや社会、ホリスティックな人間のとらえ方を考える。	4/11 ～ 7/19 9/9 ～ 9/13 9/23 ～ 12/13	21	7
	通学	多言語・多文化ゼミ（フランス語）	多言語を自分のものとして身につけ、専門課程の学習にも役立て、検定試験や海外研修にチャレンジする。基本の語学学習から地道な原書購読を経て、実践の場での活用まで幅広く学習し、言語だけではない"文化的世界"に触れる。	8/6 ～ 9/16	20	2
		多言語・多文化ゼミ（中国語）				
	宿泊	メディア制作表現ゼミ	受講者全員が動画を撮り、ディレクター（監督）となって映像作品を作り、世界に向けて発信する。撮影場所は徳之島で撮影期間は一カ月。学生自ら企画し、脚本、構成、取材、撮影、演出、編集、広報、配信などを実践する。	8/18 ～ 9/8	21	4
	宿泊	地方行政・図書館司書ゼミ	先進的自治体である北海道東川町における一カ月の長期インターンシップを含め、公務員として働くための心構えと図書館で働くための基本能力を身につけるための総合研究を実施する。	8/18 ～ 9/15	28	8

タイプ（学科）		プログラム名	概要	期間	実働日数	参加学生数
サブメジャー・フィールド・スタディーズ	通学	組織開発論（チームビルディング）ゼミ	自分自身が一体「何ができて」「何ができないか」を確認し（自己理解）、さらにそれを互いに確かめ合い（他者理解）、ともにミッション・課題を乗り越えて、新たな「カタチ」を自らの社会創り『チームビルディング』で学び合う。	4/15～12/3	32	7
	宿泊	生物多様性・環境教育ゼミ	生物を対象とした自然観察の手法を学び、また自然保護活動団体と交流を持つことで、自然保全を、生物保全と市民活動両面の目線からも捉えていける人材の育成を目指す。夏期に数日程度の合宿、その他東京近郊の学外学修を実施。	4/20～12/9	20	3
	通学	スポーツマネジメントゼミ	「大学生だからできる。大学生でもできる。」をキーワードに、ゼミ生主体で開催する2020年東京オリンピック・パラリンピック関連イベントを通して、ビジネスシーンで不可欠なマネジメント、マーケティング、チームビルディング等のスキルを修得する。本プログラムは、2020年大会に向けた学生活動として、他大学の模範となり、本学の東京オリンピック・パラリンピックの活動に貢献することを目標とする。	6/10～7/16 8/11～8/13 10/6～12/24	21	10
	海外	ホスピタリティ産業ゼミ	ラグジュアリーホテル・エアラインなどのホスピタリティ産業への就職を希望する学生を対象に、講義やディスカッションを通じて、優しい心と気くばりの力、基本マナーや知識を学びながら、ホスピタリティ人材としての資質を高めていく。夏季冬季各一カ月の、国内外一流旅館・ホテルでの厳しいインターンシップを通して、「本気でホスピタリティを学びたい」という学生にチャレンジを促すプログラム。	7/6～8/7 8/9～9/8 8/9～9/12 8/9～9/12 いずれか	30～34	7
	通学	起業家・経営後継者育成ゼミ	起業を目指す学生や、実家が企業を営んでおり、経営後継者になる予定の学生を対象にしたゼミ。学外学修では、優良中小企業経営者の話しを直接聞くことで、知見を高める。	8/28～9/10	12	9

タイプ (学科)		プログラム名	概要	期間	実働日数	参加学生数
サブメジャー・フィールド・スタディーズ	宿泊	黒姫高原活性化プロジェクトゼミ	長野県信濃町をモデルとして、地方創生や6次産業などをテーマに地域活性化対策を企画する。現地での実地調査も行い、企画案を取りまとめる。企画案は町役場での発表を行う。	8/13 ～ 8/26 3/1 ～ 3/7	21	2
	宿泊	コピーライティングゼミ	広告・広報分野で働くコピーライターの技術を軸に、情報の編集力、発信力を高めることを目指す。インタビューを原稿にする、企業のスローガン開発、キャッチコピー開発など、多くの言葉づくり、文章作成を経験する。	8/22 ～ 9/15 8/8 ～ 8/26 8/7 ～ 8/26 いずれか	18 ～ 23	9

(2) 武蔵野FS参加学生等へのアンケート調査について

　2017年度より1年次の長期FSが本格稼働したことにともない、その学修効果を検証するため、学生や活動・協働先、指導教員にアンケートを実施した。

　学生に対しては、本学のDPに基づき、武蔵野FSに参加した学生へ求められる成長指標等を定義し、FSの事前事後で成長を実感したか計測するアンケートを実施した。成長指標については「他者と自己を理解し自発的に踏み出す力」、「課題を多角的に捉え創造的に考える力」、「多様な人々のなかで自らの考えを表現・発信する力」の3分野より計13項目を設定し、5段階で回答してもらった。アンケートの結果、FS後にほぼ全ての項目で学生が成長を実感しているとわかった。とくに「何かに取り組む際、課題や問題を意識して取り組んでいる」、「社会問題や世界の動向など多様な情報から取捨選択できる」、「自分の考えを図や数字を用いて相手にプレゼンテーションすることができる」、「リーダーシップの能力がある」の4項目で大きな伸びがみられた。長期FSでは事前講義で地域の歴史・文化・環境などを学び、課題やテーマをもって学外学修にのぞむ。そして、プログラムの終了時には、

活動・協働先と担当教員にむけプレゼンテーションをおこなう。学生たちは日々のプログラムをこなしながら、協働しプレゼンテーションに向けて準備を進めていく。上記項目に伸びがみられたのは、事前講義・学外学修・事後講義のそれぞれにおいて学生が主体的に行動した結果であると考えられよう。また、FSの履修を後輩に薦めるかという質問に対し、84.9％の学生が薦めると回答した。

次に、活動・協働先に対しては自由記述のアンケートを実施した。学生を受け入れて効果があった点として「地域にはない若い目線での企画・提案が得られた」「学生のSNSでの情報発信等により地域のPRになった」「移住促進（地域への関心）の可能性が得られた」などのご意見をいただいた。なお、課題として「事前講義に受入先も関与して課題等を共有したい」「目的意識や課題認識の低い学生が一部見られる」「宿泊場所や移動手段の確保が難しい」などの意見もいただいた。学生の受け入れに前向きな意見が多く、今後も積極的に意見を交換し、修正・改善をはかりながらよりよい関係を築いていきたい。

指導教員に対しても、自由記述のアンケートを実施した。「社会性や環境の変化への適応力が格段と上昇した」「視野が広がり、多面的に考えられるようになった」などの意見があり、社会性・人間性・協調性・忍耐・コミュニケーション力・規律の遵守等が高まったと評価する声が多かった。

⑶　課題と今後の展開について

武蔵野FSは、上記のアンケート結果に示されているように学修効果の高いプログラムである。しかし、その実施のため教職員に多大な負担が掛かっており、安定的に継続し運用することには懸念がある。大きな課題としては、①プログラムの質保証②１年次全員必修にともなう全学生に対する主体性の指導方法の確立③開講時期等など科目履修にかかわる学内調整④規模に応じた運営推進の教職協働体制の構築が挙げられる。

今後は、2018年１月に設置した学外学修推進センターを中心として、これらの課題の解決を図りながら、全学的な特色ある取組として武蔵野FSをさらに発展させていきたい。とくにプログラムの質保証においては、各プロ

グラムに学部学科それぞれの専門的な学びに繋がる要素を加えていきたい。また、2年次以降に配置しているメインメジャーFSおよびサブメジャーFSでは、より専門性の高い学外学修をおこない、学生が自ら世界や地域の課題を発見し解決できる能力を養わせるという意図を持つ。以上のような取り組みにより、眼前の問題に向き合い、本質的な課題を見出し、解決策を思考するといった、本学のブランドステートメントである「世界の幸せをカタチにする。」人材を育てていきたい。

(後藤新・山内一郎)

2 実践事例の報告①〜⑥

(1) 事例報告①《長期宿泊型》
1時間で行ける離島　東京都八丈島で離島生活体験

　八丈島は東京の南方海上287kmに位置し、約7500人ほどの人口を有している。そして、約40％が高齢者という少子高齢化がとても進んでいる地域である(八丈町, 2018)。

　八丈町と本学の長期宿泊型プログラムの取り組みは2017年度より始まった。2017年度は4名の学生が、八丈島ふるさと塾を主催する大澤幸一氏の自宅離れに宿泊し、2つの保育園で1か月にわたりボランティアをおこなった。しかし、受け入れ先の保育園より、目的があいまいであること、受け入れ期間が長すぎることなどのご批判をいただいた。2018年度はその反省をふまえ、プログラムの目的を「"島"で暮らすことについて考える」とし、内容も大幅に変更した。同じ都内でありながら、歴史・社会・文化など様々な面で大きく異なる"島"での生活を通して、自分たちの日常について考えるきっかけになってほしいと願ってのことである。

① 長期プログラムの実習内容

　2018年度は8月13日から9月10日まで、学生4名が参加しおこなわれた。前半（8月13日〜27日）は、2名ずつ2つの保育園（あおぞら保育園、若草保育園）にわかれ業務の補助を、後半（8月28日〜9月10日）は八丈島観光協会を通じて手を挙げてくださった、黄八丈の伝統を守る黄八丈めゆ工房、くさやを製造販売する長田商店、八丈島特産の焼酎を製造販売する樫立酒造、八丈島を代表する野菜である明日葉を加工販売するあしたば加工場へそれぞれ2〜3日ずつお世話になり業務の補助をおこなった。なお、学生たちは2017年度と同様、大澤氏の自宅離れに宿泊させていただいた。

② 長期プログラムを終えて

　まず保育園の補助業務については、2017年度と同様に目的があいまいであるとのご批判をいただいた。しかし、参加した学生のうち3名が保育士を志望していることもあって、学生たちにとって大変貴重な経験となった。保育実習としての経験もさることながら、内地と島の保育の違いをみつけるという目的意識をもって取り組んだことが、学生それぞれに多くのことを気づかせたようである。

　また、各事業所での補助業務においては、めゆ工房での糸繰や長田商店でのくさやの製造など実際の業務のみでなく、仕事の合間などにそれぞれの特産品の歴史的背景や、それを通じて八丈島の歴史について多くのことをお話しいただいた。学生たちは日常において伝統産業と触れることがほとんどないようで、各事業所での補助業務も大変に貴重な経験となった。

　1か月にわたる共同生活をふくめ、本プログラムが学生たちを大きく成長させたことは間違いない。詳しく述べる余裕はないが、これまでの日常とは大きく異なる"島"に住み、働き、楽しんだことは、学生それぞれに、これからの学びにつながる多くの発見をもたらしたと確信している。

　なお、本プログラムを成功とよべるならば、それはひとえに島民の方たちの温かさと優しさのおかげである。大澤氏をはじめ、保育園の先生方、各事業所の方たち、本プログラムを支えてくださった八丈町役場の方たちなど、

多くの島民の方たちに支えられ"島"での生活が実りあるものになったと実感したことこそ、本プログラムによって学生たちがえた最良のものであろう。

(後藤新)

(2) 事例報告②《長期宿泊型》
福岡県大川市 TERRAZZA イベント企画プロジェクト
① **本プロジェクトの目的と課題**

本プロジェクトの目的は、福岡県大川市の観光イベント企画案を立案することを通じて、同市の振興に寄与することである。

福岡県南西部の筑後平野に位置し、九州最大の河川である筑後川の雄大な風景が広がる大川市は、木工業のまち、家具の産地として有名である。しかし、日本一の「木のものづくり」のまちであるにも関わらず、九州以外での大川市の認知度は決して高くはない。

そこで、大川市の魅力を発信すべく、同市の PR を行い、観光イベントを考えるというのが参加学生に与えられた課題であった。この課題を遂行するため、学生たちは、筑後川に架かる昇開橋（重要文化財）のたもとにオープンした大川市観光・インテリア情報ステーション「大川 TERRAZZA（テラッツァ）」の業務にほぼ毎日従事することになった。ここで、大川市の観光業務の手伝い、家具・木工の店舗や工場、職人への取材といった活動に取り組んだのである。

② **本プロジェクトの活動内容**

実施期間は 2017 年 6 月 12 日〜7 月 9 日の約 1 ヶ月間であった。参加学生は希望者から選抜した 6 名である。選抜にあたっては、学生の希望度だけでなく、所属学科の偏りをなくすよう配慮した。特に初年次教育の一環である FS においては、学科の壁を越えた人間関係の構築が必要と判断したからである。

大川市滞在中の約 1 ヶ月間、学生は「大川 TERRAZZA」で本来の業務に

従事しつつ、様々な活動を行った。その一つが同市の名産品である「い草」産業の学習である。い草の栽培場所や工場の見学に加え、休日には市内のコワーキングスペースの制作現場で、い草を使った漆喰塗りのボランティアに（短時間ながら教員である私も）参加した。この他、地域理解を深めるために、歴史・文化施設の見学、市議会の傍聴、筑後川下流域に住む「えつ」漁の体験、江戸時代から続く「庄分酢」の見学などを行っている。小学校での田植えの手伝いや宿泊先である「ふれあいの家」での催事の運営補助を通じて、近隣の子供たちとも触れ合った。

このような活動を通じて、学生は一丸となって企画案をまとめていったのである。そのプレゼンテーションを実施した最終発表会では、大川市役所職員の方々の前で、同市の魅力を高めるための方策を全員が堂々と説明した。

③ 若干のコメント

学内にすら不慣れな新入生が学外の遠隔地でスムーズに活動できるのか、当初はとても不安であった。しかし、学生たちは意欲的に活動に取り組み、これは杞憂に終わった。特に、最終発表会で自らの成長実感を生き生きと語り、「一皮剥けた」姿を見せてくれたことは、今後の様々な学びに繋がることを期待させるものであった。

この背景には、学生たちに対する現地の方々の温かいまなざしがある。大川市の人々とのつながり、その一つひとつの言葉や振る舞いが、学生たちにとって何よりの活動源であり、成長を促した要因であった。受け入れ先の方々の大きな支え＝協力体制、これが本プロジェクト「成功」の鍵であったことは間違いない。

とはいえ、本プロジェクトが一過性の体験、あるいは「良き思い出」に留まってしまっては意味がない。「大学で何を学ぶべきか」という本質を踏まえ、FSの成果が学内での学び、卒業後の人生に生かされてこそ、FSの本当の価値がある。本来ならば、それを見極めてはじめて、本プロジェクトは「成功」と評価し得るのであろう。

（藤田祐介）

(3) 事例報告③《長期通学型》
武蔵野市社会福祉施設（武蔵野千川福祉会）体験実習
① 武蔵野千川福祉会プログラム

本稿では長期通学型の体験実習（長期フィールド・スタディーズ（FS））の一つ、社会福祉法人武蔵野千川福祉会でのプログラムについて報告する。以下「千川福祉会プログラム」という。

①-1 千川福祉会プログラム概要

武蔵野千川福祉会は、武蔵野市に所在する障害者・障害児支援を中心に事業を展開している社会福祉法人である。2017年度の長期FSの実習テーマは、**【あるがままにあたりまえに／地域で「働くこと」「暮らすこと」をゆたかに〜障害のある人の人権、福祉事業の理解と気づきから学ぶ〜】**であった。4つの事業所（就労継続支援B型、生活介護、障害児学童クラブ）において、各事業所2・3名、4週間の受入をしていただいた。実習内容として、就労支援事業所においては「成人期知的障害のある方と就労事業所でともに働く」ことを、障害児学童クラブにおいては「障害のある子どもたちと遊ぶ」ことが示された。

①-2 履修学生

千川福祉会プログラムに参加した学生は、1年生9名であった。学科の内訳は、日本文学文化学科2名、経営学科2名、人間科学科5名であった。プログラムへの志望理由は順位にかかわらず、「高校時代までの間に障害者と関わった経験からより理解を深めてみたい」「家族が社会福祉の仕事をしているから」「家族・親戚に障害を抱えている方がいるから」などが多かった。なかには、「障害者が出演するバラエティ番組を観たから」「当たり前とは何かを問うために」という理由の学生もいた。いずれの学生も、障害者支援の領域に積極的かつ高い関心を持っていることが伝わってきた。

② 障害者支援の現場における学び（実習のふりかえりから）
②-1　学びや経験を得られたこと
　事後学習において実習のふりかえりを行った。障害のある利用者とのコミュニケーションの過程や、学生本人と利用者との関係の深まりが良かった・嬉しかったと感じた学生が多かった。また、「大学生としての学生自身とは異なる利用者の日中の過ごし方」に触れられたことも、良い経験と感じられたのがうかがえた。

　また、障害のある利用者の持つ「強み」について発見できたという意見が多かった。利用者がどのような人なのかを考える時に、利用者のできること・得意なこと等の「強み」に着目するストレングス視点で見ている。支援の現場において、「支援者は利用者を"教えなければならない存在"である」という「先入観」への気づきがあった。学生たちは、実習が始まると「教える」のではなく、施設職員や利用者に「教えてもらう」側の存在であることに直面する。その際には、自分の感覚を信じることと疑うことの両方が必要になる。自分自身にある「先入観」に気づくことになった。

②-2　難しかったこと
　障害の特性によって、言葉によるコミュニケーション・意思疎通の難しさや、その人特有のこだわりを理解することの難しさを挙げた学生が多かった。また、施設のスタッフの方々の業務の多忙さに驚いている感想も挙がった。

（本多勇）

⑷　事例報告④《短期宿泊型》
　　徳島県阿南市加茂谷地区農業体験実習
　①　武蔵野大学と加茂谷元気なまちづくり会
　徳島県阿南市の加茂谷地区と武蔵野大学の取り組みが始まったのは、2014年の夏からである。2014年の受け入れの初年度に、加茂谷地区は豪雨に見舞われ那賀川流域では洪水の被害を受けた（西山ほか, 2015）。現在、毎

年学園祭に大学生が訪れている加茂谷中学校は、2階部分に至るまで浸水があった。農業に関わる人々の生活にも大きな影響があり、実施の初年度は、学生たちはそれらの被害に対して可能な支援を行った。その縁もあり、強いつながりが生まれて、これまでに多くの体験ボランティアの受け入れがなされた。毎年約80名前後の学生が5班に分かれて訪れており、2018年度までには約400名の学生の受け入れがあったことになる。

①-1　農業体験の様子

学生たちは、5班に分かれ、15〜16名ごとに4泊5日の農業体験や共同での生活を行う。中には、農家の方々の家にお招きいただき、宿泊して生活を共にする学生もいる。

加茂谷地区を訪れる学生の多くは、関東地方に在住してきたものが多く、農業とかかわりのあった学生はほとんどいない。学生たちは、2日目から農業体験をすることになるが、鍬や鋤を手にしたこともなく、土を耕し肥料をまくということも初めての体験が多い。

グループによって体験することは異なるが、特産物のすだちをはじめ、イチゴ、しいたけ、胡蝶蘭、チンゲン菜などの野菜の栽培や収穫のお手伝いをするほか、ビニールハウスの補修をしたり、乳牛の世話や搾乳をしたりするものもいる。ミツバチからはちみつを集める作業をするものもいれば、農地に至る用水路の補修に関わるものもいる。

農業について知ることや体験することのみならず、一番大きな財産になるのは、月並みな言い方になるが、現地の方々との交流で感じる人々の優しさにほかならない。

関東の首都圏近郊で暮らしてきた多くの学生は、加茂谷の人々のストレートな温かさやエネルギッシュさに心を奪われるようである。いわゆる都会の暮らしで、他人とは無理に関わらないような付き合いからすると、真逆に強い人と人のつながりを感じるのは、加茂谷の人々の懐が深く、真っすぐな親切さがあるからである。

①-2 加茂谷での暮らしを終えたその後

　加茂谷地区を訪れるのは、4泊5日と長いものではないが、何人もの学生が、最終日に現地の方々とお別れをするときに寂しさと感謝があふれて涙を流している（どの班でも見られる）。一生懸命やりきった自分たちへの思いもあるだろうが、一番は現地の方々との別れや優しさの影響が大きいと感じられる。

　学生たちは、自分たちで現地を訪れお世話になった農家の方々と旧交を温めている。引率で訪問した教職員のリピーターも多く、校務とは関係なく現地を訪れたり、加茂谷の方々と交流が続いたりしているものもいる。その後、10月に武蔵野キャンパスで行われる学園祭『摩耶祭』では、加茂谷地区の方々が訪れ、毎年現地直送の野菜が販売されている。こちらも野菜の良さのおかげもあり、リピーターが多くおり、毎年すぐに完売をするようである。

（城月健太郎）

⑸　事例報告⑤《メインメジャーFS》　中国FSプログラム

　日本文学日本文化に大きな影響を与え、その重要な一部でもある漢文学のもとの舞台を実際に訪ねてみようという考えから出発したこのプログラムは、経済成長を続ける現在の中国の姿や、その社会の多様性を体験できる機会にしたい。また参加者にとって受動的な観光ではなく、事前に各自テーマを設定し、問題意識を以て自ら行動して、同世代の大学生など現地の人々と交流することによって、自主研究を完成することが目標である。

　おりしも日中国交正常化45周年と日中平和友好条約締結40周年にあたる2017・2018年に実施したこのプログラムは、記念行事として外務省に認定され、学内から合計19名の学生が20日間かけて北京・上海・西安・成都という中国を代表する都市をめぐった。活動内容は主に以下三つからなる。

　第一、文学探訪。万里の長城など世界遺産はもちろんのこと、白居易の「長恨歌」にゆかりのある西安華清池や、杜甫が四川に客居した時期の成都草堂などを訪ね、漢文学が育まれた環境を体感した。

　第二、企業訪問。例えば上海市の観光イメージをプロモーションする紅磚

文化、三峡ダムや風力発電所を運営し、次世代のクリーンエネルギーを開発する中国最大の電力会社三峡グループ、ベンチャー企業を支援する東昇中関村キャピタルなど、都市の個性を代表する企業6社を見学し、中国経済の実態に触れられた。

　第三、大学交流。北京大学と清華大学のキャンパスツアーは格別に印象深かった。そして本プログラムの企画に協力し、現地実習を受け入れた対外経済貿易大学(北京)、東華大学(上海)、西安外国語大学を拠点として、参加者はキャンパスライフを体験しながら大学生と交流会を開き、現地の研究者による専門的な講座も受けた。

　この他にも、例えば現代芸術やアートビジネスに触れた北京宋荘芸術村、書籍をテーマとした西安のブックモール、世界インターネットサミットの会場である水郷烏鎮など、いろいろな場所に足を運び、悠久な歴史を誇る巨大隣国の現在を多角的に見聞することができた。

　主体的な知の獲得という学外学修の理念を実践すべく、参加者が各自「自主研究」に取り組むことが本プログラムの特色である。事前にテーマを設定し研究計画を立て、現地渡航の間はアンケートやインタビューを行い、試行錯誤や軌道修正しながら調査を進める。その途中結果を学生交流会で発表し、現地大学生と意見交換して理解を深める。最終的に研究レポートとしてまとめ上げ、成果発表会でPPTを用いてプレゼンテーションを行う。自主研究のテーマは生活習慣から社会文化の差異、また環境問題や国民意識など多岐に亘るが、先入観から脱却して客観的に隣国を見つめ直し、将来に向けて相互理解を図るという傾向は顕著に表れている。参加者一人一人の実習体験がそれぞれオリジナル研究旅行を形成し、また参加者同士が助け合うことで複数の研究旅行に携われる相乗効果もあった。自ら行動することによって知見を広めると同時に、現代社会に必要なコミュニケーション力、情報分析力、論理的思考力などが鍛えられた。自主研究の経験は普段の勉強にも生かせるし、テーマ自体は卒業論文、さらにより本格的な研究に発展できるものと期待されている。

　漢文学のテキストを講読し、自主研究のテーマ設定は事前授業で行うが、

事後授業として成果発表会を開催する以外に、参加者が中心に報告書を作成することも重要な一部である。編集会議を開いて構成を練り、原稿執筆して編集とレイアウトも参加者の学生が中心に行う。その経験は卒業後のキャリアデザインにも繋がるに違いない。

(楊昆鵬)

⑹ 事例報告⑥《サブメジャー FS》
鹿児島県徳之島メディア制作表現ゼミ
体験の作品化〜表現主体を育む創造型学外学修〜

① 武蔵野大学のメディア制作表現ゼミ

①-1 概要

武蔵野大学のメディア制作表現ゼミは、2017年度に創設した学科横断型のゼミナールであり、今年度(2018年度)で第2期となる。「個の記憶と土地の記憶」をテーマに掲げ、受講生全員が2年間かけて自己を見つめ直し(自分探しではない)、現在の自己を形作る過去の体験を映画(動画ではない)として作品化し、上映会を開く。

2年間の流れを簡単に説明すると、初年次の前期には幼年時代の〈私〉の記憶と向き合い、体験を言語化する(シナリオ執筆)。舞台を徳之島に置き換えるために、徳之島研究(机上でのロケーション・ハンティング、異文化理解)をおこなう。8月の「夏目踊り」(無形文化財)の時期から徳之島に滞在し、伝承された土地の記憶を学びながら撮影実習をおこなう(全員が監督と制作を務める)。後期からは編集作業に入り、次年度の夏までに作品を完成させて試写をおこなう。先輩は上映会の企画をしながら後輩の実習をサポートする。

言語表現と映像表現の専門家が二人で指導をおこない、受講生の総合的な表現力の育成を目指している。運営面では、徳之島町役場とみらい創りラボ・いのかわのご協力を賜っている。

①-2　成果（中間報告）

　2017年度（第1期）は、9名（教員2名を含む）で徳之島を訪れ、21日間滞在し、伝承文化を体験した上で撮影実習を行った。2018年度（第2期）も同様に15名で訪れ、14日間滞在した。2018年の8月23日と27日には、徳之島で第1回「ムサトク フィルムフェスティバル」を開催し、前年度に撮影した映画の中から5本の作品を上映し、トークショーを開催した。用意した席は満席となり、来場者は200名を超え、取材も受けた。町長、副町長をはじめとする多くの方々から直接のご意見を賜り、役場を介しては DVD 化（商品化）を待望する声が寄せられた。「夏目踊り」等を記録した映像は徳之島町に提供し、「大島地区生涯学習推進大会」等で活用されている。

② **表現主体を生成する創造型の学外学修**

　文部科学省は、今の学生たちは主体的に考えて表現する力が弱いという共通認識を持ち、主体性を涵養するためには学外学修が有効だという仮説を立てている。「学外学修」の起源の一つは、東京師範学校の修学旅行（1886年）にあるが、筆者としては、東京大学の公開自主講座「公害原論」（1970年）にその起源を求めたい。正課では学べない（でも大学でしか学べない）現代世界の切実な課題を取り上げて、理論研究と現地調査を繰り返す。大学におけるこうした自主活動は拡大し、筆者自身、南北問題を考えるゼミ生のひとりとして、先生とともにタイ国境沿いの難民キャンプを訪れ、サラワクの森林伐採の現場を踏査したことがある。では、必ずしも社会問題に関心を持たない大学生に対しては、どのような学外学修が有効なのだろうか。

　筆者はやがて日本近代文学を研究する道に入り、多様な日本語表現の分析や実践（批評や創作）に携わる機会に恵まれ、映像作家小谷忠典氏と共にメディア制作表現ゼミを担当することとなった。前述のように、受講生一人ひとりが「個の記憶と土地の記憶」を言語化し、物語を創作し、表現主体となって体験を映画にする授業である。濃密で過酷だが、天下国家や社会問題のことよりも自己への配慮に関心を示す学生にとっては、対象となる記憶も物語も体験も受講者自身に帰属するため、モチベーションが保ち易い。したがって、

映画を制作して上映会を開き、各自の「観衆」を得て「作家」の立場を経験する創造型の学外学修により、主体性の涵養、表現力の育成、多様性の理解といった到達目標を自ずと達成できるのである。

(土屋忍)

3 中規模中堅総合大学における学外学修の課題 ——「主体的な学びのスイッチ」を巡って——

(1) 学外学修の課題

中央教育審議会答申「新たな未来を築くための大学教育の質的転換に向けて ~ 生涯学び続け、主体的に考える力を育成する大学へ ~ 」(2012年8月)に基づく「学事暦の多様化とギャップイヤーを活用した学外学修プログラムの推進に向けて (意見のまとめ)」(2014年5月29日, 学事暦の多様化とギャップタームに関する検討会議) には、次のように述べられている。

> 「何のために学ぶのか」という問いの答えを学生自身が見つけるために、できるだけ早いタイミングで、世界や社会の現実の中に飛び込み、異なる価値観にぶつかる社会体験を通じて、心身ともに鍛えられ、自らの殻を幾度も脱皮することによって、広い視野と高い志を養い、そして主体的な学びのスイッチを入れていく過程が重要となる。
> 　また、一定の専門的知識を修めた段階においても、現実の世界を経験して、学問の有用性を確認するとともに、社会性を身に付け、異文化への理解と寛容の態度を養うことが重要である (傍線は引用者)。

中規模中堅総合大学の武蔵野大学では、上記引用文の前段のような考え方に基づいて、学外学修の全学必修化を試みた。また後段のような考え方に基づいて、各学科において実施してきた学外学修活動の充実を図っている。

結論を急ぐなら、傍線を引いていない部分については概ね達成できたが、傍線を引いた部分については達成が確認できていない。つまり、多くの学生たちが世界や社会の現実の中に飛び込み、心身共に鍛えられ、視野は広がったとは言えるが、「主体的な学びのスイッチ」が入ったか否か、という観点でみると疑問が残る。外に出て体を動かして成長するということと、学問への夢と志を抱いて行動するようになるということの間には、見過ごすことのできない懸隔がある。後段の傍線部「学問の有用性」の確認に至ってはさらに難しい。分野にもよるが、例えば政治学や経済学、文学や哲学が如何に役立つ学問かを明快かつ前向きに語れる研究者は少ないだろう。

⑵　課題解決に向けて

　それでは、どうしたらよいのだろうか。解決策は二つある。
　一つは、研究者（大学人）が自らの学問分野を捉え直し、「何のために学ぶのか」と問い続け、21世紀における新たな学問の意義と目的とを明確にすること。その意義と目的を感得できる学外学修プログラムを用意することが重要である。
　もう一つは、社会人（実務家）が大学を卒業しても学問を手放さず、「生涯学び続け、主体的に考える力」を身につけ、自らの生き方と関わる形で学問を捉え直すこと。「就業力」という観点でのみ大学（生）を見ないこと。実務家が大学生とともに学問を学べるような学外学修プログラムを考案することが必要である。
　学問は「就業力」育成のためにあるのではなく、「生涯学び続け、主体的に考える力」を身につけるためにある。文部科学省は、先に引用したのと同じ資料の中で「豊かで安定した日本社会で育った今の学生たちは、「何のために学ぶのか」という動機付けが不足し、学修態度が受け身である」との見解を示しているが、大義を見失い、主体的に表現していく力が不十分で人生の態度が受け身になりがちなのは、おそらく大学教職員を含めた大人たちの方である。

修学旅行や研修旅行よりもアカデミックで、学術調査よりも汎用性の高い性格のプログラムが求められるのではあるまいか。

(土屋忍)

4　未来への懸け橋——本学学外学修のこれから——

　学外学修(フィールド・スタディーズ)について言えば、2018年度の1年生対象学外学修プログラムは大きな事故もなく97プログラムを実施することができた。また、2年生以上を対象とした各学外学修プログラムも大きな成果を上げてほぼ終了することができた。これを土台として、2019年度からのよりよいプログラムの企画実施に向けて、あゆみを続けていかなければならないと関係教職員一同心を引き締めている。

　今後のフィールド・スタディーズの企画実施について、いくつかのポイントに絞って方針を述べたい。

　第一に、明確な目的意識を共有することである。フィールド・スタディーズは数多くのプログラムによって成り立っている全学的な教育事業である。プログラムの中には国内のものもあり国外を舞台とするものもある。また数日間の短期プログラムもあり、1か月に近い長期間にわたるプログラムもある。職業体験型のものもあり、学外見学型のものもある。もし、すべてのプログラムに共通した目的意識がないならば、全学的な必修科目として行う意味は失われてしまう。「世界の多様性とそれらの支えあいに気づき、他者への尊敬と寄り添う気持ちをもつ」という大きな教育目的を共有することで、フィールド・スタディーズは、仏教精神を教育のバックボーンとする本学にふさわしい専門教育の基盤を形成し、ひいては世界の幸せに寄与できる人材育成につながっていくのである。

　第二に、プログラムの質向上である。本年度行われたプログラムは前述のように極めて多数に及んでいるため、そのすべてが前掲の目的に沿った効果のあるプログラムであったことは言い難かったのが事実である。2019年度

は、それぞれの専門性を生かしたユニークなプログラムを立案してくれるよう全教員に対して呼びかけることで、2018年度は約4分の1に過ぎなかった教員企画によるプログラムの数を増加させる方針である。さらにプログラムの期間と取得単位との整合性、引率者の業務や報酬などについても明確化していく。

　第三に、プログラム実施の時期を現行の2学期と夏休みの2期制から、夏休み期間実施という方向にバランスを移していくということである。2019年度から漸次それを進め、2学期の平常授業への影響を少なくしていく予定である。また、事後のアンケート等を検討した結果、長期プログラムの履修者の満足度が高いことから、今後は長期プログラムに重心を置いた構成にしていきたいと考えている。

　第四に、危機管理体制の整備である。学外学修実施中に起こりうる様々な問題について、事前にそれを防ぐ方策と実際に起こってしまったときの対処を具体例をもとに精査し、方針を定めておく必要があると考えている。

　以上、2018年度の学外学修実施の結果を踏まえて、2019年度の学外学修プログラム立案・実施へと向かうにあたって、方針を述べたものである。

（山田均）

引用文献

後藤広史・木村淳也・長沼葉月・荒井浩道・本多勇・木下大生 (2017).『ソーシャルワーカーのソダチ』生活書院.

八丈町企画財政課企画情報係 (2018).「はちじょう2017」資料編 http://www.town.hachijo.tokyo.jp/toukei-siryou/pdf/hachijo2017d.pdf（閲覧日：2018年9月）.

稲沢公一 (2017).『援助関係論入門 「人と人との」関係性』有斐閣.

西山賢・中野晋・武藤裕則・村田明広・田村隆雄・安藝浩資 (2015).「平成26年台風12号豪雨による阿南市加茂谷の洪水被害」『阿波学会紀要』, 60, 199-200.

Society 5.0に向けた人材育成に係る大臣懇談会　新たな時代を豊かに生きる力の育成に関する省内タスクフォース (2018.6.5). Society 5.0に向けた人材育成～社会が変わる、学びが変わる～.

執筆者一覧
後藤　新（武蔵野大学学外学修推進センター次長・法学部　講師）
城月健太郎（武蔵野大学人間科学部　准教授）
土屋　忍（武蔵野大学キャリア開発部長・文学部　教授）
藤田祐介（武蔵野大学教育学部（教養教育）　准教授）
本多　勇（武蔵野大学通信教育部人間科学部　教授）
山内一郎（武蔵野大学学外学修推進センター事務室　室長）
山田　均（武蔵野大学学外学修推進センター長・人間科学部教授）
楊　昆鵬（武蔵野大学文学部　准教授）

事例9 東京工科大学におけるコーオプ教育プログラムの実施
東京工科大学

大学基本情報

　本学は、1947年に設立された創美学園(現、学校法人片柳学園)の基本理念である「理想的な教育は理想的環境にあり」のもと実学教育の精神を受け継ぎ、基本理念を「生活の質の向上と技術の発展に貢献する人材を育成する」としており、また、これを実現するための具体的理念として、(1)実社会に役立つ専門の学理と技術の教育(2)先端的な研究を介した教育とその研究成果の社会還元(3)理想的な教育と研究を行うための理想的な環境整備と定めている。

図1　東京工科大学八王子キャンパス全景

この基本理念のもと本学は、1986年に工学部(電子工学科、情報工学科、機械制御工学科)1学部の単科大学として発足した。その後、1999年には、日本で初めてとなるメディア学部を設立、また、2003年には、工学部を発展的に改組し、バイオニクス学部(現応用生物学部)、コンピュータサイエンス学部を設置し、社会のニーズに対応する実学主義教育を行ってきた。2010年には、本学園発祥の地である東京都大田区蒲田にデザイン学部、医療保健学部を設置。2015年には、機械工学科、電気電子工学科、応用化学科からなる工学部を新たに設置し、6学部12学科を有する理工系総合大学として大きく発展を遂げている(2018年5月現在の在学生は7,836人(大学院生を含む))。

図1に本学八王子キャンパスの全景を示す。

取組事業の概要

東京工科大学では、2015年に設置した工学部においてコーオプ教育を必修科目としてカリキュラムに取り入れた。コーオプ教育とは、実践的能力養成を目的に学内の授業プログラムと学外の就労体験型学修プログラムを交互に受ける教育であり、米国で100年以上前に開発されて以来、米国、カナダ、欧州等で広く行われている教育プログラムである。学生は企業で一定期間働くことで、就業経験と労働賃金、大学の単位を修得することができるというものである。

本学のコーオプ教育においては、学生は約2ヶ月間企業で有給での実習を行う。コーオプ教育を通じて、主体性や協調性といった非認知能力の養成、主体的な学修の定着、実践的知識と幅広い視野を身につけることを目的としている。コーオプ教育は必修科目であるため、工学部の学生(1学年約300名)は必ず実習に行くこととなる。

1　コーオプ教育導入の経緯

本学工学部は、2015年に新たに創設された比較的新しい学部である(前述

のとおり、大学創立当初に作られた工学部は、コンピュータサイエンス学部、バイオニクス学部等に改組され一旦なくなってしまう。その後、やはり工学の根本的、普遍的な知識を教える学部が必要という考えに基づき、2015年に再び設置された経緯がある）。新たな工学部の設置に先立ち、学長、副理事長（当時）等により構成される本学高等教育調査団が2012年夏に米国およびカナダに派遣され、両国の最新の教育状況とその成果の調査を行った。その際に視察したドレクセル大学、ジョージア工科大学、ウォータールー大学等において、コーオプ教育に多くの学生（全学生数の25-90％）が参加していることや、コーオプ教育は、人間形成や社会人基礎力の向上、学修意欲の向上等といった面での教育効果が非常に高いことが明らかとなった。(東京工科大学, 2012) コーオプ教育は、本学の掲げる実学主義とも方向性を同じくするものであり、高等教育調査団の報告を踏まえて、学部創設の機会を捉えて工学部に導入することが決定された。

2　東京工科大学型コーオプ教育プログラム

本学工学部で実施しているコーオプ教育は、図2に示すように、企業における実習と事前教育及び事後教育を組み合わせた総合的な教育プログラムとなっている。海外の大学で行われているいわゆる「大学非関与型」ではなく、教育課程にしっかりと位置づけ、事前・事後教育を含めた教育プログラムとして提供する「大学プログラム型」である。

3　事前教育

事前教育では、1年次にコーオプ企業論、コーオプ演習Ⅰという科目を設けている。コーオプ企業論では、企業や経済とはどういうものか、その原理と実態はどうなっているのか、さらに企業と経済の動向が人間生活にどのような影響を及ぼし、どのような問題が生じ、どのような対応をしているのかについて学習する。また、コーオプ演習Ⅰでは、学外でコーオプ実習を行う

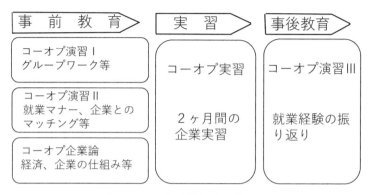

図2　コーオプ教育プログラム

ための準備として、一般企業において必要なコミュニケーションに不可欠な社会的教養を深めるとともに、課題解決に用いられる最も一般的なアプローチであるグループワークの手法を Project Based Learning により習得する。コーオプ実習を行う直前の期（機械工学科：2年次前期、電気電子工学科・応用化学科：2年次後期）には、コーオプ演習Ⅱという科目を設けている。ここでは、コーオプ実習に向け、心構えやビジネスマナーを学び、報連相（報告、連絡、相談）を基本とする企業組織におけるコミュニケーション能力を向上させる。また、実際の実習先企業候補等を研究して具体的な就業内容をイメージし、実習中の目標設定を行なう。これらを踏まえて、最終段階では実習先向けの履歴書の作成等を行ない実習先を決定する。

4　コーオプ実習

コーオプ実習の運営に当たっては、通常の講義や実験科目との両立を図るため、図3に示すように、学期をクォーターに分けることでギャップタームを作り、1つの学期の中で学生は2ヶ月間の企業実習を行い、残りの2ヶ月間で専門科目や地域連携等の課題に取り組むことができるようにカリキュ

ラム上工夫をしている。

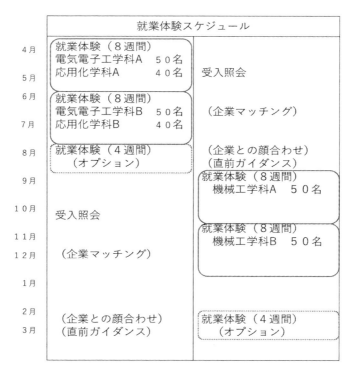

図3　コーオプ実習スケジュール

　実習に際しては、工学部の3学科を二つのグループに分け、機械工学科の学生は2年次の後期に、電気電子工学科と応用化学科の学生は3年次の前期に実習に行くこととなっている。学生を実習に行かせるためには、①事前教育で聴取した学生の志向や特性と企業の業務内容や実習生への希望を踏まえたマッチング、②企業の担当者と学生を一堂に集めての顔合わせ会、③直前に学生の気を引き締めて実習に向かわせるための直前ガイダンスなど多くの手順を踏む必要がある。また、実習が一旦始まれば、企業側からの問い合わせや学生からの連絡が1日に何件も来ることもある。必修科目でありすべての学生が履修する関係上、このような実習に向けた準備や実習中の問

い合わせ等への対応は極めて数多く発生するものであり、全学科約300名の学生を対象として一時期に実施することは教育面でも事務面でも困難を伴う。実習時期をずらしてこういった負荷を平準化することにより、一つ一つの案件への対応を丁寧にすることができるよう配慮している。

学科により実習へ行く時期が異なることに伴い、事前教育および事後教育の時期も学科ごとに少し異なっている。**図4**にコーオプ教育プログラム全体の学科ごとのスケジュールを示す（図の上部が機械工学科の時間軸、下部が電気電子工学科・応用化学科の時間軸となっている）。

機械工学科								
1年次		2年次		3年次		4年次	
前期	後期	前期	後期	前期	後期	前期	後期
フレッシャーズゼミ	コーオプ演習I（主体的学修）	コーオプ企業論（就業の概要）	コーオプ演習II（就業事前学修）	コーオプ実習（就業体験）	コーオプ演習III（就業事後学修）	創成課題	卒業課題I	卒業課題II

前期	後期	後期	前期	後期	前期	後期
1年次		2年次	3年次		4年次	
電気電子工学科・応用化学科						

図4 コーオプ教育に係るスケジュール

5 実施体制と運営等

(1) 実習に向けた準備

約300名の学生の実習先を確保するためには、多くの企業にご協力いただくことが不可欠となる。このため、コーオプ教育を本格的に実施する数年前から多くの企業を訪問し、制度の説明や試行をお願いしてきた。企業開拓に際しては、優良企業を中核とする地域の企業ネットワークや、企業情報を多く有する金融機関の協力をお願いしてきた。このような取り組みと企業側

のご理解・協力の結果、2018年9月の段階で、約300の企業が本学とコーオプ教育実施に関する覚書を結んでいる。

覚書締結後、本学教員が企業を訪問して、大学の教育内容と企業の業種や事業内容等を踏まえて、学生が企業において従事する業務内容等に関する実習プログラムを産学協働で作成する。このプログラムに基づき学生は企業においてフルタイムでの実習を行うこととなる。同時に、通勤にかかる状況や就業環境なども確認を行なっている。

その上で、各期の実習開始時期の約半年前に企業に受け入れ可能人数等を確認して、最終的な受け入れ企業を確定している。その後、大学による学生と企業とのマッチング、企業との顔合わせ会や直前ガイダンスを経て、学生は実習に行くこととなる。実習中には、実習プログラムに基づき、学生は企業側担当者の指導の下で実習に励むこととなる(**図5**)。

図5 実習に励む学生

学生がコーオプ実習に向かう前には、その前の期にコーオプ実習に行った学生から、これからコーオプ実習に向かう学生に対して、業務内容等の引き

継ぎ会を実施している。この引き継ぎ会では、引き継ぎ書に基づき、各企業での業務内容等を引き継ぐことはもとより、例えば、休憩時間の過ごし方や昼食の購入方法といった様々なノウハウを共有することにより、次に実習に向かう学生の不安軽減に大きく役立っている。

(2) 実施体制と役割分担

本学では、工学部でのコーオプ教育実施に先立ち、既存学部の学生によるコーオプ実習の試行を行っていた。その経験から、企業開拓や学生と企業とのマッチング、実習中の学生への支援等を行う専門人材が必要であることを痛感し、このような教育プログラムを適切かつ円滑に運営するために、本プログラムの構築、学生と企業とのマッチング、実習中の学生への支援等を行うコーオプセンターを2015年に設置した。

実習期間中学生には、毎週1回週報を提出することを義務付けている。コーオプセンターでは、その内容を確認し、必要に応じた対処を行っている。また、学生の実習中には必ず、工学部の教員が実習先企業を訪問し、実習プログラムに基づく就業が行われているかを確認するとともに、企業担当者との意見交換や学生との面談を行うといったフォロー体制を確立している。

また、本実習は賃金の支払いを含む役務契約に基づく実習であるため、雇用契約や労災保険に関する事務を円滑かつ効率的に進める観点から、学生は一旦派遣会社に雇用され、そこから各企業に派遣される形で実習を行う形となっている。

これにより、雇用契約の締結や、賃金や労働時間等の労働法関係の事項について問題が生じた場合には派遣会社が対応、実習の内容や学生の実習態度などについてのケアは大学のコーオプセンターが対応するという様に手分けすることができ、実習中の様々な問題に効率的かつ丁寧な対応が可能となる。**図6**に実施体制を示す。

図 6　コーオプ実習実施体制

6　実習受け入れ企業

コーオプ実習の受け入れに合意し、本学と覚書を結んだ企業は約 300 社となっている。このうち、現在までに実際に実習生を受け入れていただいた企業はのべ約 200 社に上る。業種は、ものづくり企業を中心に、ソフトウ

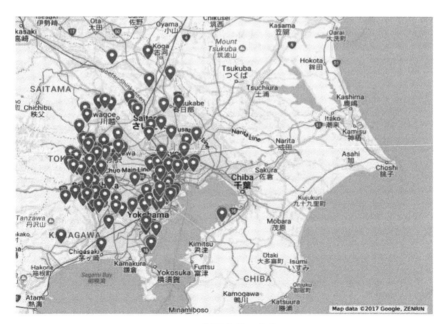

図 7　実習企業の分布

エア関連、化粧品製造、食品製造、プラントエンジニアリングなど多岐にわたる。企業規模は、従業員50-100名程度の地域の中堅企業が中心となるが、ベンチャー企業、東証上場企業なども含まれている。

企業の所在地は、東京、神奈川が多いが、千葉、埼玉を含め関東一円にわたっており、一部には、関東以外でも受け入れていただいている（遠隔地の場合、独身寮等の宿泊施設の提供をお願いしている）。図7に、受け入れ企業の所在地の分布を地図上で示す（一部、関東圏以外の企業の場所は表示されていない）。

7　事後教育

実習終了後（機械工学科：3年次前期、電気電子工学科・応用化学科：3年次後期）に、学生は、事後学習であるコーオプ演習Ⅲの中で振り返りと取りまとめ、さらに、自らの強み弱み分析や、企業への理解を発展させて、就職準備にまでつなげて行く。さらに、実習成果をポスターとして取りまとめて、企業の方に来ていただき成果発表会を行っている（図8）。毎回多くの企業の方にお越しいただき、活発な発表や意見交換が行われて来ている。ここで、学生たちは自らの経験をより自分のものにしてさらに成長する。一方、企業の方は、自

図8　成果発表会で発表する学生と企業の担当者

ら指導した学生がどのように成長したかを知ることができる。さらに、他企業の実習内容やそれに対する学生の考えを知ることができ、自らの実習内容と成果を振り返ることができる。これにより、企業側でもフィードバックがかかり、実習の内容がより良いものになって行くものと期待している。

8 成果と課題

これまでに、大学として、多くの企業の協力も得ながらコーオプ教育を進めて来た。このもとで、現在までに約600名の学生が約200社の企業で実習を実施してきている。

(1) 学生へのアンケート結果

コーオプ実習へ行った学生に対するアンケート結果によると、図9に示すように、実習後、学部・学科の学修内容への興味がより強くなった学生が28.8％、興味が出た学生が40.8％で合わせて全体の69.6％となっており、約7割の学生が実習を通して学部や学科の学修への意欲を強めている。学生からは、

「ただ講義を聞いて勉強するだけではなく、しっかりと理解して学ぶ意識を持たないと、将来仕事を始めたときに自分がやりたいことが出来ないと感じた。」

「興味の幅が広がり、自主的に取り組むほど興味を持てた。また、電気関係に一歩踏み込んだことで電気産業の見方も変わり、辛い部分と面白い部分などが見えてきた。」

「これからどういう企業に就職したいかはある程度まで絞り込めていたのだが、実習を経てレアメタルという金属を扱っている中で金属について興味が出てきて、就職に関する視野と選択肢を広げることが出来た。」

「問題解決や製品が完成した時の達成感に感動した。」

といったコメントが寄せられている。

また、コーオプ実習の有用性について、大変勉強になったと思う学生が

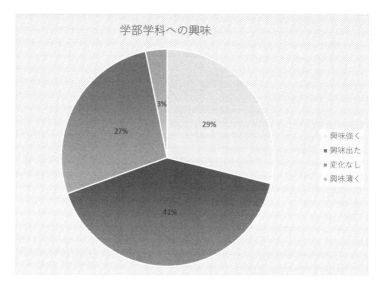

図9　学部学科への興味

73.2％、勉強になったと思う学生が23.4％であり、ほとんどの学生がコープを有用だと感じていることが分かる(**図10**)。これに関しても、学生から、
　「自信がつき、また自分のことを客観的にみることができた。コープ実習で学べることは人それぞれだが、きちんと目標設定をすれば、2か月終了後に結果として現れる。」
　「最新技術だけでなく基礎的な技術や自分の知らない分野の技術など幅広く触れる機会がたくさんあり有益な実習だった。また、社会のルールや状況の把握、作業前の準備など軽視されがちだがとても重要なことなどを再確認できた。」
　「実習の中で一番印象に残っていることは社会人にとって積極性は一番大切な要素だということだ。積極性はコミュニケーション、課題発見、スケジュール管理、会社貢献のすべてにおいて重要だ。」
　「積極的に仕事や社員と関わったことで自分がポジティブに変わった。」
　「社会人として大切なことを学ばせてもらった。」
　といったコメントがあった。

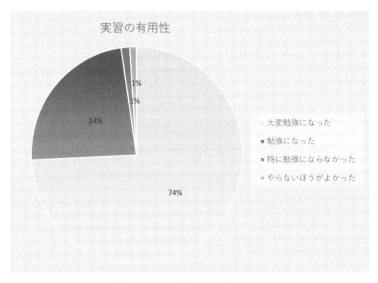

図10　コーオプ実習の有用性

(2) PROG テストの結果

　工学部では、学生の能力に対する客観的な指標の一つとして、PROG（PROGRESS REPORT ON GENERIC SKILLS）テストを実施している。工学部1期生（2016年後期にコーオプ実習を行った機械工学科学生及び2017年前期にコーオプ実習に行った電気電子工学科・応用化学科学生）におけるコーオプ実習前後のPROGテストの結果を見ると、対人基礎力、対自己基礎力、対課題基礎力の数値に伸長が見られた。

　同時に取ったアンケートにおいて、コーオプ実習を経験して成長したと感じる能力について質問したところ、「段取りを考えて行動する力」、「粘り強く取り組む力」、「主体的に考える力」という順で学生は成長したと感じているという結果であった。また、自分のコミュニケーション能力がとても高まった、やや高まったと回答した学生が、あわせて64.4%であった。

　これらから、コーオプ教育の目的としていた、主体性や協調性といった非認知能力の養成、主体的な学修の定着、実践的知識と幅広い視野を身につけることについては、効果があるものと考えられる。

(3) 企業からの評価と今後の課題

　一方、学生を受け入れた企業側からは、「立派な戦力になっている。」、「企業側にも刺激があり、雰囲気が明るくなる。」という声がある一方、「学生の学びに役立ちたいが、給与を払って実務に貢献してもらう部分との折り合いが難しい。」、「どのように指導するか試行錯誤している。」、「費用負担が大きい。」、「学生が受け身で積極性に欠ける。」等の意見も出されている。今後の受け入れについては、多くの企業が前向きに考えたいとしている。

　以上を踏まえると、コーオプ教育は所期の成果を挙げつつあると考えているが、制度の安定的運用のためには、以下のような課題があるものと考えている。(戸井, 2017)

・実習に向けた学生の意識の向上
・実習内容のばらつきの縮小と質の向上
・大学と企業との安定的関係の確立
・企業の経済的負担の軽減

9　今後に向けて

　2015年の工学部開設以来、コーオプ教育の導入に学部をあげて取り組んで来た。現在、コーオプ教育を本格的に開始して2年が経過し、全ての学科の学生の実習が二巡したところである。実習に行った学生の多くが貴重な経験ができたと考えており、教員も総じて実習後の学生の成長を感じている。企業からも、試行錯誤段階の企業もあるものの、取り組みの方向性は評価いただいており、多くの企業が今後も学生の受け入れを前向きに考えたいとしている。

　一方、前述したように、一部の企業からは実習生の意識や取り組みが不十分との意見が表明される場合もあり、事前教育の内容や学生の意識づけについて継続的な見直しと改善を行なっていくことが必要だと感じている。また、成果発表会等を通じて企業側の実習内容へのフィードバックをかけていくことも重要と考えている。

企業との安定的関係を構築していくことについては、円滑で有意義な実習の実績を積み重ねていくことが第一であるが、一つの方法として工業会等と協力関係を深めていくことに取り組んでいる。最初の取り組みとして、2017 年 10 月、一般社団法人日本包装機械工業会と本学工学部との間で包括連携協定を締結した。これは、同工業会会員企業のうち数社がコーオプ実習生を受け入れたことが契機となり、本格的な協力関係構築へと繋がったものである。包装機械業界は、多様な形状の商品を取り扱うためのロボティクスや制御技術、包装に用いられる特殊なフィルム生産技術など、機械工学、電気電子工学及び応用化学の知識を綜合的に活用する産業であり、コーオプ実習を通じて、学生が多様な技術に触れる機会を得られるほか、学生が将来的に活躍する分野の一つとしても期待している

　コーオプ実習も本格的に開始して 3 年目に入り、当初手探りであった運営もある程度軌道に乗って来たものと考えている。しかしながら、安定的な継続とさらなる発展のためにはたゆまない見直しが必要と考えている。今後とも継続的な改善を続けることにより、コーオプ教育の安定的運用と質の向上に努めていきたい。また、今後は学生の進路決定率や新卒後 3 年以内の離職率といった定量的なデータを蓄積していくとともに、学生の成長度合いといったコーオプ教育の効果測定方法の検討を進め、学修成果の可視化を目指していきたいと考えている。

（戸井朗人）

引用文献
戸井朗人 (2017).「コーオプ教育プログラムの実施」『平成 29 年度工学教育研究講演会論文集』, 486-487.
東京工科大学 (2012).「アメリカ・カナダにおける高等教育調査報告」（大学内部資料）.

執筆者一覧
戸井朗人 (東京工科大学工学部教授　コーオプセンター長)

事例10 リーダシッププログラムとしてのAP長期学外学修プログラム（ギャップイヤー）
浜松学院大学

大学基本情報

浜松学院大学の母体である興誠学園の建学の精神は「誠の精神」である。2004年に開学した浜松学院大学は、中・高・大一貫教育を目指し、付属幼稚園、付属こども園を含む総合学園の中核として、「高潔なる倫理観に立って、他を思いやることができる真に豊かな人間性を基礎に、変化に対応できる創造力と実践力を身につけた職業人の育成」を受け継いでいる。

浜松学院大学は、1学部（現代コミュニケーション学部）2学科（地域共創学科・子どもコミュニケーション学科）から構成されている。地域共創学科では、地域社会における「共創」について、コミュニケーションを基礎に教育・研究し、地域のなかで実質的な役割を遂行できる人材を養成することを目的としており、2016年度に3専攻に再編された（地域政策専攻、観光ツーリズム専攻、グローバルコミュニケーション専攻）。子どもコミュニケーション学科では、時代・地域のニーズに応えられる教育者・保育者を養成することを目的とし、2専攻を設置している（初等教育専攻、幼児教育・保育専攻）。2学科合わせ、学生429名、専任教員28名、職員29名である（2017年5月1日現在）。

取組事業の概要

1　目的

本学では、本学独自のカリキュラムとして「DiCoResプログラム（「責任ある対話と協同」を重視した実践型アクティブ・ラーニング）」を全学的に実施して

きた。本事業は「DiCoRes プログラム」を、地域を対象とした長期に渡る実践型カリキュラムとして発展させ、長期学外学修プログラムの新規開発に取り組むことが目的である。

また「DiCoRes プラス」の成果をわかりやすく指標化し、他の授業科目にもその教育手法を敷衍することも重要であると捉えている。

2　プログラムの構成

長期学外学修プログラム「DiCoRes プラス」は、大学1年次の8月を想定する「基礎プログラム（ダバオ市 フィールドスタディ・北遠 フィールドスタディ）」と、それ以降の全学年8月・2月を想定する「発展プログラム（学生企画認定型プロジェクト）」から構成される（**図1**）。

「基礎プログラム」は、1年次の8月という大学生活の早い時期に、日常生活圏から離れてフィールドスタディを実施することにより、社会の状況に対して関心と問題意識をもち、一人一人の学生が大学で学ぶ目的を明確化することをめざすものである。

（ダバオ市フィールドスタディについては、2017年5月23日にダバオ市を含むミンダナオ島に戒厳令が発令されたため、実施を延期としている。）

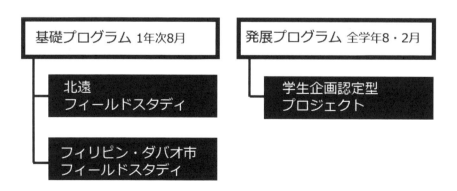

図1　長期学外学修プログラム
（浜松学院大学長期学外学修プログラム DiCoRes プラス平成29年度事業報告書より）

3 浜松学院大学のアクティブ・ラーニング

多くの大学で、学生が主体的に学修するアクティブ・ラーニングが導入されているが、アクティブ・ラーニング（能動的学習）という発想法が生まれてきた背景には、従来の学習現場における「教員による一方向的な講義形式」受動的学習の偏重批判からである。

浜松学院大学のアクティブ・ラーニングの特徴は、2つある。1つは、地域課題にもとづくアクティブ・ラーニングであり、もう1つは、協同学習・協働学習である。この2つのメソッドを導入した目的は、浜松学院大学のギャップイヤープログラムの学修の成果を、他者との協働や外界との相互作用を通じて、地域の問題を見出し、分析・評価、解決する実践的プログラムとすることで、地域課題解決に取り組むリーダー育成プログラムであることを意味している。

(1) 地域課題（PBL 型）にもとづくアクティブ・ラーニング

本学では、地域は多くの課題提示ができるアクティブ・ラーニングの実践の場であると捉え、地域課題を題材としたアクティブ・ラーニングを一般的

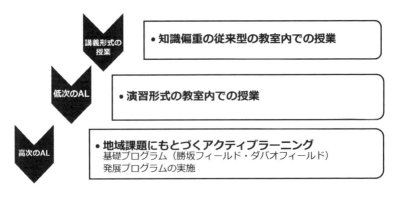

図2　浜松学院大学アクティブ・ラーニング

なアクティブ・ラーニングと区別している。

アクティブ・ラーニングにおいては「一般的なアクティブ・ラーニング(知識の定着・確認を目的とした演習・実験等)」と「高次のアクティブ・ラーニング(知識の活用を目的としたPBL型)」とに分類される(谷口・友野, 2011)。

地域課題にもとづくアクティブ・ラーニングは、グループ・ディスカッション、ディベート、グループ・ワーク等一般的なアクティブ・ラーニングとは異なり、地域の特定の固有課題に取り組むことを通して、知識の活用や創造を目指す、高次なアクティブ・ラーニングと言える(**図2**)。

この本学の特徴である地域課題にもとづいたアクティブ・ラーニングのフィールドとして選出した地域は、浜松市街地の大学から60km離れた場所に位置し、わずか15世帯の人々が暮らす、浜松市の中山間地域である天竜区春野町勝坂地区である。ここをフィールドとして、8月の1ヶ月間に地域課題に取り組むことを目的としたアクティブ・ラーニングを実施した。浜松市の北部に位置する勝坂地区を含む北遠地域は、浜松市全域の65％の面積を占めるにも関わらず、人口は4％に過ぎず、高齢化や少子化による中山間地域の人口現象により、経済活動の低迷や担い手不足による耕作放棄地の増大、森林の荒廃、数百年もの間人々によって継承されてきた、民俗芸能の衰

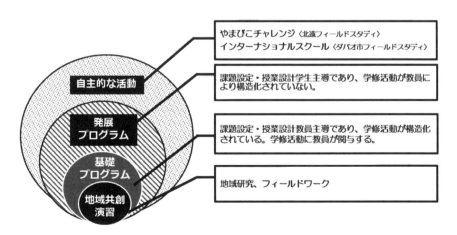

図3　浜松学院大学PBL型アクティブ・ラーニング

退、さらには集落機能の低下など、地域社会の基盤を脆弱化させるなど多くの課題に直面している。

本学の特徴として在籍している学生のうち、中山間地域の出身者は1.7％にすぎず、それ以外の学生は、浜松市街地を中心とした都市部での生活経験しかなく、中山間地域の課題を知識として伝える講義のみでは、学生が当事者意識を持って主体的に課題に取り組むことが困難である。

(2) 協働（協調）学習

高次アクティブ・ラーニングとして、協働・協調学習を取り入れているが、協働・協調学習は、小さなグループを活用した教育方法であり、学習者同士が互いの学習を高めるという意味において、大きな違いはない。しかし、福嶋はラッフェの分法を整理して、教師の介入に関して、「協同学習はグループに度々介入してくるが、協働学習は教師の介入は稀であり、特定の場合に限られる。」と指摘する。

友野も、「協同学習は、協同学習の意義や技法の学びを目的とする一方、協調学習は緩やかな協力関係の下での学習である。」と述べている。

浜松学院大学では、福嶋や友野の指摘を受け入れ、**図3**のように、それぞれに基礎プログラムと発展プログラムに分けたプログラムを構成している。

4　基礎プログラム：協働学習

基礎プログラムでは、特定の期間に限定したプロジェクト形式（事前学修・集中・事後学修）をとり、ブルームタキソノミーの改訂版（「記憶」「理解」「応用」「分析」「評価」「創造」）の各認知的な活動を基礎プログラムの学修の指標とした。

学生には1人1台のiPadを1年間に渡り貸与し、事前学修・事後学修、フィールドスタディにおける全ての学修活動の全ての記録、活動の評価をポートフォリオに記録した。

また、プロジェクト形式での学修とし、フレームワークを使用することで、課題について事実を論理的に整理し共有し、理解を深め、また学修評価にも

応用した。プログラムの構成とともに、これらのフレームワークおよび学修評価について以下**図4**、**5**、**6**、**7**に示す。

(1) 事前学修

1ヶ月のフィールドスタディの活動に入るまでの学修期間として、資料調査やゲストスピーカーによる講義、また日帰りでのフィールド実修を通し、フィールドスタディでの活動における個々のアイデアを可視化し、協働するグループ内で共有・発展させることを目的としている。

① 「記憶」の活動：マインドマップ

マインドマップを活用して、受講者同士の持つ中山間地域に関わるこれまでの長期に渡る記憶を引き出し、それらを分類し、ラベリングした。これにより、中山間地域の概念地図が作成され、新たな知識を構造化して取り入れることを学修活動の第一歩とした。

図4は受け入れ環境グループに所属した受講生による作成である。

② 「理解」の活動：フィールドワーク

浜松市役所中山間地域グループや地域活性化を目的とした特定非営利活動法人（NPO法人）から外部講師を招き、2005年に実施された12市町村の合併による中山間地域の変容を想起することで、合併後の課題認識を促した。事後学修の後半では、5回に渡り本事業の対象となる中山間地域においてフィールドワークを実施した。

これらの活動を通して、8月の長期学外学修のテーマである北遠地方の中山間地域活性化への取り組みに関して、他の地域事例と比較し、中山間地域特有の課題を一般化すると同時に、対象地域である北遠地域の集落の特性を抽出化し、地域活性化モデルを構築することで「理解」を深めるに至った。

③ 「分析」の活動

事前学修の中盤では「茶屋運営グループ」「イベント企画グループ」「伝統芸

254　第2部　各大学の取組み実践事例の考察

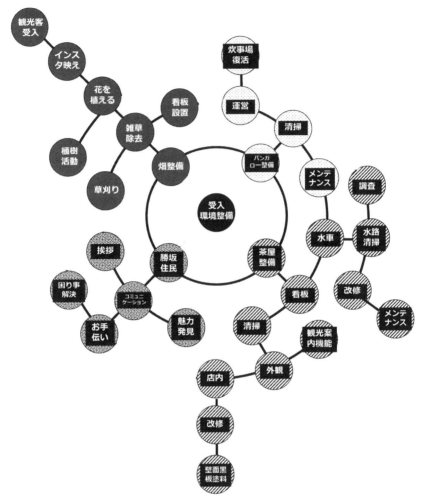

図4　MindMapによるフィールドワークの可視化

能グループ」「畑作業グループ」「統括グループ」に分かれて、各グループの活動を遂行し、各グループの役割および活動内容の差別化、組織化に従事した。地域活性化を目的とした各グループの全体的後続の確認及び、各グループの相互の関係性を確認する作業に時間を費やした。

(2) フィールドスタディにおける活動

① 「応用」の活動

事前学修において「記憶」「理解」「分析」の認知活動は、8月の1ヶ月間のフィールドスタディ実施期間に中山間地域の中で、地域活性化に向けて実践することで「応用」の段階に移行することになる。

② 「評価」の活動：社会人基礎力を指標としたルーブリック評価①

茶屋運営グループ、イベント企画グループ、伝統芸能グループ、畑作業グループの各グループの活動は、社会人基礎力からの能力要素を選び、ルーブリックを評価基準とした。

「社会人基礎力」は、3つの能力（「前に踏み出す力」「考え抜く力」「チームで働く力」）のそれぞれの12の構成能力から、本フィールドスタディで最も育成したい能力として、主体性・課題発見力・発信力を選び出し、この3つの構成能力を基準として、本学独自のルーブリックを作成した。

1年目	2年目	3年目
開墾	開墾	開墾
そばの栽培と収穫 一般種(0.75反)	そばの栽培と収穫 一般種(0.5反)	そばの栽培と収穫 一般種(0.5反)
	そばの栽培と収穫 1年目収穫の勝坂産 一般種(0.5反)	すみれ菜・太きゅうり 栽培と収穫 在来種(0.5反)
		勝坂そばの栽培と収穫 在来種(0.5反)

図5　地域ブランディング（勝坂産在来種の栽培までの推移）

社会人基礎力の推移

	1年目	2年目	3年目
主体性	3.60	3.85	4.12
課題発見力	3.00	3.56	4.08
発信力	3.10	3.64	4.34

フィールドスタディ終了後の調査
1年目8名、2年目9名、3年目15名参加、5段階評価

図6　社会人基礎力の推移

③　「評価」の活動：PDCAサイクルシート②

プログラムの進捗の確認については、PDCAサイクルシートを活用した。受講生は週毎にPDCAサイクルシートを作成し、活動の評価および解決への改善を可視化し、課題を共有し成果をあげることを目的とした。

フィールドスタディの期間中の学修活動で「過疎化する集落の活性化の実現」を目指し、週単位ごとに作成したPDCA評価を用い活動の到達目標を検証した。勝坂茶屋の営業グループの2週目のPDCAサイクルシートを紹介する（図8）。

④　考察

中山間地域の大きな課題でもある、耕作放棄地の再生と活用に向けた課題発見と解決を、本プログラムの柱の一つとしている。これに該当する「畑作業グループ」を例に考察してみると、フィールドスタディ実施終了直後に行った評価では、実施年度を追うごとに、向上している。

1年目は耕作放棄地の手掘りからの開墾や、害獣対策など荒廃した農地を整地する事からの取り組みが中心となった。ゼロからのスタートであることから、荒れ地が蘇生していくことは、参加学生自身、目に見える成果と感じられ、主体的に取り組むことができ、フィールドスタディの半ばからは、彼

らが置かれている現状を客観的に分析し、課題解決へ向けて柔軟に栽培方法を転換し、新たな方法を創り出すなど、取り組みに「主体性(3.60)」が見られた。

しかし、開墾が地域活性の具体的な取り組みになることの理解は乏しく「課題発見力(3.00)」の向上は伸び悩む結果となった。

2年目については、参加学生が到達目標を具体的に理解するため、1ヶ月間のフィールドスタディ実施期間中、各プロジェクトに即した記述語(descriptors)を使用したルーブリック評価を作成し、評価基準とした。これにより具体的な目標設定ができたとともに、本フィールドスタディで最も育成したい能力として「主体性・課題発見力・発信力」を選び出し、この3つの構成能力を基準としたルーブリックを作成することにより、達成基準を明確にすることができた。

年を追う毎に畑作業やそれに関わる状況が変化・進展するなかで、参加学生は地域住民との交流を深め、これまで知る事のなかった地域社会における多様な意見や考えに触れることになった。その事業の成果が3年目に形となって表われた。

3年目には、より地域性の高い農作物として、地域に100年近く受け継がれてきた在来種の伝統野菜(「すみれ菜」「太きゅうり」「勝坂蕎麦」)の種や苗を譲り受けることになった。

参加学生が、地域の伝統野菜の栽培と販売に誇りと愛着を感じ、栽培が難しい伝統野菜に向き合うことで「主体性(4.12)」「課題発見力(4.08)」が飛躍的に高い数値に至った。

さらに、学生自らが地域ブランドの創造に取り組む事で、地域固有の「作物」を届けるためには、どのようなプロモーションが必要であるかを思考する能力も養われた。フィールドエリアを拡大して販路の開拓、SNSを取り入れた広報活動など「発信力(4.34)」においても、高い数値を示す結果となった。

(3) 事後学修
① 「創造」:「SWOT分析・クロス分析」
フィールドスタディ終了後の事後学修では、フィールドスタディで得た知

畑作業グループ

	5	4	3	2	1
主体性	1 作物栽培や市民農園の運営を実施する意義を完全に理解した。2 作物栽培を計画通りに実施するために、自分の役割と考える責任を完全に持つことができた。3 作物栽培計画のために必要と考える活動を常に模索し、他のメンバーに働きかけた。4 作物栽培のために常に自発的に、栽培方法を提案し、栽培に貢献しようと意識して積極的に取り組んだ。5 これまでの既存の作物栽培に捉われることなく、大きな視点から必要と考えた新たな作物栽培や市民農園の運営方法を常に提案できた。	1 作物栽培や市民農園の運営を実施する意義・目的を、理解した。2 作物栽培を計画通りに実施するために、自分の役割と考える責任を持つことが多かった。3 作物栽培計画の目標を達成するために必要と考える活動を模索し、他のメンバーに働きかけた。4 作物栽培のために自発的に、栽培方法を提案し、栽培に貢献しようと意識して積極的に取り組んだ。5 これまでの既存の作物栽培に大きな視点から必要と考えた新たな作物栽培や市民農園の運営方法を提案することが多かった。	1 作物栽培や市民農園の運営を実施する意義・目的を理解しようと努めた。2 作物栽培を計画通りに実施するために、自分の役割を持つ責任で努力した。3 作物栽培計画を達成させるために必要と考える活動を模索し、他のメンバーに集約するように努めた。4 作物栽培計画の目標達成のために大きな視点を持って、栽培方法を提案し、栽培に貢献しようと意識して積極的に取り組むように努力した。5 これまでの既存の作物栽培に大きな視点から必要と考えた新たな作物栽培や市民農園の運営方法を提案するように努めた。	1 作物栽培や市民農園の運営を実施する意義・目的の理解は少なかった。2 作物栽培を計画通りに実施するために、自分の役割に対して責任を持つことが少なかった。3 作物栽培計画の目標を達成するために必要と考える活動を模索し、他のメンバーに働きかけることは少なかった。4 作物栽培計画の目標達成のために自発的に、栽培方法を提案し、栽培に貢献しようと意識して積極的に取り組むことは少なかった。5 これまでの既存の作物栽培に大きな視点から必要と考えた新たな作物栽培や市民農園の運営方法を提案することが少なかった。	1 作物栽培や市民農園の運営を実施する意義・目的を理解できなかった。2 作物栽培を計画通りに実施するために、自分の役割に対して責任を持てなかった。3 作物栽培計画の目標を達成するために必要と考える活動を模索し、他のメンバーに働きかけることはなかった。4 作物栽培計画の目標達成のために自発的に、栽培方法を提案し、栽培に貢献しようと意識して積極的に取り組むことはなかった。5 これまでの既存の作物栽培に大きな視点から必要と考えた新たな作物栽培や市民農園の運営方法を提案することがなかった。
課題発見力	作物栽培の現状と計画目標との間にあるギャップを常に見出し、目標達成を阻んでいる課題を常に可視化・言語化することができ、改善につなげることができた。	作物栽培の現状と計画目標との間にあるギャップを見出し、目標達成を阻んでいる課題を可視化・言語化できるすることが多く、改善につなげることが多かった。	作物栽培の現状と計画目標との間にあるギャップを見出し、現状が目標達成を阻んでいる課題を可視化・言語化できるように努力した。	作物栽培の現状と計画目標との間にあるギャップを見出し、現状が目標に向かうことを阻む課題を可視化・言語化しようとすることが少なかった。	1 作物栽培計画の現状と目標との間にあるギャップを見出すことは難しく、課題がぼんやり解っても、それをきちんと伝えることができなかった。
発信力	同じ畑再生グループのメンバーの栽培方法に関する意見・考えをしっかりとくみ取りながら、自分の意見や意思を説得力を持って常に伝えることができた。	同じ畑再生グループのメンバーの栽培方法に関する意見・考えをくみ取り、自分の意見や意思を説得力を持って伝えることが多かった。	同じ畑再生グループのメンバーの栽培方法に関する意見・考えをくみ取ろうと努力し、一方、自分の意見や意思を伝える努力をした。	同じ畑再生グループのメンバーの栽培方法に関する意見・考えをくみ取ることが少なく、さらに、自分の意見や意思を説得力を持って伝えることが少なかった。	同じ畑再生グループのメンバーの栽培方法に関する意見・考えをくみ取ることができず、自分の意見や意思を伝えることができなかった。

勝坂神楽の継承グループ

	5	4	3	2	1
主体性	1 伝統芸能の継承する意義・目的を完全に理解した。2 伝統芸能の継承を成功させるために、自分の役割(個々・全体の練習及び継承)に完全に責任を持つことができた。3 伝統芸能の継承のために必要と考える活動や練習を常に模索し、他のメンバーに働きかけた。4 伝統芸能の継承のために常に自発的に練習方法などを提案し、練習に貢献しようと意識して積極的に取り組んだ。5 これまでの継承に捉われることなく、大きな視点から必要と考えた新たな練習方法及び伝統芸能の継承方法に関するアイデアを常に提案できた。	1 伝統芸能の継承する意義・目的を、理解した。2 伝統芸能の継承を成功させるために、自分の役割(個々・全体の練習及び継承)に責任を持つことが多かった。3 伝統芸能の継承のために必要と考える活動や練習を模索し、他のメンバーに働きかけることが多かった。4 伝統芸能の継承のために自発的に練習方法などを提案し、練習に貢献しようと意識して積極的に取り組んだ。5 これまでの継承に捉われることなく、大きな視点から必要と考えた新たな練習方法及び伝統芸能の継承方法に関するアイデアを提案することが多かった。	1 伝統芸能の継承する意義・目的を理解しようと努めた。2 伝統芸能の継承を成功させるために、自分の役割(個々・全体の練習及び継承)に責任を持つように努力した。3 伝統芸能の継承を達成させるために必要と考える活動を模索し、他のメンバーに働きかけるように努めた。4 伝統芸能の継承のために自発的に練習方法などを提案し、練習に貢献しようと意識して積極的に取り組むように努力した。5 これまでの継承に捉われることなく、大きな視点から必要と考えた新たな練習方法及び伝統芸能の継承方法に関するアイデアを提案できるように努めた。	1 伝統芸能を継承することの意義・目的を理解することが少なかった。2 伝統芸能の継承を成功させるために、自分の役割(個々・全体の練習及び継承)に対して責任を持つことが少なかった。3 伝統芸能の継承を達成させるために必要と考える活動を模索し、他のメンバーに働きかけることは少なかった。4 伝統芸能の継承の達成のために自発的に練習方法などを提案し、貢献しようと意識して積極的に取り組むことは少なかった。5 これまでの継承に捉われることなく、大きな視点から必要と考えた新たな練習方法及び伝統芸能の継承方法に関するアイデアを提案することが少なかった。	伝統芸能を継承する意義・目的を理解できなかった。2 伝統芸能の継承を成功させるために、自分の役割(個々・全体の練習及び継承)に対して責任を持つことがなかった。3 伝統芸能の継承を達成させるために、必要と考え模索し、働きかけることはなかった。4 伝統芸能の継承の達成のために自発的に練習方法などを提案し、貢献しようと意識して積極的に取り組むことはなかった。5 これまでの継承に捉われることなく、大きな視点から必要と考えた新たな練習方法及び伝統芸能の継承方法に関するアイデアを提案することがなかった。
課題発見力	伝統芸能の現状の習得と習得目標との間にあるギャップを常に可視化・言語化することができ、改善につなげることができた。	伝統芸能の現状の習得と習得目標との間にあるギャップを見出し、目標達成を阻んでいる課題を可視化・言語化できるすることが多く、改善につなげることが多かった。	伝統芸能の現状の習得と習得目標との間にあるギャップを見出し、現状が目標達成を阻んでいる課題を可視化・言語化できるように努力した。	伝統芸能の現状の習得と習得目標との間にあるギャップを見出すことが少なく、現状が目標に向かうことを阻む課題を可視化・言語化しようとすることが少なかった。	1 伝統芸能の現状の習得と習得目標との間にあるギャップを見出すことは難しく、課題がぼんやり解っても、それをきちんと伝えることができなかった。
発信力	伝統芸能の継承に関わる全員のメンバーの練習に対する気持ちや、練習の方法等考えをしっかりとくみ取りながら、個々・全体の練習に対する意見や意思を説得力を持って常に伝えることができた。	伝統芸能の継承に関わるメンバーの練習に対する気持ちや、練習の方法等考えをくみ取りながら、個々・全体の練習に対する意見や意思を説得力を持って伝えることが多かった。	伝統芸能の継承に関わるメンバーの練習に対する気持ちや、練習の方法等考えをくみ取ろうと努力し、一方、個々・全体の練習に対する意見や意思を伝える努力をした。	伝統芸能継承に関わる全員のメンバーの練習に対する気持ちや、練習の方法等考えをくみ取ることが少なく、さらに、個々・全体の練習に対する意見や意思を説得力を持って伝えることが少なかった。	伝統芸能継承に関わる全員のメンバーの練習に対する気持ちや、練習の方法等考えをくみ取ることができず、個々・全体の練習に対する意見や意思を伝えることができなかった。

用語について
可視化：伝統芸能の継承の活動において、目標を阻む現状を正確に把握し、その原因を明らかにすること
言語化：伝統芸能の継承の活動において、現状を的確に言葉に表して他のメンバーに伝えること
課題発見力は、現状の課題を可視化・言語化する能力であり、PDCAサイクル図る能力である。

図7　ルーブリックによる自己評価

事例10　リーダシッププログラムとしてのAP長期学外学修プログラム（ギャップイヤー）

勝坂茶屋の営業グループ

PLAN2　2017/8/7-13

活動項目	活動内容
A　茶屋の清掃（厨房と販売エリア）と茶屋周りの整備	1.店内ショーケース 2.蛍光灯、水車の周りの草花の手入れ 3.厨房、床、戸棚、食器の清掃
B　メニュー試作品の確認	1週目で完成させたメニュー試作品の確認
C　新メニューの制作	新メニューを作り直す。
D　茶屋の営業開始	8月8・9日　プレオープン 8月12日・13日に正式にオープンする。
E　茶屋の広報・宣伝	ブログなどを通じて宣伝する（ポスティング、マップ、チラシづくり）

DO（活動の実施状況）

	月 8月7日	火 8月8日	水 8月9日	木 8月10日	金 8月11日	土 8月12日	日 8月13日
A	ショーケースの清掃 13:00～15:00	店内の清掃 17:00～18:30	茶屋周りの整備 17:00～18:30	厨房の清掃 17:00～18:30	厨房の清掃 17:00～18:30	茶屋の改修 20:00～21:00	
B	試作品の確認 9:00～10:00	試作品の改善 9:00～10:00	試作品の完成	食材の買い出し 16:00～17:00			食材の買い出し 9:00～11:00
C			新メニューの打ち合わせ 10:00～11:00	新メニューの打ち合わせ 10:00～11:00	新メニューの打ち合わせ 11:00～12:00	新メニューの決定 10:00～12:00	新メニューの制作 16:00～17:00	新メニューの制作 15:00～16:00
D		台風によりオープン先送り	地域の人たちを対象にプレオープン 11:00～13:00	正式オープン 11:00～16:00		正式オープン 11:00～16:00	正式オープン 11:00～16:00
E		ブログでの宣伝 20:00～21:00	茶屋のチラシ作成 20:00～21:00	チラシのポスティング（地域住民へ） 9:00～11:00		店舗にてチラシの配布 11:00～15:00	店舗にてチラシの配布 11:00～15:00

ACTION（計画の改善）

変更する内容	見直しの重要度	改善に向けた方法と手段
A　ショーケース、水車、外回りの変化	高	ショーケースの効果的な使い方を検討する。外回りの草刈りを実施する。水車の水路を清掃する。可能であれば、水車を動かす。
B　メニューの改良	低	お客さんから要望があればいい期待に添えるようにする。
C　新メニューの開発	低	メニューの変更が必要がなければ、そのままのものを使う。常に、新しいメニューは、相談し考える。
D　営業	低	引き続き決まった曜日に営業する。接客の方法を改善する。私たちの滞在の意味や勝坂神衆茶屋に営業の意味、勝坂での活動を伝えることが必要になる。
E　広報・宣伝	中	引き続き、広報・宣伝活動を行う。勝坂地域から5キロ下りた集落へもチラシやポスティングを実施する。

CHECK（活動評価）

目標	達成状況	評価の根拠
A	4	ショーケースの活用方法の見直し。茶屋の外回りの整備が不十分であった。
B	5	メニューの改善が計画通りに終了した。
C	5	新メニューの開発は予定通り終えることができ、お客様に提供できた。
D	4	台風の通過に伴い、オープンが延期になった。来店してくださったお客様に美味しかったと言っていただけた。大盛りの注文に対応できなかった。接客の仕方を工夫する必要がある。
E	4	地域住民の家にポスティングをしに行ったり、ブログでの宣伝ができた。新しく写真などをつけ、情報などをプラスできた。今後、さらなる宣伝・広報が必要である。友人によるSNSでの情報の拡散をお願いする。

▼ PLAN3 へ

図8　PDCAサイクルシートによる協同学修

見や経験から、これまでの個々の協働学修活動の相互の関係性を明確化・整理し、新たな仮説を立て、「過疎化する集落の活性化の実現」の概念及びそれを具現化する作業に従事した。

その一環として活動全体を俯瞰的に再評価することを目的として「SWOT分析・クロス分析」を用いた。「SWOT分析・クロス分析」は活動する組織及び組織内の関係性における「強み・弱み」と目標達成において外部に「チャンスや脅威」があるのかを組み合わせて分析する。

本来は、「SWOT分析・クロス分析」は活動前に実施すると効果が大きい

とされている。しかし、本学では、学修活動の振り返りや今後の活動の改善、さらなるプログラムの創造につながることを目的として、「SWOT 分析・クロス分析」をフィールドスタディ後の事後指導において用いた。

これは、大学に入学したばかりの 1 年生が、事前学修の 4 ヶ月の期間に、浜松市の深刻な地域課題である、過疎化する中山間地域の集落の置かれた現状、フィールドスタディの目標や実現の手続き、参加する学生の能力や適性を把握することは難しい。この地域固有の課題に取り組む「基礎プログラム」を実際に経験する事で初めて、「SWOT 分析・クロス分析」を分析する能力と経験値を保有することができる。

以下は、「基礎プログラム」から継続・発展事業として、北遠フィールドスタディ「基礎プログラム」の経験者が設立した市民団体「やまびこチャレンジ」の活動の新しい概念と活動を明確化するために実施した「SWOT 分析・クロス分析」である (**図 9**)。

学生による勝坂地域の観光地域づくりを目的とした SWOT クロス分析から、特徴的な活動企画を抽出する。

1.「強み×機会（チャンス）」：強みを活かして、機会（チャンス）を逃さない戦略

　中山間地域の豊かな自然、伝統野菜、勝坂神楽を活用したツーリズムの実施、定住外国人学生による SNS による母語発信を浜松・浜名湖ツーリズムビューローと協同して実施する。

2.「弱み×機会（チャンス）」：機会を生かして、弱点を強化する戦略

　任意の学生市民団体を NPO に組織変更し、組織を強化する。また、学生間で集積されてきた経験や知識を整理し、メンバーと共有する仕組み作りなど学生組織の脆弱性を克服する意識が見られた。活動資金の不足については、伝統野菜の販売などにより確保する。

3.「強み×脅威」：脅威を逆手に取った差別化戦略

　交通の便の悪さを克服したレンタルサイクル、トレッキングによるネイ

事例10 リーダシッププログラムとしてのAP長期学外学修プログラム（ギャップイヤー） 261

SWOT分析

	プラス要因	マイナス要因
内部環境	**強み -Strength-** 1. 勝坂には、多様な観光資源がある。 　A. 文化（市の遊休施設　（茶屋・宿泊施設） 　B. 勝坂神楽）と歴史（勝坂砦、神の水） 　C. 自然（気田川、明神峡、龍頭山、星）がある 2. 観光地域づくりが目的の、学生地域活動のプロジェクト授業、大学生が自分で発想、新しい視点を活用 3. 定住外国人大学生が在籍している。	**弱み -Weakness-** 1. 大学生の組織の脆弱性 2. 大学生の地域課題に対する意識の低さ 3. 大学生の長期的・持続性な取り組みが困難 4. 上の学年の知識・経験を、下の学年へ伝達することの難しさ 5. 学生の経済的な負担 6. 時間のやりくり（授業、バイト、自動車学校）
外部環境	**機会（チャンス）-Opportunity-** 1. 地方創生へ（平成30年浜松DMOの設立） 2. 浜松市がSAVOR JAPANに認定（食と農の地域ブランド推進事業） 3. 定住外国人が多く滞在している。 4. 自治体の中山間地域の活性化支援 5. 自治体の無形文化財の保護 6. SNSの活用	**脅威 -Threat-** 1. 勝坂までの交通アクセスが悪い。 2. 高齢化する住民 3. 若者が流出（仕事がない） 4. 浜松市の遊休施設が多い。 5. 勝坂地域には、耕作放棄地が多い。 6. 勝坂地域には、空家が多い。 7. 勝坂地域は、観光地としては全くの無名 8. 地域経済の衰退

SWOTクロス分析

		内部環境	
		強み -Strength- 1. 勝坂には、多様な観光資源がある。 　A. 文化（市の遊休施設　（茶屋・宿泊施設） 　B. 勝坂神楽）と歴史（勝坂砦、神の水） 　C. 自然（気田川、明神峡、龍頭山、星）がある 2. 観光地域づくりが目的の、学生地域活動のプロジェクト授業、大学生が自分で発想、新しい視点を活用 3. 定住外国人大学生が在籍している。	**弱み -Weakness-** 1. 大学生の組織の脆弱性 2. 大学生の地域課題に対する意識の低さ 3. 大学生の長期的・持続性な取り組みが困難 4. 上の学年の知識・経験を、下の学年へ伝達することの難しさ 5. 学生の経済的な負担 6. 時間のやりくり（授業、バイト、自動車学校）
外部環境	**機会（チャンス）-Opportunity-** 1. 地方創生へ（平成30年浜松DMOの設立） 2. 浜松市がSAVOR JAPANに認定（食と農の地域ブランド推進事業） 3. 定住外国人が多く滞在している。 4. 自治体の中山間地域の活性化支援 5. 自治体の無形文化財の保護 6. SNSの活用	**強み×機会** 1. 自然を活用したツーリズム 2. 勝坂地区での伝統野菜を活用したツーリズム 3. 勝坂神楽を活用した伝統文化ツーリズム 4. 定住外国人学生による母語で発信しインバウンドの促進	**弱み×機会** 1. NPOを設立する。 2. 中山間地域をテーマとした学生主催のシンポジウムを実施する。 3. これまでの経験を集めて、整理する。 4. マニュアルの作成、活動を組織化する。 5. 伝統野菜の商品販売により、活動資金を確保する。
	脅威 -Threat- 1. 勝坂までの交通アクセスが悪い。 2. 高齢化する住民 3. 若者が流出（仕事がない） 4. 浜松市の遊休施設が多い。 5. 勝坂地域には、耕作放棄地が多い。 6. 勝坂地域には、空家が多い。 7. 勝坂地域は、観光地としては全くの無名 8. 地域経済の衰退	**強み×脅威** 1. 交通の不便さを上回る自然の魅力をアピールする。 2. 市の使わない施設を活用する。 3. 耕作放棄地を活用する。 4. 空家の再利用 5. 文化の継承者としての高齢者をガイドとして活用する。	**弱み×脅威** 1. かつての住民へのふるさとツアー企画 2. 市内都市部に移住した集落の若者を対象とした 3. ホームカミングツアーの企画 4. 集落の高齢者と市内都市部に在籍する大学生との懇談会の実施

図9　SWOT分析およびSWOTクロス分析

チャーツーリズムの実施や市の遊休施設、空き家の利用など学生の視点から有効な観光資源として見直している。また、地域文化の継承者としての勝坂地域の高齢者をガイドや語り部として活用する企画が見られた。

4.「弱み×脅威」：組織の弱み

かつて地域で生活し、廃校（現公民館）に通学していた住民を対象としてふるさと再発見ツアーや、集落を離れた若者を対象としたホームカミングツアー、興味・関心の低い市内都市部の高校生・大学生と集落の高齢者との懇談会、廃校（現公民館）を活用したプロジェクションマッピングイベントなど、学生組織の弱みを生かそうとする学生ならではの視点による興味深い企画が創出された。

5　発展プログラム：協調学習

発展プログラムは基礎プログラムの活動指針・内容を含みながら、基礎プログラムの上位に位置する。基礎プログラムと発展プログラムの違いについては、以下の**図10**の通りである。これまで、基礎プログラムでの学修活動に参加した学生は、その成果を発展させて、2月の発展プログラムに参加している。

1. 2017年度「点在する過疎化集落の連携による集落機能の回復」
2. 2018年度「水車を活用した過疎化集落のブランディング」

	基礎プログラム	発展プログラム
プロジェクト	設定的な期間	継続性・持続性を重視
教員の学生の活動への関与	度々あり	ほとんどなし
課題設定・授業設計	教員主導	学生主導

図10　長期学外学修プログラム比較

さらに、前述した活動が学生の勝坂地区への定住や、これまでの学修活動の組織化（やまびこチャレンジ）へとつながっている。(https://www.yamabiko-nlc.org)

6　学修成果と課題 リーダー育成へのエンパワーメント

　参加学生は、1ヶ月間の長期フィールドワークを通して、多様な他者との関わりの中での能動的な学修活動から、自己とフィールドワークの活動に関わらず、全ての他者及びフィールドワークを支える個々の活動を、多様で多層的な視点から相対化することで、自らの学びを主体的に捉え直すことができた者が多くいた。

　前述したように、そのような学生たちの中から、フィールドスタディの実践後には、大学でデザインした正規のプログラムから離れて、自主的に活動を継続している者達がいる。

　2016年度には、「市民団体やまびこチャレンジ」が形成され、春野町勝坂自治会や勝坂神楽保存会を構成する地域住民の他、JA遠州中央、浜松山里いきいき応援隊、浜松市天竜区春野町協働センター、浜松市天竜区役所、浜松市地域政策課中山間地域グループ、NPO等多様な組織・団体、地域とのネットワーキングを深化・拡充している。

　これらの活動は、北遠フィールドスタディのラーニング・アウトカムズ（学修成果）として、本学地域共創学科のディプロマ・ポリシー（DP）に掲げる「地域を愛し、地域に貢献する人材」に学生がより近づいたと思われる。

　Krause（2005）は、大学が提供する教育的な場や機会に積極的に関わる学生の行動（学生エンゲージメント）と学修成果との関係性を指摘し、課外の学修活動を通して多様な他者との密接な関わりや学生同士が協同活動に従事することは、大学生の社会的な成長促進と同時に学修成果に大きな影響を与えると述べている。

　今後とも地域課題にもとづくアクティブ・ラーニングと大学生への学修成

果の相関について追跡調査をしていく必要がある。

　課題も述べておきたい。学生たちが過疎化・高齢化する集落への協働学習活動をデザインする際には、学生の学修活動の視点からデザインするのではなく、集落の生活感覚からの視点が必要である。過疎化する集落の自己決定を最優先し、外部から参与する大学の目的や意図をコミュニティとの合意をもとに、デザインすることが重要であることを指摘しておきたい。

　最後になるが、地域課題にもとづくアクティブ・ラーニングプログラムの構築には、地（知）の拠点となる地域の大学の重要な役割として、産官学の連携によるデザインが必要となってくる。地域の大学として、地域人材の育成に貢献することにおいて、本事業は重要な役割を果たしていると言える。

（田島喜代美）

引用文献

福嶋祐貴（2018）.「協働的な学習に関する類型論の到達点と課題―協同学習・協働学習に基づく実践の焦点化と評価のために」『京都大学大学院教育学研究科紀要64』, 387-399.

石井英真（2004）.「改訂版タキソノミー」における教育目標・評価論に関する一考察：パフォーマンス評価の位置づけを中心に」『京都大学大学院教育学研究科紀要』50,172-185.

Krause, Kerri-Lee.（2005）. *Understanding and promoting student engagement in university learning communities.* The University of MELBOURNE.

谷口哲也・友野伸一郎（2011）.「河合塾からの「大学のアクティブラーニング」調査報告―4年間を通じた学習者中心のアクティブラーニングについて -」『アクティブラーニングでなぜ学生が成長するのか』河合塾編著, 東信堂.

友野清文（2016）.「CooperativeLearning と CollaborativeLearning」昭和女子大学『学苑』907, 1-16.

執筆者一覧

田島喜代美（浜松学院大学 AP 事務局　専門員）

事例10　リーダシッププログラムとしてのAP長期学外学修プログラム（ギャップイヤー）　265

資料1：AP長期学外学修プログラム（ギャップイヤー）の発展と展望

浜松学院大学
APプログラムの現状と展望

事業概要

本事業は、全学生を対象に長期フィールド・スタディを実施するものである。
地域の課題解決をテーマとした「基礎プログラム」「発展プログラム」の、2つのプログラムを設置している。
両プログラム終了後に芽生えた学生の主体的なアクティブ・ラーニングの活動は、両プログラムの継続・発展形として積極的に支援し、学生自主活動についても、本事業の重要な成果の一つとして、包括的に評価している。

Seed to Fruit, and then to New Sprout
— たねから実りへそして新たな芽へ —

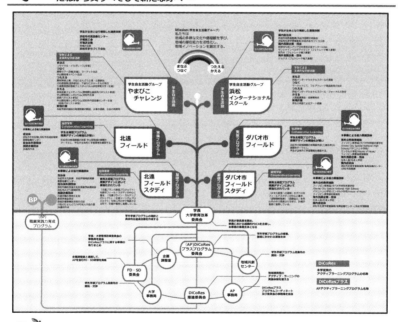

今後の展望　APのたねが実り、やがて新たな発芽へ

APプログラムから2つの学生市民団体「やまびこチャレンジ」と「浜松インターナショナル・スクール」へと実り、その活動は浜松市内から市外そして、海外へと活動の範囲を拡充している。
AP北遠フィールドスタディで開拓されたフィールドは、新たに社会人の学び直しを目的とした新規事業のフィールドとして、職業実践力育成プログラム（BP）「観光地域づくりイノベーター育成プログラム」へと新たな芽をつけ、「地方創生（地域活性化）」をテーマとした、地域の文化資源を新たな視点から見直す地域ブランディングを目的として、自治体をはじめ、多くの地域企業の参加の元、来年4月から実施する。

事例11　長崎短期大学における長期学外実習
長崎短期大学

大学基本情報

　長崎短期大学は、長崎県の北西部・佐世保市に位置する私立短期大学であり、1966年の設置から本年で創立53年目を迎える。

　学科の構成は、食物科(定員60名、栄養士コース40名・製菓衛生師コース20名)、保育学科(定員120名、保育専攻100名・介護福祉専攻20名)、国際コミュニケーション学科60名、そして保育学科の上位に専攻科保育専攻(定員10名)の、3学科1専攻科からなる。

　日本最西端の地を有する地方都市・佐世保に位置する短期大学である本学は、「地域社会の発展に貢献する豊かな人間性と品格、専門的知識や技能を備えた社会人」を育成することを全学の教育目標に掲げ、地域に信頼される短期大学を目指してきた。

　また、長崎短期大学の教育の特徴は、茶道文化を必修とし、茶道を通じた教養教育にある。加えて、米軍基地を有する地域性を活かし、地域在住の外国人や施設との交流や海外留学、留学生の受入などの国際交流を積極的に行ってきた。

取組事業の概要

　本取組は、クォーター制学事暦を新たに採用し、2年間の学びを8ターム(準備・導入・実践・検証・定着・応用・発展・完成)にしたものである。さらに、その中で学習効果を定着させるために、実践ターム(1年次8月～11月)をギャップイヤーとし、「地域体験活動」、「海外留学」、「国内外インターンシッ

プ」を体験する期間とした。そこで得られた知識や経験を佐世保市と連携した "Awesome Sasebo! Project" として展開し、地域に密着した課題解決型学外実習への取組としている。

以後のタームでは学問的な定着を図る科目を配置し、学生自身が問題発見をし、学問的に解決していく力を身につけさせることを目的とした。そのために学長のガバナンス機能を強化し全学体制でのカリキュラム改革を行った。

本事業の中心となる国際コミュニケーション学科（旧英語科）では、これまでも短期のインターンシップや留学については実績があったが、2年という限られた時間で中長期の学外学修をいかに効果的に行うかについては大変苦慮していた。しかし、それらの実績を踏まえた上で学生たちの声に耳を傾け、意見を収集・反映させることで、今回のプログラムを開発することが可能となった。

事業概要図

図1　1年次学生における年間スケジュール概略

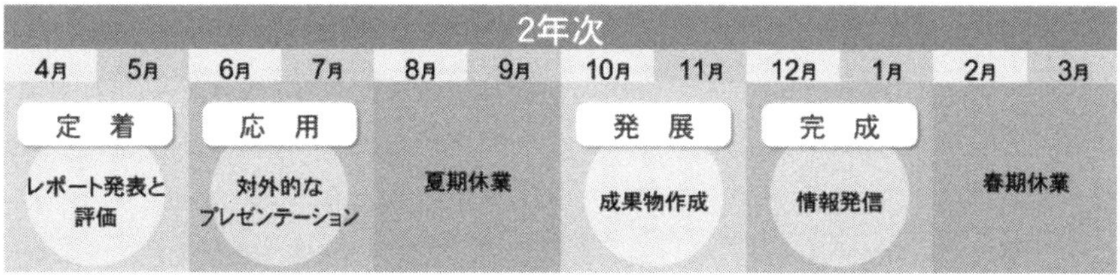

図2　2年次学生における年間スケジュール概略

上記の**図1**および**図2**で示したように、2年間の在学期間は合計8タームに分割され、そのうち3番目の実践タームで1年次学生が長期学外実習を行えるように設計した。

また、図中では省略しているが、2年次学生は第5〜7ターム（4〜11月）に地域活動（Awesome Sasebo! Project）を行う。そして最終の第8ターム（12〜1月）には他学科の学生たちと合同で学修成果発表会を準備・実施し、2年間の学修の集大成を発表する。

取組事業の波及効果と今後の展開

こうした事業・学事暦改革の成果や影響は様々な形で表れている。

中でも学生の能力や意識の変化は顕著である。たとえば、クォーター制とギャップイヤーの長期学外活動の実施を開始した2016年度の学生を例に取ると、活動を経た学生たちには各種能力の伸びが見られた。ギャップイヤーの導入前から国際コミュニケーション学科所属学生の英語力の計測に使用していたCASEC（Computerized Assessment System for English Communication）テストにおいて、2016年度入学生を対象に1年間の点数推移を集計したのが以下の**図3**である。

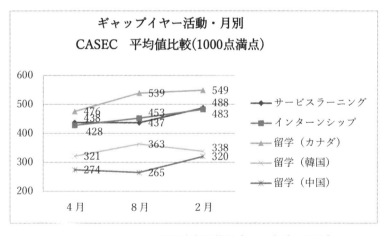

図3　CASECテスト平均点年間推移（2016年度入学生）

特に、ギャップイヤーの活動直前の8月と、年度終了前の2月の計測結果を比較すると、韓国留学を経験した学生についてのみ若干の点数の低下があるものの、それ以外の国へ留学した学生や、インターンシップ・サービスラーニングを行った学生はそれぞれに平均点の向上が見られた。インターンシップおよびサービスラーニングの参加学生については、業務や活動の中で外国語話者との協働・応対などの経験が増えたためにこの結果につながったと考えられる。

また、同じく2016年度の入学生を対象として4月と12月にそれぞれ実施したPROG (Progress Report On Generic skills) テストの分析結果を、以下の図4および図5にて示す。

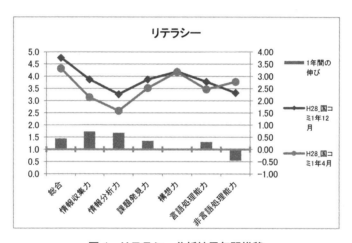

図4　リテラシー分析結果年間推移

一部、伸びがマイナスの項目も存在するが、全体としてはリテラシー（知識を中心とした能力）の分析において大きな成長があったことが見て取れる。ギャップイヤー中にそれぞれの学生たちが経験した活動に加え、長期学外活動の事前と事後に行った授業においても情報収集・分析を実践する機会が多く、それが活動終了後の12月に受けたPROGテストの結果に反映されているといえる。

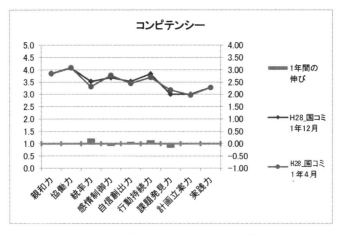

図5　コンピテンシー分析結果年間推移

　一方、コンピテンシー（経験を中心とした能力）の分析では統率力・行動持続力といった、リーダーシップを発揮すること、率先して行動することの評価に成長が見られた。数値の伸びがリテラシーほど大きくない点については、自身のまったく知らない世界を体験したことで、入学直後に比して学生の自己評価が客観的に修正され、適切な数値に落ち着いたと考えられる。

　ただ、これだけの反響を伴う大きな改革であったために、特に導入1～2年目には学生・教員の双方に戸惑いが見られたことも否定できない。カリキュラムが抜本的に変更されたことで科目数が大きく変動し、アクティブラーニングや地域活動系の科目が増加したことにより、語学力の向上をめざす学生からは語学系の授業数をより多く確保してほしいという要望が目立った。また、他学科が従来通りのセメスター制学事暦で動いている中、国際コミュニケーション学科のみクォーター制へ移行したことで授業評価時期等にずれが生じ、評価確定のための時間的余裕が短くなる、教員あたりの受け持ち科目数が増え負担が重くなるなど、教員側でも対応に追われた。

　本事業の影響は学外にまで及んでいる。短期大学では2年間という限られた期間内でのカリキュラム構築・運営が要求されるため、数か月の中・長期にわたる学外学修は実施が困難とみられていた。その条件下で、夏季休業期

間とそれに続くクォーターを効果的に利用し、3か月の海外留学やインターンシップ活動を可能としたことで、本学は県内の他短期大学はもとより、県外からも視察を受ける機会に恵まれている。

　また、インターンシップを実施する条件として、実際に就業する場合とより近い環境を学生が体験できるよう、有給かつ最低でも1か月以上の期間でのインターン実施が可能な受け入れ先のみに限定して活動を行っており、この点についても同様の取り組みにあたっている短期大学や大学からの高評価を得た。4年制大学においても無給・短期のインターンシップ実施にとどまる学校が多い中、これらは特筆すべき本学の事業の特徴であると指摘できよう。

1　授業科目の概要

(1) 「ギャップイヤー事前指導」

① 授業概要

【開講時期】第1-2クォーター（1年次4-6月/6-8月）
※以下、当セクション内では各クォーターについて「Q」と略記
【履修対象】日本人学生1年生　＜必修＞　2単位（2Q合計）

　第1Q：ギャップイヤーに自分が取り組む「留学」「インターンシップ」「サービスラーニング」に関して、「目的」「目標」を含む綿密な「ギャップイヤー計画表」を作成する。教員、外部講師、2年生から様々な情報を得て、ギャップイヤーに取り組む計画をしっかり立てる上で、大学生として、正しく情報を収集し、適切な分析を行う力を養うことができるようにする。

　第2Q：第1Qに作成した計画に従って、以下のカテゴリー別に詳細な準備を行う。準備を行う上で、自分の考え、一つの可能性、一つのものの見方にとらわれず、色々な角度から物事を考え、他人の意見に耳を傾け、十分に見直しを行う。

・中期 (3 か月) 留学： 渡航手続き、留学・ホームステイアプリケーション作成、異文化理解、ホームシック対応等
・インターンシップ： インターンシップ先の情報取集、履歴書作成、面接準備、ビジネスマナー、接客のための英語・韓国語・中国語学習等
・サービスラーニング： 実施施設の決定、内容の確認、対応マナー等
・短期 (約 2 週間) 留学： 渡航先の決定、渡航手続き、渡航先でのプレゼン準備、異文化理解、ホームシック対応

② 評価観点、評価手段・方法、評価比率
1) ギャップイヤーの活動の目的を正しく理解できる。
2) ギャップイヤーの活動に必要な適切で十分な情報を得ることができる。
3) ギャップイヤーの活動の際のリスクに関して正しく分析できる。
4) ギャップイヤーの活動計画を立てることができる。
5) ギャップイヤーの活動に関する評価システム (活動後に、自らの学びの確認と改善、さらなる学びのために) を理解し、運用できる。

評価：ギャップイヤー計画表作成 (100%) ＊目標 5 項目の口頭発表を含む

⑵ 「インターンシップ」
① 授業概要
【開講時期】第 3Q (1 年次 9-11 月)
【履修対象】日本人学生 1 年生 ＜選択必修＞ 2-6 単位

将来、ホテル・航空・旅行業界などのホスピタリティビジネス (サービス業) に従事しようと考えている者が、実際のサービスの在り方を学び、働くことの本質を体験から学ぶ。
「ギャップイヤー事前指導」でインターンシップ参加に必要な知識を得た後、インターンシップに参加することになる。

インターンシップ期間中は、担当教員が各施設を訪問し、現場担当者との意見交換を実施し、インターンシップ状況を確認する。参加者は毎回の出勤日の日誌をネット上で記入する。

インターンシップ終了後、「ギャップイヤー事後指導」において、職業体験の振り返りを行う。

同一の職場での継続、または異なる職場でも構わないが、90時間以上の就業体験をもって評価を行う。

② 評価観点、評価手段・方法、評価比率

＜インターンシップⅠ（基礎）＞

1) 【自己変革】就業体験をする中で長所・短所、思考回路等、自分の性格や特性を深く知ることができる。
2) 【主体性】与えられた役割に積極的に取りかかることができる。
3) 【規律性・忍耐力】インターンシップ先の規律や自分に与えられた役割のルールを理解し、自ら立てた目標を再確認し、守ることができる。
4) 【ストレスコントロール力】自分が負担・ストレスに思うことを認識することができる。
5) 【良い行いの習慣化】自分に与えられた役割全体を理解することができる。

評価：インターンシップ日誌（80％）、職場担当者の評価（20％）

＜インターンシップⅡ（定着）＞

1) 【自己変革】短所・弱点・苦手部分等の改善に努めることができる。
2) 【主体性】与えられた役割の意義を確認しながら、誠意をもって役割を果たすことができる。
3) 【規律性・忍耐力】自分に与えられた役割のルールを理解した上で、役割を着実に全うできる。
4) 【ストレスコントロール力】与えられた役割の意義を確認する中で、自

分が負担・ストレスに思う根源を考えることができる。
5)【良い行いの習慣化】自分に与えられた役割を着実に行うことができる。

評価：インターンシップ日誌(80%)、職場担当者の評価(20%)

＜インターンシップⅡ(応用)＞
1)【自己変革】長所・強みを仕事に活かすよう努めることができる。
2)【主体性】社会・実習先の帰属意識を高め、周囲の状況を判断し積極的に自分ができることを探すことができる。
3)【規律性・忍耐力】自分の取り組みの中で新たな課題を発見し、目標を追加・再設定した上で、確実に役割・目標を全うできる。
4)【ストレスコントロール力】自分が負担・ストレスに思うことを解決する具体的な方法を発見することができる。
5)【良い行いの習慣化】周囲の社員の行動を見つめなおし、自分の役割を洗練させることができる。

評価：インターンシップ日誌(80%)、職場担当者の評価(20%)

⑶ 「海外文化事情留学Ⅰ／Ⅱ／Ⅲ」
① 授業概要
【開講時期】第3Q(1年次9-11月)
【履修対象】日本人学生1年生　＜選択必修＞　2-6単位

＜Ⅰ／Ⅱ共通＞
　授業で学んでいる外国語を海外で試し、知識として得た異文化情報を実際に海外で直に感じてみる短期(約10日間)海外研修プログラムである。渡航前に、訪問する国についての文化、言語、観光地、マナー等を学習する。

＜Ⅲ＞

ギャップイヤーの期間を利用して、授業で学んでいる外国語を海外（英語圏／アジア圏）で試す・異文化を直接体験することに加え、語学力やコミュニケーション能力のさらなる向上を目指す中期（約3か月）の海外研修プログラムである。渡航前に訪問先の国や文化、言語など、および留学先の地域や学校についても学習する。

＜Ⅰ＞【海外（アジア圏）短期研修】
主に、韓国や中国・台湾の姉妹大学を訪問し、現地の学生と交流活動を行う。滞在中、自分たちで地元のスーパーなどで買物や観光を行い、現地の人と同じ生活体験をする。可能な限り、現地の言語を使ってもらうために、現地での手続き等もできるだけ学生で行う。

＜Ⅱ＞【海外（英語圏）短期研修】
渡航先は、参加者の希望や人数で毎年変更する可能性がある（過去にはカナダ、オーストラリア、イギリス、アメリカ（ハワイ）、ニュージーランドへの研修を実施している）。
滞在中、自分たちで地元のスーパーなどで買物や観光を行い、現地の人と同じ生活体験をする。可能な限り、現地の言語を使ってもらうために、現地での手続き等もできるだけ学生自身で行う。

＜Ⅲ＞【海外中期（3か月）留学】
（英語圏）カナダ、オーストラリア、イギリス、ニュージーランド
（アジア圏）韓国、中国、台湾
現地での授業内容（例）
1 オリエンテーション
2 プレイスメントテスト
3 語学学習（月～金、週約30時間）
4 セルフスタディ（スーパーバイザー指導のもと）
5 コンピュータやランゲージラボを使用した学習

6 定期的な授業外の課外活動（フィールドトリップ、地域でのボランティア活動等）
7 定期テスト（評価あり）
8 成績表及び修了証書授与

②　評価観点、評価手段・方法、評価比率
＜Ⅰ／Ⅱ共通＞
1) 海外渡航する場合に必要となる情報収集方法、必要とされる知識を獲得することができる。
2) 渡航先の国、都市、大学に関する情報を収集し、必要とされる知識を獲得することができる。
3) 渡航先で活用できる、基本的な現地語をマスターすることができる。
4) 姉妹校の学生との交流会（または、ホームステイ）などを通して現地の文化を理解することができる。
5) 帰国後に、渡航先の国と母国と比較した場合の違いなどをまとめ、発表を行うことができる。

評価：最終レポート（80%）、プレゼンテーション（20%）

＜Ⅲ＞
海外に3ヶ月間留学し、主に語学と文化を集中的に学ぶ。
1) 海外渡航する場合に必要となる情報収集方法、必要とされる知識を獲得することができる。
2) 渡航先の国、都市、大学に関する情報を収集し、必要とされる知識を獲得することができる。
3) 渡航先で活用できる、基本的な現地語をマスターすることができる。
4) 姉妹校の学生との交流会（または、ホームステイ）などを通して現地の文化を理解することができる。
5) 帰国後に、渡航先の国と母国と比較した場合の違いなどをまとめ、発

表を行うことができる。

評価：留学先からの成績表（50%）、E-レポート（20%）、最終レポート（30%）

⑷ 「実践 Awesome Sasebo（サービスラーニング）III」
① 授業概要
【開講時期】第 3Q（1 年次 9-11 月）
【履修対象】日本人学生＆留学生 1 年生　＜選択必修＞　2-6 単位

次の 3 項目を意識しながら様々な活動に参加する。
1) 教室で獲得した知識を社会的活動の中で実際に活用することで、現実社会で実際に活用できる知識・技能へと変化させること。
2) 社会的活動を通して、将来の職業について考える機会を持つこと。
3) 自らの社会的役割を意識し、市民として必要な資質や能力を高めること。

学びの実践例：授業で身につけた語学力を活用し、地域で必要とされる情報発信のために翻訳や通訳をする。地域の子供達に英語を教える。高齢化で年々担い手が少なくなる地域のお祭りを支援する。

地域の例：長崎県佐世保市相浦地区、高島地区、黒島地区（公民館活動、地域の歴史的お祭り支援等）

短大での活動例：学園祭の企画運営等

その他例：「ねんりんピック長崎 2016」活動支援、長崎新聞「JAM」発行活動、災害支援活動、米軍基地ボランティア等

② 評価観点、評価手段・方法、評価比率
本科目をサービスラーニング I（基礎）と位置づけ、5 つの指標を到達目標として設定する。
1)【コミュニケーション力】活動の打ち合わせ時等に他人の話を丁寧に聞き、意図をしっかりと理解することができる。
2)【主体性】与えられた役割に積極的に取りかかることができる。

3)【規律性・忍耐力】グループ内や共に活動する人との規律や、自分に与えられた役割のルールを理解し、自ら立てた目標を再確認し、守ることができる。
4)【ストレスコントロール力】自分が負担・ストレスに思うことを認識することができる。
5)【課題発見力】活動全体を知り、改善点等を発見することができる。

評価：活動報告書（60％）、活動関係者評価（40％）

⑸ 「ギャップイヤー事後指導」
① 授業概要
【開講時期】第4Q（1年次12－2月）
【履修対象】日本人学生1年生　＜必修＞　2単位

　第1-2Qに計画準備を行い、第3Qで体験した長期の学外学修活動に関して、個人、グループでまとめ、プレゼンテーション資料を作成し、発表を行う（プレゼンに盛り込む主な内容：体験の言語化）。
　留学・インターンシップ・サービスラーニング各活動において、
1)「何のために参加したのか」
2)「成果・学んだことの確認」（ネガティブな点、ポジティブな点を詳細に書き出す。友達同士でも質問し合う）
3)「ギャップイヤーの経験をどのように将来に活かしていくか」

② 評価観点、評価手段・方法、評価比率
1) ギャップイヤーの活動において、自らで立てた目標を達成することができる。
2) ギャップイヤーの活動において、さらに新しい知識情報を得ることができる。
3) ギャップイヤーの活動において、起こったリスクに関しても正しく分析・理解し、解決することができる。

4) ギャップイヤーの活動において、活動計画に沿って問題なく実施することができる。
5) ギャップイヤーの活動において、評価システムに沿って評価することができる。

評価：ポスター等の資料作成 (50%)、プレゼンテーション (50%)

⑹ 「Awesome Sasebo Ⅰ - Ⅵ」
① 授業概要
【開講時期】第 3-4Q (1 年次 9-12 月) を除く全 6Q
【履修対象】日本人学生＆留学生 1-2 年生　＜必修＞　各 1 単位

　長崎短期大学に隣接する「相浦」「黒島」「高島」「三ヶ町商店街」をフィールドとし、「地域を知るプロジェクト」を実施する。私たちが住む街を調査し、正しい情報を集め、地域がかかえる課題を明らかにする。
　このプロジェクトに取り組むことにより、情報収集能力、プレゼンテーション能力を高めることはもちろんのこと、様々な世代や職業の人と接することによりコミュニケーション力を高める。

② 評価観点、評価手段・方法、評価比率

「準備ターム」課題発見力 (情報収集)：大学生として、また社会人として、正しく情報を収集し、適切な分析を行う力を養うことができる。同時に、獲得した情報をもとに、地域での活動を行う際の課題を発見する力を養うことができる。

1) 様々な取り組みにおいて、正しく情報を収集し、分析することができる。
2) 地域活動における課題を発見することができる。
3) 地域を知る活動の内容を効果的にプレゼンテーションすることができる。
4) 地域の人たちを含めていろいろな人とコミュニケーションができるようになる。

5) 先輩より留学やインターンシップなどの情報を得て、自分の成長につなげることができる。

評価：フィールドワーク感想レポート（30％）、最終プレゼンテーションのルーブリック評価（70％）

2　各科目やギャップイヤー活動での目標の達成状況・課題等について

Awesome Sasebo! および3種の学外学修科目のいずれも、班ごと、あるいは学生ごとに活動内容が全く異なるため、成績評価・単位認定において一律の評価基準を定めることが大変に困難である。

現状、「Awesome Sasebo!」に関しては、活動内容を振り返る「学修成果記録ノート」の記録内容、プレゼンテーションの資料作成や発表への関与度、班

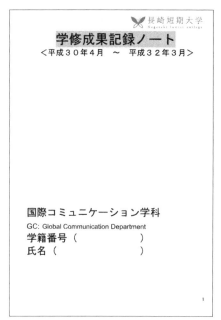 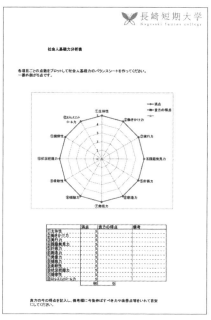

図6　「学習成果記録ノート」（左・表紙／右・自己分析表）

内での働きなどをベースに、担当教員全員の協議を行い、評価を決定している。また学外学修活動については、実際に留学・インターンシップ・地域活動を行っていた時間数をベースに、留学をしていた学生については留学先の成績を、インターンシップや地域活動の参加者は受け入れ先企業や協働した地域住民・団体職員などの評価を確認し、教員だけでなく客観的な第三者からの評価を取り入れて総合的に判断するようにしている。

今後はこれをさらに発展させ、ルーブリックの開発・適用等で基準をさらに可視化し、教員・学生や受け入れ先それぞれにとって、よりわかりやすい評価体制の構築をめざしたい。

参考までに、現在の授業で用いている「学修成果記録ノート」の一部を**図6**として掲載する。

また、1年生が実際に学外学修を行う前と後に、「ギャップイヤー事前指導」および「ギャップイヤー事後指導」の授業内でアンケートを実施している。このうち、2016年度の受講生から得られたデータは以下のようなものとなった。

まず、「ギャップイヤー事前指導」の授業内で、次に挙げる問いに回答させた。合わせて、学生の活動予定別に回答内容を集計した**表1〜表3**を掲載する。

問：ギャップイヤーで行う予定の各活動（留学・インターンシップ・地域活動）で、以下のような事柄についてどの程度期待しているか

表1　物事を提案したり、作り上げたりする力を養うことができる（問1）

	留学		インターン		地域活動	
①まったくそう思わない	0	0.0%	0	0.0%	0	0.0%
②そう思わない	3	14.3%	4	11.4%	1	20.0%
③どちらでもない	4	19.0%	12	34.3%	1	20.0%
④そう思う	11	52.4%	16	45.7%	2	40.0%
⑤強くそう思う	3	14.3%	3	8.6%	1	20.0%
合計	21	100.0%	35	100.0%	5	100.0%

※問1への回答を集計。以下、表6まで同様

表2 さまざまなことに挑戦するチャレンジ精神が向上する（問2）

	留学		インターン		地域活動	
①まったくそう思わない	0	0.0%	0	0.0%	0	0.0%
②そう思わない	0	0.0%	0	0.0%	1	20.0%
③どちらでもない	2	9.5%	2	5.7%	1	20.0%
④そう思う	6	28.6%	16	45.7%	2	40.0%
⑤強くそう思う	13	61.9%	17	48.6%	1	20.0%
合計	21	100.0%	35	100.0%	5	100.0%

表3 活動を通して積極的にコミュニケーションを図るようになる（問3）

	留学		インターン		地域活動	
①まったくそう思わない	0	0.0%	0	0.0%	0	0.0%
②そう思わない	0	0.0%	0	0.0%	1	20.0%
③どちらでもない	1	4.8%	2	5.7%	0	0.0%
④そう思う	5	23.8%	15	42.9%	2	40.0%
⑤強くそう思う	15	71.4%	18	51.4%	2	40.0%
合計	21	100.0%	35	100.0%	5	100.0%

このように、事前指導の段階で、それぞれの学生が長期の学外学修活動を通じた自身の成長に大きく期待していることが見て取れる。

次に、活動を終えた学生たちを対象とし、ギャップイヤーでの経験を経た自身の印象について「ギャップイヤー事後指導」の中で実施したアンケートの結果が、以下の**表4～6**である。

※「事前指導」の段階では日程の都合で留学生へのアンケートが実施できず、事後のアンケートにのみ留学生の回答が含まれていること、およびアンケート実施後に予定が変更になった学生がいることから、各活動内容について回答している学生の数が「事前指導」時のものと完全には一致していない。

表4　物事を提案したり、作り上げたりする力を養うことができるようになった（問4）

	留学		インターン		地域活動	
①まったくそう思わない	0	0.0%	0	0.0%	0	0.0%
②そう思わない	0	0.0%	5	14.3%	2	12.5%
③どちらでもない	4	28.6%	13	37.1%	8	50.0%
④そう思う	8	57.1%	13	37.1%	5	31.3%
⑤強くそう思う	2	14.3%	4	11.4%	1	6.3%
合計	14	100.0%	35	100.0%	16	100.0%

表5　さまざまなことに挑戦するチャレンジ精神が向上した（問5）

	留学		インターン		地域活動	
①まったくそう思わない	0	0.0%	0	0.0%	0	0.0%
②そう思わない	0	0.0%	1	2.9%	1	6.3%
③どちらでもない	2	14.3%	6	17.1%	6	37.5%
④そう思う	6	42.9%	10	28.6%	5	31.3%
⑤強くそう思う	6	42.9%	18	51.4%	4	25.0%
合計	14	100.0%	35	100.0%	16	100.0%

表6　色々な人と積極的にコミュニケーションを図ることができた（問6）

	留学		インターン		地域活動	
①まったくそう思わない	0	0.0%	1	2.9%	0	0.0%
②そう思わない	0	0.0%	1	2.9%	1	6.3%
③どちらでもない	4	28.6%	5	14.3%	5	31.3%
④そう思う	8	57.1%	12	34.3%	7	43.8%
⑤強くそう思う	2	14.3%	16	45.7%	3	18.8%
合計	14	100.0%	35	100.0%	16	100.0%

留学およびインターンシップを経験した学生は特に、事前に期待していたとおりの成長ができていることが見て取れる。地域活動に関しては、参加者に留学生が多く、言語・文化的障壁を乗り越える苦労が多かったことによるものか、全体として自身への評価が厳しい傾向が見られた。とはいえ、地域住民など協働した人々とのコミュニケーション面で進歩を実感している様子がうかがえる。

総じて、1クォーターを使って確保したギャップイヤーの中長期にわたる活動が学生にプラスの影響を与えており、本人たちもその成長を自覚できている。本学における教学改革の明確な成果であり、このまま推進するとともに、他学科への導入も積極的に検討していくべきであろう。

3 3年目を終えた段階の進捗状況と今後の展開

(1) 大学改革の概要

2015年度にAP事業に採択され、その成果を地域社会に公開し評価を受けることで、本学の教育の信頼性を高めることができ、またそれは本学全体の改革につながった。具体的には、組織の改革と教育プログラムの改革、この2つを柱として事業を発展させている。

① 組織の改革

学内の評価体制における学長のガバナンスを強化すべく、2016年度より副学長を配置した。また、「Awesome Sasebo! Project 推進室」を設置し、それまで学科ごとに取り組んできた地域活動を学校全体の取り組みとして集約し相互理解を深めるだけでなく、学科横断的な取り組みが実施可能となった。

毎年度末に地域活動について、地元佐世保市民をはじめ様々なステークホルダーに教育成果を発表し、評価をしてもらうことができている。さらに、地域活動やAP事業について外部ステークホルダーや専門家による「Awesome Sasebo! Project 推進委員会」と「評価委員会」の評価を受けることで、より効果的な教育活動を行うことが可能になり、教育に対する信頼を高めることが

できている。

　2015年度に、国際コミュニケーション学科は学位授与方針を見直し、カリキュラム改革を実施したが、2016年度には、全学の教学改革を行うことを目的にした「大学改革委員会」を設置し、他の2学科（食物科・保育学科）を含む全学の「三つのポリシー」の見直しを行った。全学のポリシーと学科のポリシーを、一貫性のあるものとして策定することで、本学がどのような人材を、どのような教育の内容や方法で育成しようとしているのか、本学の教育を通じてどのような力を身につけることができるのかについて、具体的にわかりやすいものとして策定することができた。その過程は、全教員が参加して作業を行うワークショップ型の学内FDも兼ねており、まさに全学が一体となって改革を行った成果である。

② 教育プログラムの改革

　本事業の中核である国際コミュニケーション学科が他学科に先駆けて2年間を8タームとする4学期制を導入し、カリキュラム改革を行った。そのうち第3タームに該当する1年次の8月～11月をギャップイヤーと設定し、多様な「長期学外学修プログラム」の円滑な実施と段階的な評価によって教育改革の加速化を実現した。国際コミュニケーション学科以外の2学科（食物科・保育学科）においても4学期制導入の可能性について検討を行っている。食物科や保育学科は資格取得を目指す養成校でもあり、カリキュラムの改変が容易でないという面もあるが、国際コミュニケーション学科がこれまで行ってきたカリキュラム改革を参考にしながら研究を重ね、本事業の最終年度（2019年度）には、他の2学科における導入について一定の方向性を提示する予定である。国際コミュニケーション学科においては、この2年間を検証し、カリキュラム改革を行い、2018年度入学生から、新しいカリキュラムで教育を行っている。

　教職員の意識においては、この事業を通してそれぞれの教職員が学生に積極的にかかわることで、これまで以上に一人ひとりの学生の能力や意欲に応じた支援を行うようになった。学生も主体的に活動に取り組むようになった

だけでなく、教職員もより積極的に学生に関わるようになったという意味で意識の改革がもたらされた。

(2) 今後の展開

段階的に長期学外学修プログラムの充実を図ってきている。今年度を含めた、今後の展開として、次のように考えている。

① 教学改革
- 国際コミュニケーション学科で導入した4学期制学事暦やギャップイヤー、それにカリキュラム変更の検証を行い、継続した改革を行う。
- 食物科・保育学科では、学科の特徴を活かした学事暦の研究と地域と連携した学外学修の検証と内容の充実を図る。
- 全学科共通の地域関連科目として設けている「社会人基礎A（地域と大学・ASP）」の検証と内容の充実を図る。
- ルーブリック評価のさらなる検証を行う。
- 学外学修時の学生支援体制の改善を図る。
- 入学から卒業まで一体となった三つのポリシーについて、学生や教職員、高校生、地域、就職先の企業・機関、各種の実習先等から意見を聴取し、教育内容の改善を図る。

② 学生の活動
- 佐世保市近郊（黒島・高島・相浦）の地域振興を目的とした「地域で検証プロジェクト」を行う。
- 学外学修の充実のために地域や企業について学ぶセミナーを開講する。
- 今後も定期的に、学修成果を発表するための、学修成果発表会を継続して実施する。
- 長期（3ヶ月以上）の国内外有給インターンシップや留学、海外大学への編入を推進し、支援を行う。

③ 学修成果の分析と測定

・継続して、全学科で学修成果可視化テストを実施し、結果の検証と学生へのフィードバック、学修支援と同時に、テスト自体の有効性の検証も行いたい。
・留学・海外インターンシップ先とのマッチングのための英語力測定テストを国際コミュニケーション学科で継続して実施する。また、韓国語検定試験(TOPIK)や中国語検定試験(HSK)の結果についても分析を行う。過年度を含めたこれらのデータと既存の教務データを併せた教学IR活動を行う。

④ インターンシップ先・留学先との連携

・国内外有給インターンシップ先や新たな留学先の開拓を行う。
・留学先やインターンシップ先を訪問調査し、協働した教育方法の開発に引き続き取り組む。

⑤ 教職員の資質向上

・学内で全教職員を対象にFD/SDを実施し、教員の資質向上と本事業に対しての理解と意識を高める。
・学外のFD/SDの参加、先進校視察を行い、先進事例について学ぶ。また、本学の活動を学外で発表・報告することで資質の向上を図る。

(園田靖)

執筆者一覧
園田　靖(長崎短期大学国際コミュニケーション学科　講師)

事例12　宇部工業高等専門学校における長期学外学修への取り組みと4学期制を活かした教育改革
宇部工業高等専門学校

大学基本情報

　宇部工業高等専門学校は1962年、機械工学科、電気工学科を有する高等専門学校として設置された。その後、工業化学科（1966年；1990年に物質工学科へ改組）、制御情報工学科（1988年）、経営情報学科（1992年）を設置し、さらに1997年には専攻科として生産システム工学専攻と物質工学専攻を、2005年には経営情報工学専攻を設置し、現在、5学科3専攻から構成される定員1040名規模の高等教育機関である。

　「挑戦し、探究し、高く羽ばたく宇部高専」を理念とし、創造力をそなえた人間性豊かな技術者の養成をめざしている。「あらゆる社会活動を営む上で人間及び社会人としての倫理が全てに優先する」を基本とし、本校は「温かい人間性と豊かな国際性を備え、創造的目標に対して常に向上心をもって、果敢に粘り強く努力を傾注できる人材」を育成する。これを "Be human, be tough and be challenge-seeking." というスローガンとして掲げる。

取組事業の概要

　2005年度および2007年度にそれぞれ採択された現代GP「地域と連携した『ものづくり』教育」、「東北アジア地区交流による実践的技術者育成」を契機とし、地域教育、インターンシップおよび国際交流を活発化しつつ、学生の視野を広げ、かつ地域に貢献できる人材育成を志向した。2015年に大学教育再生加速プログラム テーマⅣ「長期学外学修」（以下、APプログラム）に採択され、2019年度を最終事業年度として以下の取り組みおよび教育改革

を進めている。

　本校のAPプログラムは国際交流と長期インターンシップ、ならびにこれらの事前学習に位置づけられる地域課題解決型地域教育の3本の柱から構成される。

　国際交流では、主にアジア・オセアニア地域の大学やポリテクニック等13校と学術交流協定を締結し、2019年度の語学研修・海外研修参加学生数を年間100人とする数値目標を設定し、学生のグローバルマインドの醸成を目指している。また、同時に学術交流協定校からの3週間から5か月にわたる短期留学生受入を進め、研究室配属、英語・中国語のTA、山口県内でのインターンシップという形で年間およそ50人の受入を行っている。

　インターンシップに関して、実習期間が4週間以上の場合を長期インターンシップ、1週間の場合を短期インターンシップとして区別し、これらを並走させている。長期インターンシップは、キャリアデザイン力の向上および技術者像の確立を目的としており、主に山口県西部に位置する企業群に学生を派遣すべく、企業開拓を行った。2018年度には40名超の学生が長期インターンシップに参加している。

　地域課題解決型地域教育は、地域に山積する課題を認識し、学生の有する工学知識や技術を活用し、問題解決のプラン創出およびその実現を図る取り組みである。

　本AP事業では上記の取り組みの相互作用を指向する。すなわち、地域課題解決型地域教育への参加を通して社会に山積する実課題を認識し、海外研修では他国・他地域での対応策を、またインターンシップではビジネス視点による問題の再認識を目標とする。

　さらに、上記の取組を実質化するため、2017年度よりクォーター制を導入し、ギャップタームの設定とともに、これを利用したリテラシーとコンピテンシー強化を目的とする教育改革を進めている。

（武藤義彦）

1 高専におけるクォーター制の設計

　クォーター制導入による学事暦の柔軟化およびギャップタームやギャップイヤーの設定が長期学外学修機会創出の基本要件となる。

　理想的には2か月～1年間のギャップタームが望ましいが、高専および大学の理工系学部では必修科目の比率が高く、履修上の制約が強い。これらの制約下でのクォーター制運用方針および運用上の課題を述べ、理工系学部でのクォーター制導入の指針を示す。

(1) 学事暦設計方針

　学事暦の柔軟性を高め、4月から6月上旬を1学期、6月中旬から8月上旬を2学期、10月中旬から12月半ばを3学期、および12月半ばから3月上旬を4学期と定めた。本校では、2学期後半の1か月間と夏季休業を組み合わせてギャップタームを創出する。

　また、高専本科は5年間の在学を基本とし、旧来のセメスター制と新制度であるクォーター制の並列は可能だが、複数の学事暦の混在、教務事務の煩雑さ等の問題を回避するため、2017年度に旧カリキュラムも含めて全学一斉にクォーター制へ移行した。この際、旧課程のカリキュラム変更は基本的に不可である。そこで、半期単位で開講していた1単位科目（30時間科目）をクォーター制下のひとつの学期で週2回開講とした。さらに、いわゆる通年科目として開講していた60時間科目を30時間単位に科目分割し、前述の週2回開講科目として実施した。すなわち、表面的な科目名変更はなされたものの、旧課程カリキュラムにおける学習内容および科目間の連携を保てるよう、学事暦を再設計した。

(2) 旧カリキュラムとの整合を考慮した長期学外学修の展開

　高専本科の修業年限は5年間であり、旧課程カリキュラムに従う学生の卒業は2020年度となる。すなわち、彼らの長期学外学修参加促進にあたり、ギャップタームと同様の期間を創出する必要がある。

本校では、最短で1か月間の長期学外学修を担保するため、2017年度より夏季休業を60日間に設定した。これは特に国際交流における派遣先開拓および長期インターンシップ受入企業開拓の際の研修・実習期間調整の柔軟化を保証するためである。2019年度以降は、国際交流や長期インターンシップの実施体制が確立してきた点をふまえ、夏季休業を50日間に短縮する計画である。

図1にクォーター制導入期の学事暦および最終形を示す。最終形では、2学期後半と夏季休業期間を組み合わせた2か月間にて長期学外学修を実施する計画であり、2020年度または2021年度の実質化を目指す。

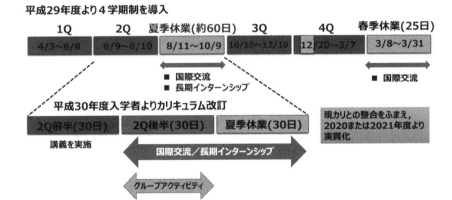

図1　クォーター制導入後の学事暦と長期学外学修の関係

(3) 解決すべき課題

クォーター制の導入に伴い、一般教養科目担当教員の担当コマ数が特定の学期に集中し、教員の負担感が増している。また、長期の夏季休業期間確保に伴う学事暦の窮屈さも問題として挙げられる。これらの問題に対して、複数クラス同時講義実施による実質的な持ちコマ数削減、定期試験におけるマークシート方式の導入や日常の学習活動の成績評価への反映等によって解決を図る方針である。

（武藤義彦・小林澄枝）

2　国際交流の展開

　本校の国際交流は、2007年度に採択された現代GP「東北アジア地区交流による実践的技術者育成」に端を発する。その後、これらの交流活動を推進する組織として国際交流室（2018年度より留学交流室へ改称）を設置し、学生の渡航支援を行いつつ、2014年度以降、台湾・シンガポール・韓国・ベトナム・ニュージーランドの大学やポリテクニックと学術交流協定を結んだ。さらに2015年度以降、高専機構と協定を締結した大学等とも交流を活発化させている。

　2012年度以降の海外研修・語学研修参加者数および短期留学生受入数の推移を**図2**に示す。なお、2018年度の研修参加者数は夏季研修のみを対象とした値である。

⑴　国際交流の推進
①　国際交流活性化の狙い

　インターネットの普及はもとより、国や地域を越えた人やモノの大量高速移動が可能となり、異なる国・地域の人々と協働する知識基盤社会が出現した。一方、日本は自動車や半導体といった例外はあるものの、これまで国内型産業が大部分を占めており、特に人的資源のグローバル化対応が遅れている。本校ではICTによるコミュニケーション支援技術を活かしつつ、多国籍なチームにおいて物怖じせず仕事に取り組めるメンタリティの醸成および異文化適応能力向上を目的として、国際交流を積極的に推進している。

②　派遣先の選定

　国際交流は語学研修と海外研修に大別される。前者は英語や中国語の語学力向上を目的とした研修であり、後者は協定校にて共同研究等を行う研修である。2018年度現在、実質的に稼働している学術交流協定校を以下に列挙する。
　(a)　語学研修：シンガポールポリテクニック（シンガポール）／マラ工科大

学(マレーシア)／ニューカッスル大学(オーストラリア)／クライストチャーチ工科大学(ニュージーランド)／文藻外語大学(台湾)／永進専門大学(韓国)

　(b)　海外研修：マラ工科大学／国立聯合大学(台湾)／ナンヤンポリテクニック(シンガポール)／トゥルク応用科学大学(フィンランド)

　夏季研修では上記の全ての協定校へ、また春季研修では国立聯合大学と永進専門大学へ学生を派遣する。

　上記のとおり、本校では主にアジア・オセアニア地区の大学等と学術交流協定を締結している。その理由は、研修参加にかかる渡航費や滞在費が安価なためである。海外研修は協定校との相互派遣に伴い授業料を相殺しており、学生寮等の滞在費と渡航費のみで参加可能である。例を挙げると、1ヶ月間の研修において、台湾が約5.5万円、シンガポールが約7万円である。また、語学研修では授業料が必要だが、交流協定により通常よりも2割程度、安価である。

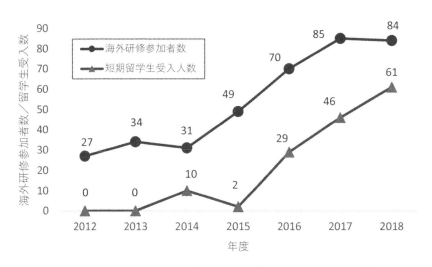

図2　海外研修・語学研修参加者数および短期留学生受入数の推移

⑵　**国際交流を支える組織・人材**

　2010年度に学内組織として国際交流室(現在、留学交流室へ改称)を立ち上

げ、2018年度は教員11名、事務部2名の陣容にて、主に研修の引率・安否確認・研修プログラム開発を実施している。また、AP補助金を活用して雇用した特命准教授の役割は、交流先の開拓、トビタテ！留学JAPAN申請時の指導、ならびに海外研修説明会やオープンキャンパス等での学生・保護者への訴求活動である。

(3) 学生らへの働きかけ

① 学生への訴求

オープンキャンパス等において、入学希望者に対して国際交流への取組を紹介している。活発な国際交流実績が競合校である他高専・高等学校との差別化要因となり、これに惹かれて入学を志す者もある。さらに入学直後の意識付けとして、全ての1年生を対象とした講演「今すぐ世界へ出よう！」を開催している。

毎年度、作成する海外研修案内（冊子）には、過年度の研修内容、タイムテーブル、経費、先輩の声などを掲載し、海外研修参加希望者が自らの研修をイメージできるようにしている。

② 事前・事後教育

渡航前に3回の事前研修を継続的に行う。その内容は海外研修の意義・目的、英語による自己紹介カード作成、海外渡航の心構え、安全教育、過年度の海外研修者からのアドバイス等である。

また、帰国後に成果報告会での発表を義務付けており、夏季派遣、春季派遣それぞれに対して10月および4月に、学生は自らの活動成果を発表する。本報告会では、報告内容の密度を高め、かつ聴講者との議論の質を高めるという目的から、2018年度より日本語によるポスタープレゼンテーション形式にて実施している。

③ 海外研修を希望する学生らへの経済的支援

海外研修に要する費用は基本的に学生負担ではあるが、日本学生支援機構

(JASSO)による補助や本校国際交流支援基金（後援会）による補助が受けられる仕組みを整備している。

JASSO支援の実績は、2017年度は44名の学生へ、2018年度は25名の学生へそれぞれ758万円、395万円である。JASSOによる補助では学業成績および家計所得に関する基準が存在するため、基準外の学生への支援として国際交流支援基金を活用している。

④ 研修先での学生の安全確保

研修先での安否確認として日々の安否報告を義務付けている。当初は学生が多用するLINEをコミュニケーションツールとして用いたが、研修参加学生の増加に伴う管理の煩雑さから、2018年度よりOffice365 Forms利用へと切り替えた。また、研修中の定期報告として、学生に1週間に1回以上、Facebookのグループページでその週の研修状況・出来事、次の1週間の目標・課題等についての投稿を義務付けている。これは安否確認に加えて、参加学生・担当教職員間での情報共有や、研修へのモチベーション向上に活用される。

さらに、2015年以降、作成・改訂を重ねている海外渡航安全管理ガイドブックには安全確保の方法、事故防止、過去のトラブル事例等が含まれており、渡航先でのトラブル発生時に最初に参照すべき情報源として機能するほか、各自で渡航に必要な書類、すなわちパスポートコピーや海外旅行保険証書、クレジットカード情報等の重要な書類をファイリングかつ一覧できる構造としている。

⑤ 英語運用能力の向上

2014年度より英会話能力向上を目的として近隣の語学学校講師の指導のもと、学内にてEnglish Cafeをスタートした。しかし、参加者数の季節変動や多額な講師謝金といった負担を考慮し、2017年度後期より文藻外語大学外国語学部の学生を講師役とするオンライン英会話へ切り替えた。文藻外語大学の学生は、台湾における英語教員の卵であり、彼らにとっても英会話初心者へ教授する訓練となる。

（武藤義彦・小林澄枝）

3　長期インターンシップの実践とその効果

　本校では、従前より正課の授業としてインターンシップを積極的に推進しており、卒業・修了年度の前年度にあたる本科4年生と専攻科1年生がそれぞれ5日間、15日間の企業実習参加を標準としてきた。そして、本事業のひとつとして2016年度より実習期間を4週間以上と規定する長期インターンシップを導入した。同時に、取得可能な単位数を参加日数によって区分した。また、専攻科生に対しては、より効果的な就業体験とするため自身の専門性を考慮した上でマッチングを図っている。インターンシップ受け入れ先としては、山口県内企業を中心にご協力頂いており、その数は増加傾向にある。

　長期インターンシップへの参加者数は、2016年度が11名（本科2名、専攻科9名）、2017年度が30名（本科22名、専攻科8名）であった。また、2018年度は44名（本科31名、専攻科13名）が参加しており、長期インターンシップに対する学生の関心が着実に高まりつつある。

(1)　長期インターンシップの狙い

　インターンシップに関して文部科学省ら(2014)は「インターンシップと称して就職・採用活動開始時期前に就職・採用活動そのものが行われることにより、インターンシップ全体に対する信頼性を失わせるようなことにならないよう」と留意を求めているが、全国的なインターンシップ参加学生（主に大学生）の増加に伴い、就職活動の前哨戦という誤認識が広がるとともに、企業側も優秀な学生確保のため1-dayインターンシップを開催するなど、本来の趣旨と異なる様態を呈している。本校においてもインターンシップ参加者の増加とともに、単位取得を主目的とする学生も現れてきた。さらに、厚生労働省(2017)によれば、大学卒業者の就業後3年以内離職率が30％超に至るというデータがある。さらに就職者の都市部への集中による地方の疲弊が社会問題となっている。このような状況において、敢えてインターンシップを長期化させた狙いは以下のとおりである。

本校を含む高等専門学校は、その多くが工業系の学科から構成され、実践的中核技術者の輩出を目的としている。学生目線では、4週間以上にわたるインターンシップを通し、業務との深い関わりによる企業活動理解を進め、自らのキャリアデザイン力を高めるとともに技術者像の確立を図る。その結果、就業ミスマッチを防止し、早期離職の防止および地元への就職者増を実現する。

(2) 長期インターンシップ派遣先の開拓

AP事業経費を活用し、長期インターンシップ派遣先開拓を主業務とする教育コーディネータ（以下、教育CD）を雇用した。この教育CDは、本校の教員OBであり、かつ常勤教員当時から共同研究等で地元企業との太いパイプを有していた。さらに別予算により雇用しているキャリア関係教育CDが在籍しており、彼ら2名の教育CDが協力しながら派遣先企業の開拓を行った。具体的には、過年度の採用実績や求人実績のある地元企業へ出向き、長期インターンシップの趣旨説明を行い、協力を依頼する。また、求人のため来校された企業に対して長期インターンシップ実施への理解を求める。本校では産学連携の一環として企業ニーズの聞き取り調査を行っており、その訪問調査の際に長期インターンシップの話題を提供する。

以上の活動の結果、2017年7月時点で29機関からの長期インターンシップ受入許諾をいただくことができた。さらにその後も受入企業開拓を進め、2018年3月現在の許諾企業数は36機関である。

(3) 事前・事後指導

長期インターンシップにおける事前指導として、社会人基礎力、社会人マナー、報告・連絡・相談の重要性に加えて、自らのキャリアデザインにおけるインターンシップの位置付けを学生自身が考えるよう指導している。

また、事後指導として、実習報告書において「実務経験が自らのキャリアデザインへ与えた影響」を記載させ、キャリア形成の一環としてのインターンシップを意識させている。

(4) 受け入れ企業の特性と受入後の反応

インターンシップを受け入れるには企業側にも一定の体力が必要となる。本校でも地元にある大手企業の支社や工場へアプローチを試みたが、他校とのバランスや本社の意向もあり、長期インターンシップのために特殊なプログラムを組んでいただくのが困難という事象に度々遭遇した。結果として、地元に立脚した中小企業が主な実習機関となる。

受入企業へのインタビューの結果、「短期と比較した際、企業側の負担が大きい」「指導担当社員の時間が奪われる」という後ろ向きの回答も得られている。一方、「事前の面談において実習内容や期間等の打ち合わせがなされ、学生の専門性とのマッチングが図られたことにより深い実習が可能であった」「普段、指導を受ける側の社員を担当に充てた結果、社員の成長に繋がった」とのポジティブな回答も得られている。

(5) 課題

スタッフの負担感を低減させつつ、長期インターンシップを今後も継続していくため、事前指導役を長期インターンシップ経験者が担いつつ、キャリアアドバイザ養成が必要である(**図3**)。

企業視点では、インターンシップにより学生の資質を見定め、採用につなげたいという思惑があり、これが実現するならば、教育機関・企業間にwin-win関係を構築できる。しかし、現実には難しい問題も多い。高専はその歴史的な経緯もあり、大企業およびその系列会社からの求人が多く、それらへの就職実績がある。また、在学生は中小企業への関心が薄く、就職先として魅力的に映らない。さらに、本校の開拓した企業は36機関に過ぎず、必ずしも学生の専門分野や関心とのマッチングが図られるとは限らない。

さらに、近年、発達障害等の学生に対して合理的配慮が求められている。このような学生がインターンシップに参加する際、学校・企業間での事前面談を通した情報共有および合理的配慮に対する理解が必須となる。障害者差別解消法が制定され、合理的配慮の必要性が訴えられているが、現実には会社の人員に余裕がないと対応が難しいのも事実である。特に中小企業の場合、

従業員数を絞っていることもあり、インターンシップ参加希望学生とのマッチングが難しい。

長期インターンシップ参加者の経験をいかに後輩へ伝え、共有するかが課題である。また、企業側のメリットを最大化するという観点から、インターンシップでの経験が翌年度以降の採用に繋がるよう努力しなければならない。さらに、受入企業側の負担の最小化も必要である。これに関して、機械系・情報系を対象とした実習モデルプログラムの構築を進めている。

（碇智徳・武藤義彦）

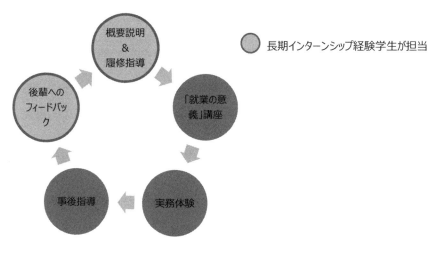

図3　長期インターンシップにおける指導体制

4　地域課題解決型地域教育の展開

本校の「地域教育」は、「近隣小中学校への教育コンテンツ提供（専門性を活かしたものづくり教室）」、山口県の推進する「やまぐち型地域連携教育（コミュニティスクール）」と連携した「小中学校での放課後学習支援」、「地域の課題解決および高齢者生活支援（地域課題解決型地域教育）」から構成される。特に地域課題解決型地域教育はAP採択とともに走り始めた取り組みである。

以下では、地域課題解決型地域教育に焦点を当て、その取組内容を紹介する。

(1) 地域課題解決型地域教育の狙い

2015年に国連サミットで持続可能な開発のためのアジェンダとして持続可能な開発目標(Sustainable Development Goals, SDGs)が採択された。SDGsは2030年までの国際目標で17のゴールと169のターゲットからなる。これらの目標達成には技術者の貢献が多大であるため、技術者養成においてもSDGs教育の重要性が認識されている。本校ではSDGsを達成できる技術者を育成するために、その訓練として身近な地域課題を題材とした課題解決型学習を低学年の段階から経験させることが重要と考えている。

本校が所在する宇部市を含む地方都市では、中心市街地や商店街の衰退、不採算路線からの撤退に伴う公共交通サービスレベルの低下、高齢化率上昇に伴う市街地のバリアフリー化や独居老人の生活支援等、多様な「地域の課題」が山積している。一方、本校には機械・電気・制御・情報・化学・生物といった工学・理学を中心に学ぶ学科と経営学と情報学を組み合わせた学科といった多様な学科構成の下で学生は専門教育を受けている。学生らが自らの工学・理学の知識、技術、経験を活用して前述の課題に対する解決策を設計デザインし、様々な課題に取り組む過程において正解のない問題に対して制約条件下で最善の方向へ導くエンジニアリングデザイン能力を醸成する。さらにこれらの課題を自分事として認識し、自らが獲得した知識・技術と社会との接点に気付かせる狙いもある。

(2) AP事業採択後の準備状況と2017年度の取組テーマ

採択年度にあたる2015年度から2016年度にかけて、地域教育担当コーディネータを中心に既存取組の調査と地元の実情調査を実施した。2016年度末、地域教育担当コーディネータ、地域教育サポート教員ならびにAP事業実施責任者が議論し、2017年度の取組テーマとして次の5件の地域課題を設定した。

A) 宇部市中心部活性化を目指した施策立案

B) 植生へ影響を与える竹害
C) 宇部市の交通問題
D) 学生の地元企業への就職率の低下
E) 障碍者の住みよい街づくり

　これらのうち A〜C の地域課題が学生らに選択された。学生は 2〜5 名でチームを構成し、選択した地域課題を分析し、各チームが解決すべき問題を抽出してその解決策を提案した。**表 1** に学生によって地域課題から抽出された問題とその解決策の例を示す。本活動の特徴として解決策を提案だけで終わらせないことを掲げており、各チームは 1 年かけて提案した解決策を実行した。

表 1　2017 年度地域課題解決型地域教育の実施テーマ

地域課題	宇部市中心部の衰退	竹害	交通問題
解決すべき問題	商店街に人が集まらない	竹を有効活用できていない	バス路線、ダイヤ、時刻表冊子などが最適化されていない
	外国人に不便	竹害の世間の認知度が低い	通学路の安全性が確保されていない
提案された解決策の例	SNS を利用した新天町の魅力発信	竹炭の効用を活用した入浴剤の製作	待ち時間の短縮に焦点を当てたバスダイヤ、バス路線の改訂案の提案
	多言語対応パンフレットの作成	竹からの繊維抽出／紙漉き	バスの時刻表冊子の改良
	シニア向けスマホ講座の開催	竹のおもちゃでイベントの開催（竹害の実態の説明）	宇部高専近辺の交通ハザードマップ作製
	新天町紹介ポスター作製	デトックス効果「真っ黒なお菓子」の製作	電車・バスの乗継に焦点を当てたアプリ開発

(3) 実施方針と実施形態

　地域課題解決型地域教育では、スタッフが設定した宇部市の地域課題を学生チームが選択して分析して解決すべき問題を抽出して、その解決策を提案し実行する。分析や課題発見・課題解決およびフィールドワーク計画は学生の自主性・主体性に任せている。学生の主体性を引き出すため、9 名のアド

バイザ教員がファシリテータとして参画している。進捗状況に応じてブレインストーミング法や各種分析手法(特性要因図、ロジックツリー等)を学生に実践形式で学ばせた。

2017年度は週3回、2018度は週2回のレギュラーワークを実施し、ここでプラン創出や試作品作成等を行った(図4)。さらにフィールドワークでは、現地調査やステークホルダーへのインタビューを実施した。本校の取り組みでは、学生チームの組み立てたプランをステークホルダーへ提案し、弱点を含めてコメントをいただき、プランを修正の上、再提案・具現化していくという手法をとった。

(4) 地域課題解決型地域教育の実質化

本取り組みは、学外から見ると「社会の抱える問題に対する学生目線での提案・実装」であるが、教育の観点から「学生に社会の現実を気付かせ、それを自分事として捉え、視野を広げるとともに、必要に応じて新たな知識を吸収しながら問題解決を図る」ことにある。そこで学生自身がPDCAを回せるよう、コーディネータと教員はファシリテータに徹し、学生のアイデアを否定せず、しかしコストや実現可能性の観点からは意見しつつ、アイデアの具現化を図った。

今後も高専の強みを生かし、アイデア創出にとどまらず、コストや実現可能性評価を含めてアイデアを具現化したのち、提案デザインの評価・洗練化を図ることを目指す。

(中村成芳・武藤義彦)

図4 地域課題解決型地域教育の活動
左:ブレインストーミングの様子、中央:ブレインストーミングの成果物、右:竹玩具作成の様子

5　ルーブリック評価とジェネリックスキル測定

　長期学外学修プログラムに参加した学生の達成度評価としてルーブリック評価法を採用し、主にパフォーマンス課題の評価に用いている。さらに、長期学外学修への参加前後における汎用的能力等の変化を追跡するため、ジェネリックスキル測定を実施している。

(1)　ルーブリックによる学習到達度評価

　本校では、国際交流活動を海外研修と語学研修に大別しており、前者は学術交流協定校における共同研究を、後者では英語や中国語の語学学習を行っている。

　国際交流を対象としたルーブリック評価表（**資料1**）を作成し、2017年度春季研修参加学生を対象に適用した。海外研修を対象としたルーブリックでは、評価指標として「研修の目的・手法の明確化」「合意形成」「主体的な行動」の3項目を掲げる。語学研修に関する評価指標は「研修の目的・目標の明確化」「他国・他地域の生活習慣などの基本的事項の説明」「異文化と自らの文化の関連付けおよび解釈」の3項目である。

　また、パフォーマンス評価を念頭に、海外研修と語学研修に共通する指標として「積極的なコミュニケーション」「行動面、精神面、健康面での自己管理」「将来像の明確化・その実現のためのロードマップ構築」等の6項目を設定した。

　各評価指標をそれぞれの特性に合わせ、口頭発表および報告書に基づく他者評価と自己評価にて測定する仕組みとしている。すなわち、他者評価と自己評価に乖離が見られる場合、自己認識の修正が必要である。

　オーラルプレゼンテーションの場合、限られた時間内での議論であるため、パフォーマンス評価を含む学習到達度評価は困難である。海外研修成果報告会でのポスター発表では、発表者が1時間という時間枠の中で聴講者との濃密なディスカッションを実現可能であり、その過程においてパフォーマンス評価も可能となると考える。

今後、ルーブリック評価法の精緻化を図るともに、長期インターンシップおよび地域課題解決型地域教育へも同評価法を取り入れ、パフォーマンス評価を新たな規準として達成度評価を実施していきたい。

(2) ジェネリックスキル測定

本校は長岡技術科学大学やベネッセコーポレーションと共同して技術者を対象としたジェネリックスキルを測定する試験の開発を試みている。本試験は工学の場面を設定した問題に解答することで批判的思考、協働的思考、創造的思考に関わる能力を定量的に評価することを目指している。2017年度に作成されたジェネリックスキル試験(試行版)を用いて(中村ら, 2018)、地域課題解決型教育前後での学生のジェネリックスキルの測定を試みた。

2017年度の地域課題解決型地域教育参加学生(23名)を対象として、年度当初と年度末にジェネリックスキル測定を実施・解析した結果、**図 5** に示すように協働的思考と創造的思考においてスコアの上昇が顕著に観察された。批判的思考力に関しては受講前後で変化しなかった。この結果はグループで地域課題の解決を行うという本活動の教育内容と一致しており、本AP事業の目的の一部が達成されたといえる。

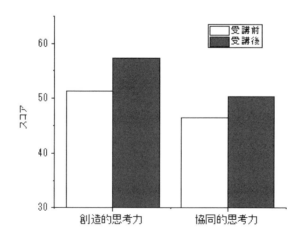

図 5　地域課題解決型地域教育受講前後のジェネリックスキル評価

一方、2017年度の海外研修・語学研修参加者においては、研修参加前後におけるスコアに有意差はみられなかった。その原因として、研修期間中の個人活動時間が影響している可能性が考えられるものの、さらなる分析が必要であろう。

（中村成芳・武藤義彦）

6　取組事業から教育改革へ

本校を含む高等専門学校は、これまで専門分野の知識と実践力を重視した5年一貫教育を展開し、社会や産業界から高い評価を得てきた。しかし、知識基盤社会の到来、Society5.0への進化といった社会の変化に対応すべく、「蓄えた知識・技術を評価する教育」から「学生が主体的に学ぶ教育」への質の転換は必須である（市坪ら, 2016）。この転換を教育課程内で実現すべく、長期学外学修に加えてリテラシーとコンピテンシーを高める教育改革を推し進めている（図6）。

(1) 協同教育・協働性を高める教育

教育改革の目玉は、2学期後半に本科2～4年生が取り組む学科学年横断型プロジェクト学習および本科1年生と5年生がペアとなって実施するリサーチワークショップである。これらは2018年度入学者より適用される新カリキュラムの一環である。

① プロジェクト学習

学生の主体的な学びの実質化に必要な要件のひとつが協同学習である。プロジェクト学習では、与えられたテーマや課題に対して、知識の修得・活用、技能の習得・活用といった認知的目標に加え、コミュニケーション力・リーダーシップ・フォロワーシップおよび自己受容・他者受容といった対人関係的目標を同時に達成することで、学生自身が課題発見・認識、さらに課題解決に必要な知識・技能を習得・活用する能力を育成する。

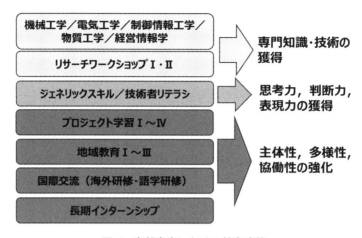

図6　宇部高専における教育改革

② リサーチワークショップ

　リサーチワークショップでは、入学直後の本科1年生が自らの専門分野を意識するとともに、在学中の自身のロードマップを描けるよう、学生の専門分野に応じた題材を提供する。また、指導役にあたる5年生は在学中に身につけた知識・技能を外化する機会であると同時に、卒業後に必須とされるコミュニケーション能力の必要性を再確認する場となる。

　新カリキュラム開始年度である2018年度は、実質的に本科1年生と教員の間で展開した。例えば物質工学科の学生らに対して「10年後に必要とされる物質は何だろうか？　社会的ニーズもふまえて検討せよ。」という問いが出された。もちろん唯一の解は存在しない。この問いに答えるためには、現時点で実現されている化合物やその応用先、10年後の社会がどのように変化しているかを予測する能力、さらにグローバル化のさらなる進行をふまえた観点等、16歳の学生らにとっては少々、高いハードルをクリアしなければならない。学生グループは専門書や報道資料等を調査し、一定の裏付けをもったストーリーを提示することが要求される。その過程で専門分野の広がりと奥深さを実感し、本AP事業の目標のひとつである「何のために学ぶのか」の答えを部分的ながら発見できる。

(2) ジェネリックスキル

　現代の技術者の有するべき素養としてジェネリックスキルを強化する取り組みを第1・3学期に実施する。これは全本科生を対象とした取り組みである。取り上げるテーマはタイムマネジメント、テクニカルライティングから始まり、グローバリズム、技術者倫理、知的財産、MOT（Marketing of Technology）、キャリア教育といった工学者にとって必要な基礎能力を習得する機会である。

(3) ラーニングコモンズの整備

　前記のプロジェクト学習やリサーチワークショップを展開する空間としてラーニングコモンズの整備を進めている。コモンズとは、既存の演習室等に可動式テーブルやホワイトボード、プロジェクタ等を設置し、グループ活動の規模に応じたフレキシブルなレイアウトを実現する空間である。この空間では主にPBL型課題に取り組み、学生間での議論の活性化および主体性を醸成する。

(4) 専攻科におけるギャップタームの活用

　専攻科において科目配置を見直し、2017年度より第1学年の第2学期をギャップタームとして設定した。この期間を特別研究強化期間と位置づけ、さらに夏季休業期間と組み合わせることで最大4カ月間、学術交流協定校での共同研究やインターンシップが可能となった。この制度を活用し、海外インターンシップと共同研究を組み合わせたプログラムを2018年度に台湾にて実施し、3名の専攻科生が参加した。

（武藤義彦）

引用文献

市坪誠・油谷英明・小林淳哉・下郡啓夫・本江哲行（2016）．『授業力アップ アクティブラーニング：グループ学習・ICT活用・PBL』実教出版．

厚生労働省（2017）．「新規学卒者の離職状況」
https://www.mhlw.go.jp/stf/seisakunitsuite/bunya/0000137940.html（閲覧日：2018年9月28

日).

文部科学省・厚生労働省・経済産業省(2014).「インターンシップの推進に当たっての基本的考え方」.

http://www.meti.go.jp/policy/economy/jinzai/intern/sanshou_kangaekata.pdf（閲覧日:2018年9月28日).

中村成芳・黒田恭平・油谷 英明・武藤義彦・山口隆司・市坪 誠(2018).「技術者コンピテンシー育成のための工学系ジェネリックスキル評価の検討」第65回工学教育研究講演会論文集, 496-497.

執筆者一覧
碇　智徳(宇部工業高等専門学校電気工学科　教授)
小林澄枝(宇部工業高等専門学校教務・入試係　主任)
中村成芳(宇部工業高等専門学校一般科　准教授)
武藤義彦(宇部工業高等専門学校経営情報学科　教授)

国際交流を対象としたルーブリック評価表（資料1）は次ページに見開きで掲載した。

資料1：国際交流を対象としたルーブリック評価表

	評価指標	ルーブリック 5点
海外研修	研究等、研修の目的・手法が明確化されている。	研修の目的・手法とも明確かつ分かりやすく示されている
	現地のスタッフと協力し、問題解決、アイデア創造などでの合意形成ができる。	問題解決、アイデア創造などでの合意形成のプロセスを含め、自身の活動が明示、またほ口頭で説明されている
	多様な環境において、周囲の状況と自身の立場を照らし合わせ、主体的に行動できる。	周囲の状況と自身の立場を照らし合わせ、自身が何をすべきかを判断しつつ、主体的に行動できる
語学研修	語学学習、異文化理解等、研修参加の目的・目標が明確化されている。	研修の目的・目標とも明確かつ分かりやすく示されている
	様々な国の生活習慣や宗教的信条、価値観などの基本事項を説明できる。	訪れた国・地域の生活習慣や宗教的信条、価値観などの基本事項を深く理解し、分かりやすく説明できる
	異文化の事象を自分たちの文化と関連付けて解釈できる。	訪れた国・地域が有する文化の事象を自分たちの文化と関連付けて解釈し、分かりやすく説明できる
パフォーマンス（海外・語学共通）	現地において、英語や中国語などを用いて積極的にコミュニケーションを図ることができる。	現地において積極的なコミュニケーションを図り、合意形成ができる
	多様な環境において、行動面、精神面、健康面での自己管理ができる。	行動面、精神面、健康面での自己管理ができて、予め設定した目標以上の成果が得られた
	図表等を効果的に用いて、実習で得られた成果を分かりやすくポスターにまとめることができる。	図表等を効果的に用いて、実習で得られた成果を分かりやすくポスターにまとめることができる
	実習内容・実習で得られた成果を聴衆へ分かりやすく伝えることができる。	実習内容・実習で得られた成果を、具体例等を用いながら聴衆へ分かりやすく伝えることができる
	聴衆からの質問に対して適切に答えることができる。	聴衆からの質問に対して具体例等を用いながら、分かりやすく答えることができる
	研修参加およびポスター発表における聴衆とのやりとりを通じて、自身のありたい姿を具体化でき、その姿に向かって、今何ができるか、これから何をしなければならないかを明確化できる。	自身のありたい姿、そのために今何ができるか／何をするかの説明にあたり、具体的なイメージかつ詳細なスケジュールを有している

事例12　宇部工業高等専門学校における長期学外学修への取り組みと4学期制を活かした教育改革　311

ルーブリック		
3点	1点	0点
研修の目的・手法とも明確に示されている	研修の目的のみ示されている	研修の目的・手法とも不明確である
問題解決、アイデア創造などでの合意形成の結果が明示、または口頭で説明されている	問題解決、アイデア創造のため現地スタッフとの協力はなされたが、合意形成に至っていない	現地スタッフとの協力および合意形成がなされていない
周囲の状況と自身の立場を照らし合わせ、自身が何をすべきかを判断できる	周囲の状況と自身の立場を考慮した行動ができる	現地スタッフや指導教員の指示に従い、受動的に行動できる
研修の目的・目標とも明確に示されている	研修の目的のみ示されている	研修の目的・目標とも不明確である
訪れた国・地域の生活習慣や宗教的信条、価値観などの基本的事項を深く把握している	訪れた国・地域の生活習慣や宗教的信条、価値観などの基本的事項を概ね把握している	訪れた国・地域の生活習慣や宗教的信条、価値観などの基本的事項を把握していない
訪れた国・地域が有する文化の事象を自分たちの文化と関連付けて解釈し、口頭で説明できる	訪れた国・地域が有する文化の事象を自分たちの文化と関連付けて解釈できる	訪れた国・地域が有する文化の事象を自分たちの文化と関連付けて解釈できない
現地において積極的なコミュニケーションを図ることができる	現地において積極的なコミュニケーションを試みることができる	現地において積極的なコミュニケーションを試みることができない
行動面、精神面、健康面での自己管理ができて、予め設定した目標どおりの成果が得られた	行動面、精神面、健康面での自己管理ができ、予め定められたスケジュールどおりに研修を遂行できた	行動面、精神面、健康面での自己管理ができない
図表等を用いて、実習で得られた成果を分かりやすくポスターにまとめることができる	実習で得られた成果を分かりやすくポスターにまとめることができる	実習で得られた成果をポスターにまとめることができない
実習内容・実習で得られた成果を、聴衆へ分かりやすく伝えることができる	実習内容・実習で得られた成果を聴衆へ説明できる	実習内容・実習で得られた成果を聴衆へ説明できない
聴衆からの質問に対して分かりやすく答えることができる	聴衆からの質問に対して概ね答えることができる	聴衆からの質問に対して答えることができない
自身のありたい姿、そのために今何ができるか／何をするかの説明にあたり、具体的なイメージと大まかなスケジュールを有している	自身のありたい姿、そのために今何ができるか／何をするかの説明にあたり、具体的なイメージを有している	自身のありたい姿、そのために今何ができるか／何をするかの説明にあたり、具体的なイメージを有していない

おわりに

新潟大学教育・学生支援機構　木村　裕斗

"一流"の知性

"The test of a first-rate intelligence is the ability to hold two opposed ideas in the mind at the same time, and still retain the ability to function."

— F. Scott Fitzgerald

　こちらはアメリカを代表する作家であるフィッツジェラルドによる自伝的エッセイ "The Crack-Up" における一節である。一流の知性とは、すなわち、2つの異なる概念を同時に抱きながらも、それらを有効に機能させる能力であるという。学内の教育を支援する立場の実務担当者として人材育成を考えるとき、ふとこの一節が頭をよぎる。

　例えば、大学として長期学外学修のような新たな人材育成システムを構築しようとするときに、考えるのは次のようなことである。緻密かつスタティックな事業計画の中で、どのようにすれば創発的な成果を導出できるだろうか。また、より実践的な能力が社会から求められる傾向にある中で、どのようにしてアカデミックな思考力を高めていけばよいのだろうか。さらには、特定の地域に根ざした教育活動を行いながら、グローバルな大学間競争で勝ち残るための知性や人間性をいかにして涵養していけばよいのだろうか。

　このように、大学独自のアイデンティティを保ちながら様々な社会的要請に応えていくことは、言葉で表現する以上に難しいことであり、日々の悩みが尽きることはない。冒頭に述べたように、これらの問題はすべて、「2つの選択肢からどちらかを選択するか」という簡単な話ではなく、それらを矛盾なく統合させて全体を編み上げるための本質的な議論が必要なのだろうと感じる。

　同じく、新しい人材育成の仕組みを構築していく際には、当然のことながら組織の保有する資源を総動員して物事を進めていく必要がある。このような大学組織のマネジメントについて思案するときも、同様の悩みに直面する。

トップマネジメントの強化が謳われる中で、どうすれば現場の主体性を担保することができるのだろうか。また、教員の多様な専門性を活かしながら、いかにして長期学外学修プログラムの質を一定のレベルに保証していけばよいのだろうか。

　学長のリーダーシップや大学執行部のマネジメント体制の重要性を指摘するのは簡単であるが、トップマネジメント層と実務を担当する現場の教職員との間における真の意味での協働というのは容易ではない。個か集団かという二元論で片付けられる問題ではなく、教職員の考え方の核となる部分を拾い上げ、それらを凝縮して組織としての新たな理念を構成し、再び魅力的な形で現場に浸透させることが必要となる。そして、このような丁寧なコミュニケーションのプロセスこそが本当のマネジメントと呼べるものなのかもしれないと思う。

　さらには一人の教員として長期学外学修科目を実施するとき、それぞれの科目に真剣に向き合い過ぎるあまり、大学のカリキュラム全体から見た総合的な教育効果との関係性を見失いそうになることがある。もちろん一つ一つの科目は学生の個別の能力を高める上で重要ではあるが、大学4年間を通じた人材育成ということを考えると、一科目にのめり込み過ぎずに全体性を捉える視点が必要となる。

　この問題は個人のエフォート管理の考え方にもつながってくる。長期学外学修の準備にかかる時間は膨大であり、どれだけルーティン化を試みたとしても、ある一定の作業にかかる時間はなかなか削ることができない。自分自身を顧みてもこのようなことを免罪符としてしまいがちなのだが、包み隠さずに言えば、同時に自分の専門性が日々失われていくような焦りを感じることも少なくない。

　このようなトピックもまた綺麗事だけでは片付けられない問題だろう。「滅私奉公をするのか」「自分の興味関心を追求するのか」という単純な話ではなく、個々人のもつ教育・研究両方の矜持をいかにして組織の成果へ結びつけるかということになる。そしてこれは上述した個人-組織のレベルを通じて、大学-社会の関係性にフィードバック（還流）される。すなわち、冒頭で述べ

たような2つの異なる概念をうまく両立させながら、さらにそれぞれのシステムの階層間の相互の影響というのも意識していくことが必要になる。

本書の総括として

これまで述べてきたように、長期学外学修の取り組みの中で教育を本質的に考えれば考えるほど、多種多様なトピックと階層でこういったアンビバレントな状況を痛感する。そしてつくづく、自分の知性が"一流"でないことに気づかされ、頭を抱えることになる。

誤解を恐れずに言えば、長期学外学修プログラム(ギャップイヤー)の取り組みというのは、ある種、研究に裏付けられた科学的思考をベースとしたこれまでの大学教育のあり方と相反する印象を与えるだろうし、実際にそういったことも少なからず内包する取り組みである。しかしながら、そうであるからこそ、我々のような大学当事者の考え方を揺さぶり、長期学外学修という一つのトピックを超えて、大学という存在自体を新たにもう一度問い直すことにつながっているように思う。

自戒の念を込めて、ということになるが、大学教育再生というのは既存の考え方では捉えきれないような複雑性の中で、新たに問いを立て直し、本質を追求していくことなのかもしれない。そして、さらに思考を巡らせると、このような行為は本来、高等教育機関が得意とするはずの科学研究の営みそのものではないかという考えに至る。すなわち、このような新たな問いに対して"一流の知性"に基づく答えを出していけるかどうかは、過去から未来に至る高等教育機関の存在意義に大きく関わってくるのではないだろうか。

その一方、現実問題として、こういった思考をし続けることはとても苦しい作業となる。この苦しみの中で唯一救いとなるのは、大学の内外を問わず、ともに楽しみながら、綺麗事ではない本音の議論をして、刺激的な示唆を与えてくださる方々の存在であると感じる。本書は文部科学省・大学教育再生加速プログラム(AP)テーマⅣ「長期学外学修プログラム(ギャップイヤー)」採択校のネットワークを契機として執筆が構想され、本書の編集プロセスにおいても高等教育に関わる行政、研究者、高等教育機関とその学生の方々と対

話を重ねる貴重な機会を得た。

　そういった意味でも本書は、大学教育の再生という難問に対峙するための一筋の光を提示している。編集プロセスにおいては、河本氏・川嶋氏からの深く鋭い切り口に加え、12校の事例についても敢えて統一的なコンセプトを設けず、多様な取り組みをそのまま表現いただく形で掲載した。ご一読くだされればお分かりいただけるように、本書に掲載された取り組みのほとんどは発展途上であり、明快な答えは導出されていない。しかしながら、このような時期に本書を出版したこと自体に、実は大きな価値があったように思う。読者の皆様が本音で大学教育について考える際に、本書が何かしらの議論のきっかけとなれば、編者の一人として大変幸いに思う。

　最後に、本書の出版にあたり、新潟大学教育・学生支援機構連携教育支援センター特任専門職員の中村羽菜子さん、同事務補佐員の高橋りさん、澤﨑麻衣子さん、江村麻衣さんには地道で細かい作業を快くお引き受けいただいた。また、東信堂・下田勝司社長には厳しいスケジュールの中でリーダーシップを発揮していただき、何とか出版に漕ぎ着けることができた。この場をお借りして心より感謝を申し上げたい。

索引

アルファベット

Awesome Sasebo!············ 267-268, 280, 284
early exposure·······································80
EYH プログラム····· 124-127, 129, 131-133, 136, 139
FD（ファカルティ・デベロップメント）······ 17-18, 20, 22-23, 36, 39, 49, 73, 285, 287
GPA···18, 21
IELTS···142
NGO······························ 117, 129-130, 172
NPO········ 62, 128-130, 172, 253, 260, 263
PBL (Project Based Learning)············47, 62, 65-66, 68-69, 79, 169-170, 172-173, 236
PBL 型·······································251, 307
PDCA サイクルシート····························256
PROG (PROGRESS REPORT ON GENERIC SKILLS)··· 149-150, 245, 269
SD··································· 36, 39, 49, 287
SDGs··128, 300
SWOT 分析·························· 257, 259-260
TOEFL······································ 60-61, 142
TOEFL ITP スコア·································60

ア行

アクティブ・ラーニング（アクティブラーニング）·········· 4, 11, 19-20, 34, 49, 163, 167, 203, 248, 250-252, 263-264, 270
アクティブな知······················· 202-204
アセスメントテスト················· 66, 68-69
異文化理解力·····································180
インデペンデントスタディ········· 161, 168-169, 174
梅春学期···180
英語教育··123
エンジニアリングデザイン能力············300
エンパワーメント··· 160-161, 164-166, 175

カ行

海外インターンシップ·········103, 117, 127, 129, 287, 307
海外サービスラーニング················127, 129
海外渡航安全管理ガイドブック···········295
学位（主専攻）プログラム化············· 71-72
学外学修コンパス·····················161, 168, 170-171, 175
学修（習）時間··········· 17, 19, 22, 24, 26-28, 34, 76, 162-164, 167, 175
学習指導要領························· 32-33, 57
学修（習）成果（ラーニング・アウトカムズ）··············· iii, 4, 8, 18, 20-21, 23, 28, 33, 36, 40, 51, 66, 75, 95, 102, 108-109, 116, 131, 263, 268, 280-281, 286-287
学修成果の可視化···················· 18-20, 247
学事暦······ ii, 10-11, 31, 36, 40, 72, 92, 144, 164, 174-176, 180, 266, 270, 286, 290-291
学事暦改革································72, 268
学事暦の柔軟化································290
学事暦の多様化················11, 31, 162, 228
学生エンゲージメント·························263
学生企画（型）、自主企画型·········101-102, 106, 174, 249
学生企画プロジェクト·························90
学生支援································88, 286
学生生活（キャンパスライフ）·········32, 40, 109, 164, 185, 225
学力の三要素·····································32
過疎化··········· 135, 138, 259-260, 262, 264
課題解決型インターンシップ···················81
課題発見力···················· 255, 257, 278-279
カリキュラム改革············· 16, 37, 73, 267, 285
ギャップイヤー·············· ii, 5, 9-12, 20, 30-31, 47-48, 50-53, 55, 124, 163, 167, 228, 266, 268-269, 271-273, 275, 278-279, 281-282, 284, 286, 290, 314

ギャップイヤープログラム 47, 51-55, 250
キャップ制 20, 68
ギャップターム 10-11, 31, 103, 161-164, 166-168, 170, 173-176, 228, 236, 289-290, 307
キャリア教育 8, 53, 307
キャリアデザイン 79, 86, 190-191, 289, 297
教育の質保証 12, 17, 20, 34, 71
協調的問題解決力 67-69
協働学習 250, 252, 259, 264
クォーター（制）、4学期制 10-11, 17, 47, 72, 95, 99, 103, 125, 143-144, 162, 174, 176, 202-203, 236, 266, 268, 270-271, 284-286, 289-291
グローバリゼーション 5-10, 12
グローバル化 .... i, 52-53, 61, 141, 157, 178, 180-181, 184, 192, 196, 292, 306
グローバルキャリアデザイン 194-195
グローバル創造力 180-181, 191, 194-195
グローバルチャレンジ実習 99, 105
グローバルブリッジ教育プログラム 46, 57-58, 60-61
グローバルマインド 289
形成的評価 108, 110
交換留学 50, 53, 58, 60-61, 99, 123-125, 138
高次アクティブ・ラーニング 252
高大接続（改革） 4, 19-20, 47, 51
神戸GCPフェア 116
神戸スタンダード 104
合理的配慮 298
コーオプ教育 12, 34, 234-235, 238-240, 243, 245-247
コーオプ実習 235-236, 239-241, 243-245, 247
語学研修 47, 51-53, 60, 123, 125, 158-159, 173, 188, 190, 289, 292-293, 303, 305

国際交流 46, 99, 266, 288-289, 291-292, 294, 303
国内インターンシップ 127, 129
コミュニケーション力 80, 123, 150, 162, 180, 194-195, 216, 225, 277, 279, 305
コルブの学習モデル 151
コンピテンシー 150, 161, 171, 270, 289, 305

サ行

サービス・ラーニング（サービスラーニング） 34, 47, 89, 124, 127, 136, 161, 163, 269, 271-272, 277-278
産学協働 239
ジェネリックスキル 67, 149, 303-304, 307
事後学修（習）、事後教育 75, 88, 90-91, 93, 105, 109-116, 151, 171, 222, 235, 238, 242, 252-253, 257
自己評価 67, 76, 87, 91, 109-112, 114, 116, 161, 171, 270, 303
システム 28
事前・事後学修（習）、事前・事後教育 77, 80-82, 91, 125, 127, 132, 161, 172, 175, 235
事前学修（習）、事前教育 53, 75, 82-83, 88, 90, 93, 105, 109-116, 131-132, 149, 151, 171, 235, 237-238, 246, 252-253, 255, 260, 289
持続可能な開発目標 300
実習プログラム 239-240
社会人基礎力 8, 19, 25, 30, 62, 161, 171, 235, 255, 297
主体性 25, 34, 72, 74, 88, 98, 163, 192, 204, 216, 227, 234, 245, 255, 257, 273-274, 277, 301, 307, 313
主体性の涵養 228
主体的な知 225
少子高齢化 .... i, 135, 138, 217

職業社会 ·· 6-8
初年次学生 ······ 66, 68, 72, 77, 88-89, 91-93
初年次教育改革 ································ 12, 72
初年次（1年次）必修 ········· 75, 205, 216, 234
シラバス ································ 17-18, 20-23, 79
スタディーツアー ···························· 47, 52-53
正課外活動 ························· 32, 40, 88, 91
（厳格な）成績評価 ········· 17-22, 54, 194, 280, 291
全学科目化 ··· 71
全学必修化 ·· 228
総括的評価 ·· 108
相互評価 ······································· 65, 91
卒業後のキャリアデザイン ···· 181, 191, 226

タ行

大学改革 ·········· 7, 14, 17, 20, 24, 27, 51, 54, 202, 285
大学教育の質的転換 ········· 4, 9, 11-12, 26, 160, 162, 228
大学設置基準の大綱化 ············· 16, 20, 34
大学入学猶予制度 ···························· 54-55
大学プログラム型 ······························· 235
単位（制度）の実質化 ········· 18, 21, 24, 26-28, 76
地域おこし ··· 128
地域課題 ······ 62, 90-91, 137, 250-251, 260, 263-264, 300-301, 304
地域課題解決型地域教育 ····················· 289, 299-301, 304
地域（の）活性化 ········ 19, 62, 92, 133-134, 203-205, 253-255
地域活性化モデル ······························ 253
地域活動 ····· 88-91, 268, 270, 279, 281, 284
地域共創論 ································ 126-128
地域貢献 ················· 91, 128, 130, 136, 203
地域振興 ··························· 65, 129, 138, 286
地域ブランド ······································· 257
知識基盤社会 ·························· 7, 33, 292, 305
チャレンジシート ································· 109

中山間地域 ············ 251-253, 255-256, 260
中小企業 ································· 81, 298
長期インターンシップ ···· 11, 135-136, 169, 176, 289, 291, 296-299, 304
ディプロマ・ポリシー ··············· 28, 202, 263
転換教育 ·· 72
伝統・文化理解力 ······················ 180, 194-195
東京大学構想 ·······································11

ナ行

ナンバリング ·· 22
入試改革 ····················· 20, 51, 55, 57
能動的学修（習） ············· 34, 71-72, 95, 250

ハ行

発信力 ······································ 255, 257
汎用的能力 ············· 17, 19, 61-62, 66-67, 69, 93, 303
ピアサポート ·· 92
批判的思考力 ················ 58, 61, 67-69, 304
フィードバック ········· 22, 54, 65, 75-76, 83, 90-91, 94, 150, 243, 246, 287, 313
フィールドスタディ ············· 249, 252-253, 255-257, 260, 263
フィールドスタディーズ（フィールド・スタディーズ） ·························· 75, 221, 230
フィールドワーク（フィールド・ワーク） ········ ii, 62, 86, 90-92, 101-102, 106, 111, 114, 117, 144-145, 150, 156, 159, 203-204, 253, 263, 280, 301-302
フレームワーク ······························ 252-253
プログラムの質保証 ······················ 216-217
分野・水準表示法 ································ 71
ホリスティック（全体的） ························· 28

マ行

マインドマップ ····································· 253
3（三）つのポリシー ················· 34, 285-286
武蔵野フィールド・スタディーズ ········· 202

ラ行

ラーニング・ブリッジング……………82
ラーニングコモンズ……………………307
リーダー育成プログラム………………250
リフレクション（内省）…………37, 151, 156
リフレクションシート…………………109

ルーブリック………iii, 36, 76, 82, 109-110, 116, 194-195, 255, 257, 281, 303
ルーブリック評価…87, 110, 151-152, 194-195, 257, 280, 286, 303
ルーブリック評価法……………………303-304

編著者紹介

澤邉 潤（さわべ　じゅん）
新潟大学人文社会科学系准教授（創生学部担当）。早稲田大学人間科学研究科博士課程修了。博士（人間科学）。日本学術振興会特別研究員DC2、新潟大学教育・学生支援機構特任助教、同機構准教授を経て、2017年より現職。専門は教育工学。主な著作に「新潟大学における学習到達目標の構造化」（ＩＤＥ現代の高等教育, 2014）、『研究と実践をつなぐ教育研究』（ERP, 2017）など。

木村 裕斗（きむら　ゆうと）
新潟大学教育・学生支援機構准教授（企画室及び連携教育支援センター担当）。筑波大学大学院ビジネス科学研究科博士後期課程修了。博士（経営学）。大学卒業後、私立大学職員を経て、2017年より現職。専門は組織行動学。主な著作に"Effectiveness of creative team learning tailored to group characteristics"（*Journal of Strategic Management Studies*, 7(2), 2015）、「創造的チーム学習モデルの探索的検討」（経営行動科学, 28(3), 2016）など。

松井 克浩（まつい　かつひろ）
新潟大学人文社会科学系教授（人文学部担当）。副学長（学務担当）。東北大学大学院文学研究科博士課程単位取得。博士（文学）。新潟大学講師、同助教授を経て、2006年より現職。専門は社会学。主な著作に『ヴェーバー社会理論のダイナミクス――「諒解」概念による『経済と社会』の再検討』（未來社, 2007）、『故郷喪失と再生への時間――新潟県への原発避難と支援の社会学』（東信堂, 2017）など。

長期学外学修のデザインと実践――学生をアクティブにする

2019年5月10日　初版第1刷発行　　　　　　　　　〔検印省略〕

＊定価はカバーに表示してあります。

編著者　澤邉 潤・木村 裕斗・松井 克浩
発行者　下田勝司

印刷・製本　中央精版印刷

東京都文京区向丘1-20-6　郵便振替 00110-6-37828
〒113-0023　TEL 03-3818-5521（代）　FAX 03-3818-5514

発行所　株式会社　東信堂

Published by TOSHINDO PUBLISHING CO.,LTD.
1-20-6, Mukougaoka, Bunkyo-ku, Tokyo, 113-0023, Japan
E-Mail: tk203444@fsinet.or.jp　http://www.toshindo-pub.com

ISBN978-4-7989-1554-8　C3037　©2019 Sawabe J., Kimura Y., Matsui K.

東信堂

大学の組織とガバナンス——高等教育研究論集第1巻	羽田貴史	三五〇〇円
検証 国立大学法人化と大学の責任——その制定過程と大学自立への構想	田中弘允・佐藤博明・田原博人著	三七〇〇円
文部科学省の解剖	青木栄一編著	三三〇〇円
国立大学職員の人事システム——管理職への昇進と能力開発	渡辺恵子	四二〇〇円
国立大学法人の形成	大﨑仁	二六〇〇円
国立大学・法人化の行方——自立と格差のはざまで	天野郁夫	三六〇〇円
教育と比較の眼	江原武一	二六〇〇円
大学は社会の希望か——大学改革の実態からその先を読む	江原武一	二六〇〇円
大学の管理運営改革——日本の行方と諸外国の動向	杉本均編	三六〇〇円
大学経営・政策入門　東京大学 大学経営・政策コース編		二四〇〇円
大学戦略経営とマネジメント	新藤豊久	二五〇〇円
大学戦略経営の核心	篠田道夫	三六〇〇円
戦略経営Ⅲ 大学事例集	篠田道夫	三六〇〇円
大学戦略経営論	篠田道夫	三四〇〇円
中長期計画の実質化によるマネジメント改革	篠田道夫	三二〇〇円
カレッジ(アン)バウンド——米国高等教育の現状と近未来のパノラマ	J.J.セリンゴ著／船守美穂訳	三六〇〇円
米国高等教育の拡大する個人寄付	福井文威	四七〇〇円
大学の財政と経営	丸山文裕	四二〇〇円
私立大学マネジメント	(社)私立大学連盟編	二八〇〇円
私立大学の経営と拡大・再編——一九八〇年代後半以降の動態	両角亜希子	三六〇〇円
大学教学マネジメントの自律的構築——主体的学びへの大学創造二〇年史	関西国際大学編	二八〇〇円
学修成果への挑戦——地方大学からの教育改革	濱名篤	二四〇〇円
大学におけるライティング支援——どのように〈書く〉カンを伸ばすか	関西大学ライティングラボ／津田塾大学ライティングセンター編	二八〇〇円
グローバルに問われる日本の大学教育成果	加藤真紀著	三八〇〇円
長期学外学修のデザインと実践——学生をアクティブにする	松井克行・喜始照宣編著	三二〇〇円
大学再生への具体像——大学とは何か【第二版】	潮木守一	二四〇〇円
リベラル・アーツの源泉を訪ねて	絹川正吉	三三〇〇円
「大学の死」、そして復活	絹川正吉	二八〇〇円
大学教育の思想——学士課程教育のデザイン	絹川正吉	二八〇〇円
大学教育の在り方を問う	山田宣夫	二三〇〇円
北大 教養教育のすべて——エクセレンスの共有を目指して	小笠原正明・安藤厚・細川敏幸編著	二四〇〇円

〒113-0023　東京都文京区向丘1-20-6
TEL 03-3818-5521　FAX03-3818-5514　振替 00110-6-37828
Email tk203444@fsinet.or.jp　URL=http://www.toshindo-pub.com/
※定価：表示価格（本体）＋税

東信堂

学びと成長の講話シリーズ

① アクティブラーニング型授業の基本形と生徒の身体性　溝上慎一　一六〇〇円
② 学習とパーソナリティ——「あの子はおとなしいけど成績はいいんですよね」をどう見るか　溝上慎一　一六〇〇円

① アクティブラーニングの技法・授業デザイン　安永悟編　一六〇〇円
② アクティブラーニングとしてのPBLと探究的な学習　楠見孝編　一八〇〇円
③ アクティブラーニングの評価　石井英真編　一六〇〇円
④ 高等学校におけるアクティブラーニング：理論編（改訂版）　溝上慎一編　一六〇〇円
⑤ 高等学校におけるアクティブラーニング：事例編　溝上慎一編　二〇〇〇円
⑥ アクティブラーニングをどう始めるか　成田秀夫　一六〇〇円
⑦ 失敗事例から学ぶ大学でのアクティブラーニング　亀倉正彦　一六〇〇円

大学生白書2018
——今の大学教育では学生を変えられない
アクティブラーニングと教授学習パラダイムの転換　溝上慎一　二四〇〇円
グローバル社会における日本の大学教育
——全国大学調査からみえてきた現状と課題　河合塾編著　三八〇〇円
大学のアクティブラーニング
——全国大学の学科調査報告とカリキュラム設計の課題　河合塾編著　三三〇〇円
アクティブラーニングでなぜ学生が成長するのか
——経済系・工学系の全国大学調査からみえてきたこと　河合塾編著　二八〇〇円
「学び」の質を保証するアクティブラーニング
——3年間の全国大学調査から　河合塾編著　二〇〇〇円
「深い学び」につながるアクティブラーニング
——全国大学の学科調査報告とカリキュラム設計の課題　河合塾編著　二八〇〇円
社会に通用する持続可能なアクティブラーニング
——ICEモデルが大学と社会をつなぐ　土持ゲーリー法一　二〇〇〇円
ポートフォリオが日本の大学を変える
——ティーチング/ラーニング/アカデミック・ポートフォリオの活用　土持ゲーリー法一　二五〇〇円
ティーチング・ポートフォリオ——授業改善の秘訣　土持ゲーリー法一　二〇〇〇円
ラーニング・ポートフォリオ——学習改善の秘訣　土持ゲーリー法一　二五〇〇円

〒113-0023　東京都文京区向丘1-20-6　TEL 03-3818-5521　FAX03-3818-5514　振替 00110-6-37828
Email tk203444@fsinet.or.jp　URL:http://www.toshindo-pub.com/

※定価：表示価格（本体）＋税

東信堂

書名	副題	著者	価格
いま、教育と教育学を問い直す	―教育哲学は何を究明し、何を展望するか	森田尚人編著	三三〇〇円
教育的関係の解釈学		松浦良充	
教員養成を哲学する	―教育哲学に何ができるか	坂越正樹監修	三二〇〇円
大学教育の臨床的研究		下司晶・古屋恵太編著	四二〇〇円
臨床的人間形成論の構築	―臨床的人間形成論第1部	林泰成	二八〇〇円
人格形成概念の誕生	―近代アメリカの教育概念史	田中毎実	三六〇〇円
社会性概念の構築	―アメリカ進歩主義教育の概念史	田中智志	三八〇〇円
空間と時間の教育史	―アメリカの学校建築と授業時間割からみる	田中智志	三九〇〇円
アメリカ進歩主義教授理論の形成過程	―教育における個性尊重は何を意味してきたか	宮本健市郎	七〇〇〇円
ネオリベラル期教育の思想と構造	―書き換えられた教育の原理	宮本健市郎	六二〇〇円
マナーと作法の社会学		福田誠治	二四〇〇円
マナーと作法の人間学		加野芳正編著	二四〇〇円
学びを支える活動へ	―存在論の深みから	矢野智司編著	二〇〇〇円
グローバルな学びへ	―協同と刷新の教育	田中智志編著	二〇〇〇円
子どもが生きられる空間	―生・経験・意味生成	田中智志編著	二四〇〇円
流動する生の自己生成	―教育人間学の視線	高橋勝	二四〇〇円
子ども・若者の自己形成空間	―教育人間学の視界から	高橋勝	二七〇〇円
文化変容のなかの子ども	―経験・他者・関係性	高橋勝編著	二三〇〇円
アメリカ間違いがまかり通っている時代		D・ラヴィッチ著 末藤美津子訳	三八〇〇円
教育による社会的正義の実現	―アメリカの挑戦(1945-1980)	D・ラヴィッチ著 末藤美津子訳	五六〇〇円
学校改革抗争の100年	―20世紀アメリカ教育史	D・ラヴィッチ著 末藤・宮本・佐藤訳	六四〇〇円
アメリカ公立学校の社会史	―コモンスクールからNCLB法まで	小川佳万・浅沼茂監訳	四六〇〇円
[コメニウスセレクション]			
地上の迷宮と心の楽園		J・コメニウス 藤田輝夫訳	三六〇〇円
パンパイデイア	―生涯にわたる教育の改善	J・コメニウス 太田光一訳	五八〇〇円
覚醒から光へ	―学問、宗教、政治の改善	J・コメニウス 太田光一訳	四六〇〇円

〒113-0023 東京都文京区向丘1-20-6　TEL 03-3818-5521　FAX 03-3818-5514　振替 00110-6-37828
Email tk203444@fsinet.or.jp　URL:http://www.toshindo-pub.com/
※定価：表示価格（本体）＋税